本书由陕西理工学院学术著作出版基金资助出版

西方经济思想流变论

樊安群
任保秋
著

XIFANG JINGJI SIXIANG LIUBIANLUN

中国社会科学出版社

图书在版编目（CIP）数据

西方经济思想流变论/樊安群，任保秋著.
—北京：中国社会科学出版社，2010.2
ISBN 978‑7‑5004‑8528‑5

Ⅰ.西⋯　Ⅱ.①樊⋯②任⋯　Ⅲ.经济思想史—西方国家
Ⅳ.F091

中国版本图书馆 CIP 数据核字（2010）第 027237 号

责任编辑　胡　兰
责任校对　石春梅
封面设计　王　华
技术编辑　李　建

出版发行　中国社会科学出版社
社　　址　北京鼓楼西大街甲 158 号　　　邮　编　100720
电　　话　010—84029450（邮购）
网　　址　http://www.csspw.cn
经　　销　新华书店
印　　刷　北京新魏印刷厂　　　　　　　　装　订　丰华装订厂
版　　次　2010 年 2 月第 1 版　　　　　　印　次　2010 年 2 月第 1 次印刷
开　　本　880×1230　1/32
印　　张　9.5　　　　　　　　　　　　　插　页　2
字　　数　228 千字　　　　　　　　　　折　页　1
定　　价　24.00 元

自　　序

近几年，有时间静下心来看一点书，尤其是为了理清思路而读了点经济思想史方面的名著，既有专著，也有杂谈，颇有收获。首先是刺激，这是传统社会主义类的经济学说史教科书给人的感受，正如梁小民先生的评价："一本经济学史往往成了一本对历史上经济学家的缺席判决书。"读起来心里好郁闷，不平之心油然而生，"道见不平，拔笔相向"，想写点什么将此予以"修正"。其次是启迪，西方经济史家写的东西，虽不像中国教科书那样观点集中，但并非一元论的观点，评点多元，包容性强，发人深省。再就是梁小民先生的几本散文式的论著，让人赏心悦目，引人入胜，轻松读来却寓意颇深。这三种感受混在一起，就想写本亦庄亦谐的类专著，把知识性和趣味性结合起来。立意虽好，但写起来却力不从心，难在既要全面包括诸多经济学家的思想，又要将其融入情节中娓娓道来；既要修正，又不能失去史实，故对"骑虎难下"有了深切的感受。但事已至此，也只好撑下去了。

本书把"一个中心，两个基本点"作为指导思想。一个中心就是经济学家们的研究，都是以社会的整体福利为中心的。无论持何种观点，都是怀着高度的社会责任感的；其理论虽然与当时的执政者有一定关系，但更多的是为了社会的发展和民众的生活水平的提高，是站在整个社会和谐立场上的，有所不同的是在效率和公平之间何者优先的选择。用时髦的话说，这是其道德底线，所以不能随便斥之为某阶级的代言人。基本点之一是经济学理论都是有局限性的，人是环境的产物，离开特定环境评价经济学家难免有失偏颇，也难以真正理解其思想的精华所在。基本点之二是人的思想总是变化的，尤其是人的认识在青年时代和在中、老年时代有较大差异，研究其变化不要囿于经济学家已经形成的体系，或在字里行间寻找蛛丝马迹，而要以其思想的宗旨为重点，关注其已经形成的思想之后的观点变化的线索，哪怕是几个字、几句话，也往往是关键性的；只要将这些话同其后长期的历史轨迹相对应，就会了解其思想变化的原因和真意所在。遵循这一原则，笔者感到在评述中有所斩获，一抒心中块垒，希望对读者也有所裨益。

遗憾的是，笔者为文笔水平所限，很难把散文式的幽默同专著的严谨相结合，搞的有点不伦不类，似乎会给读者闹心的感觉，这是笔者在此恳请诸君予以原谅的。若有再版之日，当把其中不流畅之处详加改正。

樊安群

2006 年 12 月 20 日

目 录

前　言

　　本书对古希腊至 20 世纪这一漫长历史时期的经济思想的流变过程进行了系统、历史的介绍，按其所属阶段的经济性质，分为六个时期，从流变的结构性和传承关系的角度，对各相应时期经济思想的主流与非主流以及二者之间位置的转换进行了探讨和论述。

　　对资本主义市场经济的引领和描述，构成了西方经济思想史的主要部分。资本主义是一种社会、经济和政治体系。在这个体系里，私人公司和个人掌握着生产资料；政治制度则是据此发挥作用，国民收入的分配亦为其所决定。经济思想的演变正是对资本主义经济生活现实的、真实的或是部分虚幻的反映与抽象。西方经济思想的流变也是反映作为特定经济发展阶段及其形态由萌芽到成为主流意识形态的理论概括。正如莱维·巴特拉所言："如果不是建立在一个富有感染力的意识形态结构上，任何社会经济体制都不可能长期存在。在这一点上，资本主义也不例外。"① 从某种意义上可以说，西方经济学说史是一部主流意识形态之间的斗争和替代史。自然也是教会国家和个人之间物质利

---

　　① ［美］莱维·巴特拉：《1990 年大萧条》，中国国际信托投资公司国际研究所译，上海三联书店 1988 年版，第 50 页。

益的博弈史。一种经济思想能成为社会的主流，首先是它正确反映了经济生活的基本现实，为博弈三方中的主导方首肯。而一旦成为主流，则会形成纯粹的意识形态，具有普遍的排他性，从而成为经济学家的教条而阻碍新的经济思想的诞生与流行。即便经济生活的现实状况已根本改变，主流经济思想也不会主动退出历史舞台，只是在新的经济理论的竞争下和现实生活的夹击之中才会隐退。

西方经济思想的流变是以价值问题为中心展开的，重点表现在经济自由主义和国家干涉主义的演变上，二者属于竞争的双方，方法论贯彻其中，但在一定时期方法论会凸显其重要性，具体表现为归纳法和演绎法之争。在价值实现的问题上，由重商主义的流通价值论（供求价值论）——古典经济学的生产成本价值论（其中主要有劳动价值论）向边际效用价值论流变等，重点从流通转向生产再转向消费，或从总供给起主导作用转向总需求起主导作用，展示了一条经济思想随社会的实际需求和科学（数学）水平的发展而相应变化的轨迹。

本书的新颖之处在于重新评价了马尔萨斯、李斯特、马克思和恩格斯、伯恩斯坦等，对亚当·斯密的《道德情操论》和《国富论》的关系进行了新的阐释，对马克思主义的宗旨进行了还原式的阐释。

第 一 章

举 纲 张 目

一 本书的写作意图：重修正、明流变

大凡经济学本科生，皆有一门基础课作为必修课，那就是西方经济思想史或称之为西方经济学说史。修过该课程以后的感觉多是"思想纷呈、学派林立、人物众多、难有头绪、不知所云"。究其原因，在于多种版本的教材力求全面，为了防止遗漏某个思想家的观点而造成遗憾，而在尽量突出重点时又因重点过多而难以奏效。上述原因，使得一些讲授此课程者也堕入了与学生相同的困境之中，以其昏昏，难以使人昭昭。大学中如此，那些有志于自学经济思想史者，更是难以进其殿堂以窥真意。此外，20 世纪 90 年代中期以前，中国内地的西方经济学说史教科书，多属于"卢森贝模式"。卡拉达也夫·雷金娜的《经济学说史讲义》①也是秉承 1932 年出版的卢森贝《政治经济学史》的观点而略加改进。该模式把马克思主义思想教条化并作为药引，视苏联经济思想为圭臬，以一元论的阶级斗争为主线，以批驳"非我族类"为主要任务。该模式对于作为世界经济思想主流的

---

① 卡拉达也夫·雷金娜编著：《经济学说史讲义》，三联书店 1963 年版。

西方资产阶级经济学说，除了对亚当·斯密和大卫·李嘉图的古典经济思想手下留情外，一概斥之为"庸俗经济学"而予以全盘否定。正如梁小民所说的："写经济学史的人不知内心如何想的，让我们看到的是一副判官模样。手持阶级斗争的大棒，对历史上每个经济学家都进行严格的审判。一本经济学史往往成了一本对历史上经济学家的缺席判决书。……在他们看来，一部经济学史就是由庸俗到再庸俗，进一步庸俗直到现在庸俗的历史。"①虽然改革开放之风日渐浓烈、阶级斗争氛围弱化，但是卢森贝模式的影响或多或少地保留在中国内地学者所编著的经济学说史教材中，阶级斗争的主线若隐若现地存在着。在此背景下，教材本身的理论魅力大为减少，要达到理想的教学效果更是一件不容乐观的事。

西方原版的经济思想史著作，被译为汉语的有为数不多的几本，主要是熊彼特的《经济分析史》、埃里克·罗尔的《经济思想史》、斯坦利的《经济思想史》、亨利·威廉·斯皮格尔的《经济思想的成长》、丹尼尔·R.福斯菲尔德的《经济学家的时代》、威廉·布雷特和罗杰·L.兰塞姆合著的《经济学家的思想》与史蒂文·普雷斯曼的《五十位重要的西方经济学家》等。这些著作在论述时风格各异，重点迥然，有不少真知灼见，对人颇有启迪；但却不适于作本科生的类教材，因为本科生分配于该课程的时间是有限的，短期内浏览、理解这些版本为精力所不及。

鉴于上述原因，笔者认为有必要写一本既有助于大学本科生学习西方经济思想史，又对研究生和经济学爱好者有所裨益的类教科书式的专著，亦庄亦谐地演示西方经济思想的流变过程与

---

① 梁小民：《话经济学人》，中国社会科学出版社2004年版，第1页。

结构。

二 本书的写作特点:亚学术、庄亦谐

本书的写作遵循以下方针:突出重点、主非对应、多元制约、背景限定、供需平衡、逻辑联系、史论结合、亦庄亦谐。

所谓突出重点,就是根据西方经济思想流变的阶段性关键点予以重点论述,选择有革命性的思想特征的人物之思想详加介绍。所谓革命性,有以下几点:一是对前人的观点给予广泛概括,且对主流经济思想全面总结;二是在研究方法论上有根本性转变且成为潮流;三是对人类社会实践产生重大影响,改变了世界经济格局;四是超越时代,提出了有预见性的思想和观点,且被以后(几十年甚至上百年)的社会发展所证实。但凡纳入以上几点内容之中的皆可以称之为经济思想史上的革命。以此来衡量,主流经济学中有四人可获此殊荣,即古典经济学大师亚当·斯密、新古典经济学之集大成者马歇尔、宏观经济学创立者凯恩斯、新自由主义领军人物哈耶克。

主非对应就是将西方经济思想中的主流经济学与非主流经济学思想对照论述。传统教科书及著述往往对主流经济学思想过于关注,对非主流经济思想过于忽视;可以说,除了马克思经济思想以外,对其他非主流经济学家的思想,并没有放在与主流经济学家思想同等的地位上。实际上,非主流经济学同主流经济学思想是同源而非同流的,二者互相影响。在其流变过程中呈现较复杂的情况:有的经济思想家之观点既不为主流经济学所容纳,也不为非主流经济学家所认可,成了另类;实践证明,主流与非主流是对比而存在,相竞争而发展的。往往存在这样的情况,即前一个时代的非主流经济思想家的观点,直接或间接影响了下一个

时代的主流思想家，反之亦然。前者成为主流自有其根据，后者沦为非主流亦有其背景与意义，二者存在着内在联系。所以，在论述中要尽可能做到主非对应，防止以主隐非。在非主流经济学家中，其思想有革命性特征的有三个人：资本主义体系的理论克星卡尔·马克思，人口理论的创立者与有效需求不足的先驱托马斯·马尔萨斯和发展中国家经济利益的代表者、历史学派的大师李斯特。

这样，在经济学说史上可以称得上是有革命性意义的人物就达到了七位。他们是真正的经济思想家，在经济思想史上有无可替代的地位。其代表作分别是"四论——一体系——一原理——一道路"，即《国富论》、《人口论》、《资本论》、《通论》、《政治经济学的国民体系》、《经济学原理》、《通往奴役之路》。上述代表作集中了主流与非主流经济学之核心思想，体现了经济思想史上的主要矛盾的演变，使整个经济思想呈现出辩证发展的性质。

多元制约是指经济思想的产生与发展，并不是一个单行道的一元决定过程（如卢森贝模式的阶级斗争决定论或反马克思主义、为资本主义辩护等），而是一个多种因素综合发生作用的过程，有的甚至与意识形态风马牛不相及。因此，在对西方经济思想流变的述评中要尽可能作出符合当时社会的多元制约的评价，防止诸如为资产阶级的利益辩护，阶级斗争需要等概念化、主观化的结论出现。在这方面，如何评价以边际效用论为核心的边际主义就很有典型意义。边际效用价值论的正式提出可以追溯到西尼尔，就边际主义的早期思想而言，以时间段来衡量，与马克思主义没有对应的关系。最早提出效用价值论的是西尼尔和古诺。西尼尔的代表作是《政治经济学大纲》、《政治经济学绪论》，分别发表于 1836 年和 1827 年，他首先提出了资本＝节欲的观点和效用价值论的思想。而马克思发表《资本论》是在 1867 年，也就是说，西尼尔的上述思想比马克思的理论早 31—34 年。一些教科书把边际效用价值论与马克思思想扯上边，纯属牵强附会，颇似"关羽战秦琼"。如果说边际效用价值论同理想社会主义有对抗的一面，那绝非空穴来风。因为西尼尔的英国同乡欧文的重要著作《致那纳克郡的报告》发表于 1820 年，而他的代表作《新道德世纪书》发表于 1836 年。理想社会主义的另两个代表人物圣西门和傅立叶的代表作是分别发表于 1825 年的《新基督教》和 1808 年的《四种运动和普遍命运的理论》，即便是从法文转译的角度，西尼尔也有可能看到这一思想。但从思想体系的侧重点而言，理想社会主义者没有将价值的来源与性质进行专门论述，从这一意义上说，西尼尔也不存在专门对抗理想社会主义而为资本主义辩护的问题。这一点是首先需要明了的。至于西尼尔提出的"节欲论"①，它经受住了历史的证伪。需要强调的是，西尼尔对经济学的实证化和联结劳动价值论与边际效用价值论功不可没。

关于边际主义在 19 世纪 70 年代兴起的原因，苏联著名经济思想史家布留明认为，边际革命的兴起与西方资本主义国家自由竞争向垄断的过渡有联系，边际主义是垄断资本主义时代资产阶级的意识形态，是资产阶级为了对抗马克思主义传播而杜撰的辩护理论，同时也是为资本主义企业的生产经营服务的实用理论。

此外，要科学地分析边际学派兴起的原因，就必须从这三个奠基人所处的社会经济政治环境、经济思想发展的内在逻辑、个

---

①　西尼尔用节欲代替资本一词，劳动和资本共同创造财富，资本来源于储蓄，储蓄来源于节欲，资本是放弃现期消费而用于未来消费的结果，所以资本获得利润是合理的。这种观点为以后的经济学家所继承，是迂回生产理论的伦理基础。

人的知识结构背景、所处的学术环境等方面全面地、多方位地分析。其实从这三位奠基人的学说内容来看，认为边际主义就是垄断资本主义的意识形态的说法的确缺乏依据，虽然边际主义学说的产生并不以反对马克思主义为目标，但是它与马克思主义的对立却是事实。古典学派的劳动价值论是马克思经济学的理论源泉，因此，对于古典学派的生产费用论的批判，其客观效果是动摇了马克思主义的理论基础，从而达到对社会主义理论的批驳。

不可否认的是，边际主义能够在 19 世纪末期兴起的确有比较复杂的背景。

一是这一时期的哲学背景。在 19 世纪后半期，人本主义哲学发展并流行起来。这种哲学把人看作是生物学上的人，并把人作为研究的目标和主体。这种哲学思想对当时的经济学者产生了巨大的影响。在这种哲学思想的影响下，经济学也把研究人作为主题，进而经济学研究开始转向对个人及其主观愿望、消费行为等需求面的分析。

二是这一时期的特殊的经济学背景。在英国，以穆勒为代表的古典经济学一直占据着正统地位，但是到了 19 世纪 60 年代末 70 年代初，由于其工资理论（工资基金说和维生工资说）不符合当时的实际情况而遭受多方面的攻击，工资理论的挫折影响到它的价格理论（生产成本说）。从内在逻辑上讲，由于缺乏对消费者行为的分析，古典经济学的影响力受到了削弱。因此，杰文斯从边沁的功利主义理论出发提出的边际效用价值论，企图代替穆勒的劳动价值论，这在当时确实是针对古典经济学的一场革命。

19 世纪中期的奥地利主流经济学是旧历史主义。德国旧历史学派强调各民族经济发展的特殊性，否认英国的古典经济学所揭示的经济规律的普遍性，主张用国民经济学代替政治经济学，他们否认理论概括的意义，主张用历史方法代替抽象方法研究经济问题。从《国民经济学原理》引证的情况来看，门格尔深受旧历史学派的经济学家的影响。他谦恭地认为自己的观点不过是以这些德国经济学家的观点为基础的进一步改革，是对卓越的德国经济学家的"一个微弱的回声"。至于门格尔与新历史学派之间的论战，也主要是针对施莫勒的方法论而非价值论展开的。所以门格尔边际效用价值论的产生，可以说是德国 19 世纪中期经济学（包括历史学派和非历史学派）的发展和延伸，并不是对抗德国历史学派的一场革命。只是在是否建立抽象演绎的理论这一更深层次的问题上，门格尔才在以后与新历史学派分道扬镳。

瓦尔拉斯面对的学术背景与其他两个人都不相同。法国有着效用价值论的悠久历史。就连宣传斯密理论的萨伊也同样把价值的决定归结于效用。瓦尔拉斯的父亲更是一位主张效用价值论的经济学家。但是老瓦尔拉斯无法找到一种可对稀缺性进行定量估算的方法，而这个难题是由瓦尔拉斯用边际效用解决的。因此，瓦尔拉斯提出边际效用价值论完全不是对法国传统的经济理论的革命，而是对法国传统的经济理论的发展和完善，尤其是运用数学方法完美地表达了一般均衡思想。

三是他们具有提出边际效用价值论的知识结构。三个奠基人都出身于中等富裕家庭，都接受过高等教育。杰文斯早年就曾接受效用论的影响，并从他母亲那里接触了一部宣传边际效用价值论的小册子；瓦尔拉斯则直接受其父亲的影响，他的父亲是一位主张稀少性决定价值的效用论者。同时，这两个人都学习过微积分。门格尔也熟悉微积分。他们三个人的知识结构无疑是提出边际效用价值论的必要条件。

四是这一时期特殊的政治环境。在西方资本主义国家中，19世纪初是工人运动蓬勃发展的时期，马克思主义的迅速传播反而在学术上刺激边际主义学说得以成长，客观上边际效用价值论成为对抗社会主义的有力的思想武器，但这不是杰文斯等人的本意，例如奥地利学派的庞巴维克对马克思主义的经典性诘难。

五是某些特殊的社会环境方面的因素也导致了边际主义的传播和发展。例如，意大利在1861年统一后的几十年中，始终面临着严重的财政问题。边际主义关于有限资源合理配置的思想，提供了解决这种问题的途径。通过杰文斯以及奥地利学派的萨克斯（1845—1927年），以潘塔来奥尼（1857—1924年）、萨莱诺和马尔克为代表的意大利经济学家，迅速接受了边际主义，并在运用中建立了财政理论，这一理论直接影响到当代的公共选择学派，成为后者的理论先驱。

最后，这一时期经济学学术环境的不断改善也促进了边际主义的广泛传播。19世纪70年代以后，经济学日益成为一门独立的学科，不再是伦理学或政治学的一个组成部分。不断增多的大学开始开设经济学专业，专门的经济学刊物开始大量发行，经济学家开始在一国之内进而在国际范围内组成各种学术团体。这些团体越来越由受过高等教育、研习过高等数学的人组成，边际分析所采用的数学分析方法和表达方式，无疑更能迎合这些人的知识素质。相比之下，古典学派和历史学派便不太受欢迎了。

所谓供需平衡与逻辑制约，是指在各种思想形成过程中，必须遵循供需平衡的原则。供者，经济思想内在的知识传承与发展的逻辑联系；需者，社会发展的特定背景限定与时代的要求，二者缺一不可。无论供者需者，皆由其内在发展的逻辑所规定。

背景限定是指任何经济思想的产生都是在特定背景之下形成的，任何经济思想家都是站在前人的肩膀之上，或综合之，或取其精华点而深层次发挥之，或形成异端，或超凡脱俗。社会经济的观点决定了时代的重大问题，而时代决定着能够提出的重大问题。正如福斯菲尔德所言："然而，至少在社会科学领域，更有意义的不是'什么时候第一次出现某种思想'，而是'为什么这种思想现在仍然重要'。"回答这个问题涉及理论的功用，得到通用的理论所具有的特殊益处，以及该理论与受上述思想影响的人们的信念是否吻合。这种舆论环境对于思想的存在和发展而言，其重要性往往大于理论自身的逻辑一致性，对于经济思想来说尤为重要，其重要性远胜过其他任何社会科学。这主要是因为经济学与公共政策间存在着密切的联系。经济学家绝不能逃避其所处的时代。与此相对应，任何经济思想都是也只能是一定时代的产物，因此也必然带着时代的痕迹和历史局限性，其对于社会生活的指导意义也是相对的。那些确信某种思想的有效性不受时间限制的绝对主义者或类似的一元论的追随者就像想抓住自己的头发脱离地球一样，这种想法本身就是对其理论和历史的极端不负责任。

从经济思想史的形成来看，绝大多数经济思想家都是致力于为时代服务的，从而经济学的实证化是其必然趋势，他们思想的形成正是为了适应其所处时代的特定条件。例如，17—18世纪重商主义者的理论及其政策，适应了在长期混战中兴起的民族国家之需要；19世纪早期的古典经济学家，在交换活动本身并不重要的假设前提下，在其经济理论中强调生产和分配；亚当·斯密推崇和平与自由市场，以推动经济增长和工业发展，从理论上铺平了通向工业革命的道路；马尔萨斯所处的时代，农业生产率前景暗淡，产量尚未大幅提高与资本有机构成造成相对过剩人口等；李嘉图和马克思等处于工业革命的资本原始积累后期，社会贫富分化严重，在城市化和工业化的影响下，分配问题已变得更为紧迫了。虽然二者的分析结果大相径庭，但分析的中心问题皆为分配问题。马克思认为必然要发生的革命在西方世界偶有涟漪，但未曾发生；墙里开花墙外红，阴差阳错，倒是他的理论未曾涉及的东方世界发生了革命。随着福利社会的临近，以效用为基础的主观价值论转而将消费者置于经济分析的中心，进而成了反对马克思主义经济学的有力武器，凯恩斯也正是针对 20 世纪 30 年代初的经济大萧条，发展出了国民收入决定的一般理论。

就逻辑联系而言，是指经济思想的形成都有知识积累，知识是有前后继承性的。无论在当时多么伟大的思想，都有其历史渊源，溯本求源，正是经济思想史所重视的。例如，马克思的经济思想既有来源于李嘉图的劳动价值论、理想社会主义，也受到马尔萨斯的有效需求不足及西斯蒙第的经济危机学说的影响。但卢森贝模式却对此讳莫如深，只承认前者而否认后者。有的思想萌芽诞生后长期不为人们所认识，也未能形成较系统的理论，原因在于该思想形成的知识积累不足（供给不足）。从其发展逻辑而言，难以形成一种定形的框架。有的思想提出来后，长期不被社会发现与认可，原因同样在于其自身的逻辑，即需求不足，社会的知识水平还没有达到该理论表达的方式层次，只好明珠暗投，重启光明只能待以时日。一般而言，社会对一种思想的高度认可是有一个过程的，也需要该理论的推崇者以通俗的形式加以宣传。从发展的逻辑而言，这是社会对该思想的需求和该思想自身的供给的一种平衡，舍此，即便再好的思想也只能孤芳自赏或顾影自怜了。

在西方经济思想流变中，对于一种思想以何种方式加以宣传，使之与当时人们的喜好相吻合同样是重要的，有些经济学家（自己并没有提出什么新见解，但他们对于一种他们认可或推崇的理论尽其所能地诠释与宣传）对于政府和社会及大众的接受起了重大推动作用，也是值得一书的，其中的代表人物是萨依、巴师夏和汉森。而典型例证是凯恩斯主义在美国的发展，《就业、利息和货币通论》最终对经济学理论和政策方向产生了深远的影响。然而，它对美国的影响并不是直接来自于凯恩斯。第二次世界大战之后，凯恩斯的许多观点对亚特兰大经济系的普通学生而言还是很陌生的。在英国，他在剑桥的职位以及他在公共活动中的出色表现使他有一大批对他感兴趣的听众。在剑桥，他能够很快吸引一大批年轻的经济学家。其中一些是美国人。他们为《通论》中的理论框架进行辩护、修改和扩展。相当数量的年轻经济学家，其中许多人加入了罗斯福的第二任内阁，对凯恩斯强有力的辩论留下了深刻的印象。新经济理论已经在美国大学的课堂里崭露头角。由于没有一个重要的经济学家作为这个新思想的支持者，这场争论的影响仅仅局限于美国的一部分地区。

这种情况没有维持多久，1941 年，美国的凯恩斯学派找到了支持者，这个人具有一定的学术地位，所讲的话颇有分量，他就是哈佛大学的阿尔文·汉森（Alvin H. Hansen）教授。1941年，汉森出版了一本名为《财政政策和经济周期》的书，在这本书中，汉森不仅支持凯恩斯对 20 世纪 30 年代的宏观经济问题的分析，而且提出了补偿财政（compensalory finance）的综合框架，认为不管财政收入和税收征收情况如何，政府应该执行稳定不变的政策。汉森关于补偿财政的理论直接源自于凯恩斯。汉森没有满足于仅仅提出理论论证，而是通过提供美国在前十年中经济状况的统计数据，进行了更为细致的分析，以支持采取这种政策的必要性。

《财政政策和经济周期》代表了汉森对 20 世纪 30 年代出现的问题所作深入研究的顶峰。这本书的部分内容已经发表在专业杂志上。他将以前写的一本名为《完全复苏还是继续停滞》的书中的很多材料纳入这本更为综合的著作中。《财政政策和经济周期》的写作风格和凯恩斯的辞藻华丽以及凡勃伦的尖刻机智截然不同，它采用的是一种直率的，可能还有一点学究气的研究经济学问题的方法。正因为如此，他很难引起非专业人员的兴趣。但是对职业经济学家而言，这是一本重要的文献。1941年，阿尔文·汉森已是杰出的美国经济学家，美国经济学会前任会长，哈佛大学政治经济学院享有盛誉的利陶尔（Littauer）主席。他的言论不仅反映了他个人的观点，同时也反映了日益扩大的一批经济学家的观点（他们中很多人是汉森在哈佛举办的研讨会的学生）；他们抨击前凯恩斯主义经济学家对萧条问题的解释。汉森的演讲有些枯燥，但是简洁明了。经济学家亨利·西蒙绝不是凯恩斯的美国崇拜者，但他满怀疑虑地注意到了这本书的问世。

现在，汉森从老一辈杰出的经济学家的行列中走出来，为凯恩斯学派的理论辩护，拥护他们的目标……他的书是国内新政及其作品的低劣样品，他很可能成为一大批追随凯恩斯及鲁莽的集体主义者的知识分子们的经济学圣经，凯恩斯学派的影响在学术圈子内和在华盛顿扩张得一样快。

马尔萨斯偶尔立论强调相关的平衡或比例性原理，他发现微积分的思想不仅与经济学有关，而且还贯穿于自然科学与人文学科的整个领域。古诺的凄凉经历更为此作了诠释，他的数理经济学的开山之作于1838年出版后，其同时代人的反应令人失望（只卖出一本，以至他哀伤之际，把余书付之一炬）。但这比西斯蒙第的书的处境还好一点，西斯蒙第的书一本也卖不出去。

对此，约翰·肯尼斯·加尔布雷斯评价道："对于开创凯恩斯革命的那些人，我们应给予应有的尊重，现在，每个人都因最终经济成果而感到自豪，我们也应给带来这一结果的人们以高度评价……对阿尔文·汉森尤其应该尊重，他仅次于凯恩斯，在保守主义者仍称为资本主义的储蓄理论上尤为杰出。"

史论结合指的是论从史出，重点是史，但不能述而不作。对于学习经济学的学生或经济史爱好者而言，了解经济史的发展是重要的，但如何结合思想史的发展洞悉其发展规律，以及如何在特定的历史背景下运用这些规律，使之与时俱进更为重要。对此，许崇正教授的"重温亚当·斯密"[①]和秋风的随笔"市场的背景"[②] 有过精彩的论述。

亦庄亦谐的原则是许多好的理论著作历来所采用的，正如前面讲到的汉森宣传凯恩斯主义的通俗化路子就是如此。学术专著要想大部分谐化是较难的，然而不庄难以表达其思想，不谐又难以让人阅读，故尽可能在体现原意的基础上向谐化靠近是笔者的愿望。

三 几处释疑

（一）学派林立是日暮途穷吗？

传统经济思想史教科书中对于这一问题是持否定和贬斥态度的，有区别的是否定范围的大小。在这一方面，云南人民出版社1985 年出版的《现代西方基本经济理论》最有代表性，在该书的"绪论"、第一节"资产阶级政治经济学危机的趋势"中，充分体现了这一特点："随着资本主义走向灭亡，势必出现越来越多的为资本主义辩护的理论。辩解的花样愈多，学派和学说的名目就愈多。如近些年来，兴起了所谓供给学派、合理预期派等。其主要原因是：（1）资本主义总危机矛盾的激化，社会经济和政治生活各个领域的危机加深，国际垄断资本集团矛盾的加剧。资产阶级经济学是反映帝国主义和国际垄断资本的利益的，这些

---

① 许崇正："重温亚当·斯密"，《学术月刊》2005 年第 8 期。
② 秋风："市场的背景"，《随笔》2006 年第 1 期。

矛盾的加深和加剧，就必然产生代表不同资本利益的各种经济学流派和理论。（2）庸俗政治经济学只是在表面的联系内兜圈子，限于描述从经济现象表面所见到的似是而非的外在联系。由于现象的多样性，只描述现象的资产阶级经济学不能建立关于社会经济发展的统一理论。大家知道，真理只有一个，因为真理中所反映的这一或那一经济现象的实质是同一的。这就是说，现代资产阶级政治经济学流派的多样性，是它的非科学性的表现，是它辩护地描述经济过程（也有非经济过程）各种各样的表象和假象的结果。在现代资本主义条件下，现象形态最多、次要因素最多、假象最多，因此，反映现象形态的资产阶级经济学家流派之多也就不足为奇了。可以预见，在将来，直到资本主义消灭以前，还必将出现五花八门的资产阶级经济学流派。但是，这绝不意味着资产阶级经济学的繁荣，而是它的危机加深和激化的表现。"

"尽管资产阶级经济学纷繁复杂，不断更迭，但其庸俗本质不会改变。这首先是因为，各种资产阶级经济学说都是夺取政权后居于统治地位的资产阶级的意识形态，在当代，主要是垄断资本的意志的表现。它们之间在理论上虽有差异，但阶级实质却是一样的，即都属于资产阶级的思想，都是为资本主义辩护的，而且，在资本主义消灭以前总是如此。"[①]

实际上，这种在学术上对西方经济思想流派的评价是违反辩证法的。就学术而言，真理的追求永远是一个相对的过程，是各种思想的竞争、撞击过程；舍此，就不能形成兼容并蓄、有容乃大的学术思辨环境。真理的追求是无禁区的，那种认为只有一种

---

① 傅殷才：《现代西方基本经济理论》，云南人民出版社1985年版，第11—13页。

学说可以称为真理，不允许多元思想的竞争的做法恰恰是西方中世纪正统神学的一元论所抱残守缺的，也曾是东方大一统的集权统治者所极力维护的思想垄断的信条。在我们检讨东西方经济思想学术成就的差别，回顾中国的春秋战国诸子纷呈、百家争鸣的学术环境时，最不能忽视的是社会体制与思想语境这二者是相对应的。学派迭出既不是思想穷途末路的表现，也不是思想庸俗化的特征，而是在真理追求过程中对"百花齐放，百家争鸣"这一学术佳境的向往，是推进多元社会发展过程中的必然产物。它大大促进了思辨精神的成长。

（二）"从奴隶到将军"的寓意

"经济学帝国主义"是学习西方经济思想史中的一个重要问题。之所以重要，是由于西方经济思想的流变过程本身就是经济学的"帝国主义化"的过程。萨缪尔逊曾提出过一个经济学帝国主义的"宣言"："经济学由于其特有的方法论，必将侵入到其他社会科学领域并将君临其上。"

纵观西方经济思想史，充分展示了西方经济学说"从奴隶到将军"的转变。1818 年以前，政治经济学甚至没有被学术界接纳为一门独立学科，大学中也没有为之设立的相应职位。后来许多著名的经济学思想家也并非出身于政治经济学专业。更有趣的是，一些著名的经济学家还得居人檐下，不得不低头，夹着尾巴从教，甚至经历坎坷。1870 年以后，经济学才从从属地位上升到独立地位，成为一门独立的学科。

亚当·斯密是古典经济学思想家中最幸运的一位，一生处于有秩序与和谐的环境中，不像经济学史上的其他伟大人物，常遭颠沛与骚乱的困扰。即便如此，他却不是经济学家，他在格拉斯哥大学当了 13 年教授，正式职位是道德哲学讲座教授。他一生也是以讲授道德哲学为业的。在道德哲学中，政治学和经济学只属于"权宜之计"的范围，斯密首先是以《道德情操论》出名的，从而为《国富论》写作创造了条件。《国富论》于1776年问世，出版是成功的，但并不热销，并未引起公众的注意，直到1778年斯密逝世也未引起任何震动。

18世纪上半叶，法国的哈雷和法兰克福为他们的那种经济学设立了最初的教席。在哈雷，最初的一个大学教席于1727年由一个叫西蒙·彼得·加瑟尔的法律教授充任，另一个是历史学家迪特马。

斯密的弟子杜格尔德·斯图尔特于1785—1810年在爱丁堡做道德哲学教授，1789—1790年学年冬季开始讲授一门独立的政治经济学课程，但仍被英国国教中的低教会以"世俗主义"谴责哈奇逊和斯密为"精炼的异教教义"被禁止。马尔萨斯这位英格兰学术经济学的先驱曾经不得不给军官学校讲课。1816年，英格兰才出现了唯一的讲授经济学的高等学院，但不仅授课没有报酬，而且时间安排在下午，以免干扰正常的授课。年轻的律师乔治·布来梅开始在剑桥教授政治经济学，长达40年以上，1828年才成为政治经济学教授，但从未收到过薪水。1825年，牛津大学设立了一个政治经济学教席，年收入仅100英镑。

在法国，1815年政治经济学才作为入门学科开始被接受（巴黎的安瑟尼），1832年法兰西学院设立了第一个政治经济学教席，由此可见，当时政治经济学的地位是很低的，颇受社会的歧视，处于学术殖民地的地位。

虽然《国富论》的发表标志着政治经济学已是一门独立的学科，现代经济学即将兴起，但在其后的多年中，经济学家们仍在为巩固自己的阵地而努力，工作的目标不是扩张而是求精。仅就内部的逻辑关系而言，如何让劳动价值论与效用价值论统一与协调，就让他们颇伤脑筋；因为在亚当·斯密的经济学说中，两种价值还不是相互独立的，而是有所交织的。经过大约半世纪的努力，直到李嘉图，才形成了劳动价值学说，虽然从一定意义上迎合了当时社会矛盾激化的形势，但却把效用价值论排除在价值决定之外，使自己陷入了无法解脱的悖论之中。① 在与外部的联系和发展中，经济学家做的工作是积极向数学、物理学、心理学及生物学等自然科学学习，使自己的身份从附属向独立转化。1870 年，边际效用论的出现就是政治经济学向数学取经的典型例证。该理论将效用价值论和边际分析方法相结合，在方法论上对古典经济学进行重大变革，使之具有自然科学的方法论特点，为现代微观经济学提供了理论起源，开创了经济学的数学化的先河。1890 年，马歇尔集古典经典经济学和边际学说之大成，出版了《经济学原理》一书，首倡"均衡价格论"并首创"经济学 （economies）"一词，将政治经济学变为纯经济学，将经济学的学术地位由半殖民地上升到独立地位，推至同自然科学等量齐观。他的贡献不仅融数学于经济学，以最明晰的语言重新综合、表述经济学，形成了微观经济学独特的体系与方法，而且圈定了经济学帝国的第一块领地，真正使经济学变成了一个位居于科学园地之侧的独立王国。凯恩斯于 1936 年出版了《就业、利息和货币通论》，标志着经济学帝国的内部逻辑结构全面完成，无论是微观经济学或是宏观经济学，都有自己独特的学术特性与思维方法。凯恩斯明确表达了经济学的帝国主义性质，并且一直激励着后来的经济学家。凯恩斯以后，从上个世纪 30 年代开始了经济学帝国的逻辑体系的进一步完善，进入了公理化、数理化和模

---

　　① 李嘉图的劳动价值论对马克思影响甚大，后者把劳动价值论发挥到极致，以劳动的一元价值论全盘否定效用价值论。

式化的历程，这一完善的举动是保罗·萨缪尔逊开始的。他于1947年出版了《经济分析基础》，从数学角度综合了微观经济学的所有领域，为之建立了统一的数理基础，提出了进行理论研究的数学工具，将经济学推至数理经济学的顶峰，并获1970年诺贝尔经济学奖。

从经济学数学化的传承来看，发端者是马尔萨斯，他在1814年的《对谷物法影响的观察》中提到了微积分学对于数理经济的有用性："道德方面与政治学中的许多问题似乎在本质上都是变化之中的最大与最小的问题。其中，总有一点，某种效应达到最大化，而在其两边该效应逐渐递减。"1824年，托马斯·皮罗尼·汤普逊在《威斯敏斯特评论》上发表了一篇文章，将微积分用于定义一种最大收益。遗憾的是，二者皆未能将经济学数学化的工作继续下去。马歇尔曾坚持认为数学是从属性的，凯恩斯也对经济分析的数学化前景持怀疑与消极态度，从而错过了百尺竿头，更进一步的良机。马克思对经济学与数学的联姻也不遗余力，他的《资本论》就是明证。

萨缪尔逊之后，阿罗·德布鲁等进一步证明了斯密的自由市场最优理论，夯实了数量经济学的大厦。至此，经济学帝国的内部结构已趋完善，有了向其他领域一展拳脚的基础。

真正开创经济学帝国主义侵略史的并非如诸多学者所言的是芝加哥学派的经济学家加利·贝克尔，而是人口经济学的开山鼻祖马尔萨斯。早先人口学是社会学的内容，其分析方法也是社会学的分析方法。马尔萨斯将经济分析方法应用于人口学，打响了经济学帝国主义侵略进程的第一枪。但此后枪声长寂，未有响应者。时隔近一个半世纪后，加利·贝克尔提出：经济学本质上是一种思维方式，其核心是由最优化行为、市场均衡和偏好稳定的假设组合而成的。他在他的博士论文《歧视经济学》中首次运用这一方法，此后，在其著述《人力资本》、《生育率的经济分析》和《家庭论》中都运用了这一方法。特点是把广泛存在的、外表上似乎没有联系的现象与某种抽象的一般经济学原则相结合，打响了收复过去失地的第一枪，从而重新开阔了经济学的视野。加利·贝克尔的时间经济学和新的消费论开辟了一个以前只是社会学家、人类学家和心理学家的研究领域，被西方学者称之为"贝克尔革命"。有趣的是，贝克尔的这种经济学帝国主义行为为当时的主流经济学所蔑视，以至1992年诺贝尔经济学奖授予加利·贝克尔时，经济学界一片愕然，嘘声四起，戏称诺贝尔评奖委员会的委员们神经出了问题。正是由于他被认为是扩展经济学新边缘的开拓者，沙克尔顿将贝克尔称为"作为帝国创建者的经济学家"。

继承贝克尔的经济学帝国主义路线，经济学超出了自己的传统领域（至少是19世纪末期它给自己划定的领地），持续不断地向社会学、政治学、人类学、法学、社会生物学等学科领地进行了帝国式的扩张。中国社会科学院经济研究所杨春学清理出经济学帝国主义侵略的主要战果如下。

（1）人力资本理论。这一新领域的主要开拓者是雅各布·明瑟、西奥多·舒尔茨、贝克尔。新领域的开拓，最初来源于经济学家理解20世纪50、60年代经济增长的源泉和特征的兴趣以及对于收入分配的性质和决定因素的兴趣，后来拓展为对家庭行为分析的一般逻辑。明瑟建构了一个把个人收入的分配与个人的教育投资联系起来的模型，指出人力资本投资是提高个人获得收入的能力的形式。舒尔茨分析了人力资本投资包括教育、培训和保健在现代经济增长中发挥着关键作用。贝克尔则给这一领域以后的分析提供了基本概念框架。

（2）公共选择理论。在马歇尔时代的经济学抽象模式中，国家或政府很难找到它的位置。凯恩斯经济学和阿瑟·庇古福利经济学的出现，最终使上述情形发生剧变。当安东尼·唐斯指出人们求官的目的在于收入、地位和权力，并且都会遵循以最少的稀缺资源来实现其目的的原则来进行活动时，理性的经济人假设就仿佛成了一股吹进政治领域内的清风。紧接着，詹姆斯·布坎南和塔洛克等人成立公共选择学会，力图重新用统一的经济学方法来沟通传统上被隔离的经济学和政治学这两门学科。公共选择理论探讨的主要问题包括：政治制度与帕累托最优经济状态之间的关系；哪种政治组织在多大程度上有利于或不利于提高社会效率；官僚主义对社会财富的结构和社会财富的使用效率有何影响；代议制政治制度的运转逻辑。

公共选择理论思维要求我们在实践中尽可能地把市场因素引入政府调节经济的具体行为之中。政府干预永远是次优选择。

（3）产权理论及其"衍生物"。与上述发展密切联系在一起的，还有一个新的领域——"法与经济学"，把微观经济理论用于分析法律制度的影响。《法经济学》杂志的创办（1964）是其重要的支柱之一。科斯的著作成为这一新领域的启示源泉。科斯不仅用"交易成本"概念来解释企业的起源，也用它来解释产权与效率的关系。科斯的这些思想从20世纪60年代起就引发出广泛的大量文献，打开了正统经济学城堡的边缘地带，以新的思路彻底复兴了对制度、组织、企业、市场以及组织与市场之间关系的分析。在这些方面，最著名的经济学家包括德姆塞茨、威廉姆森、诺思、张五常等。人们终于认识到市场形成和发挥功能的制度基础的重要性。垄断也不必然导致无效率的结果，相反，它极可能是以有效率的方式限制市场交易范围的一种形式。

市场交换无疑是一种配置资源的最有效方式。但是，要使它有效运转起来，交易者还必须对所要交换的东西有一种明确的、排他性的和可以自由转让的所有权。这就促使经济学家探讨产权的制度和安排，分析不同的产权结构对人类行为的影响。这类研究表明，对社会来说，重要的不是企业的所有权采取哪种形式，而是这种形式的产权结构能否解决激励问题，是否能够让那些与资本无关的企业成员或多或少分享到一部分企业的剩余利益。

除上述热门理论外，经济学甚至为生物学提供了最新启示，进化论、博弈理论也成为经济学的一个用武之地。生物进化遵循优胜劣汰的原则，它们的行为趋于纳什均衡，这就为进化论与博弈论相结合用于解释人的群体行为提供了一种可能。利用进化博弈理论研究参与人群体行为时，只要求参与人知道什么是成功行为，什么是不成功行为，而不必去知道成功与不成功行为的原因，从而最大限度地降低了对理性的要求，能够更接近于现实。

可见，经济学来自古典，又侵入到古典。"经济学帝国主义"在以古典政治经济学为基础的一系列相互交叉的研究领域中找到了立足点。虽然这些领域的研究重点各异，但都体现了为突破传统新古典经济学相对狭隘的局限而做出的努力。它们不仅大大地拓宽了微观经济学的分析范围，也使人们更为清楚地认识到市场、企业和政府各自在经济中的作用的逻辑界限以及彼此之间内在的相互联系。

（三）海水与淡水的哲学

"经济学帝国主义"本质上是"科学帝国主义"。这决定了经济学的侵略行为实质上是一个双向的彼此渗透的过程。经济学本身要接受"科学帝国主义"的渗透并对其进行同化，才能吸收足够能量，并对其他社会科学进行侵略。所以，经济学对外侵略的同时，也是不断遭受科学的渗透过程，这就如同海水和淡水彼此渗透的关系。

最典型的渗透经济学的科学是数学、物理学、生物学和心理学。大概从边际理论开始，数学就开始侵入到经济学。其后，整个经济学成长与成熟的历史，其实就是一部数学渗透经济学的历史。例如，马歇尔19世纪中期曾在圣约翰学院读数学，以第二名的成绩毕业，此后兴趣曾转向心理学，最终成功建立了现代经济学的分析框架。凯恩斯也在剑桥读数学，有着极其丰富的数学素养。一流的数学家们甚至可能根本没有学过经济学，却凭借成功地侵入经济学领域而夺走经济学的桂冠。1995年因博弈论研究而获得诺贝尔经济学奖的纳什更是没有做过任何传统意义上的经济学研究，却成了经济博弈论的首开先河者。物理学也成功地对经济学进行了渗入，马歇尔的核心概念"均衡"其实是借自经典物理学，经济学的公理化、一致性、逻辑性、约束条件假设等在很多方面的推导也都是模仿物理学。在当代经济学中，物理学的混沌理论、耗散结构理论更是大量地被用于股市投资行为的分析中。至于生物学，在马歇尔那里，曾经有着与物理学同等的借鉴分量，可惜后来因为难于数理化而置于一边。近些年来，由于新的数学方法的发现，经济学越来越从生物学中吸取灵感，特别是新崛起的"演化经济学"更是大量使用了生物学方法。

实验学和心理学还将经济学带入到新的境界。2002年，普林斯顿大学心理学系的丹尼尔·卡内曼与乔治·梅森大学的实验经济学家弗农·史密斯分享了当年的经济学奖，其中，卡内曼的主要工作是探讨不确定条件下人的决策行为。他发现在不确定条件下，人并不依据概率规则，而是利用一些其他的捷径来作出决策。这被认为对传统经济学家所依据的"人是利益驱动的，且理性地作出决策"这一经济学分析前提提出了挑战，动摇了经济学的微观基础。

心理学对经济学的渗透和颠覆刚刚开始，何时会结束？人们不得而知。可以预料的是，由于经济学帝国主义的成功是科学帝国主义的成功，因此今后经济学一方面势必还将遭到更"科学"的科学的侵入，另一方面，日益吸收、融合现代科学的经济学，就好像日益装备新式武器的兵团，必将继续其帝国主义的侵略历程，对其他社会科学加大渗透力度。

四 西方经济思想流变的轨迹和特征：
百年河东，百年河西

西方经济思想的萌芽，最早可以追溯到公元前11—前8世纪的古希腊、古罗马的思想家的著述之中，其表现形式多以文学或哲学的片断或相关的政策建议，体现出讨论学术问题或社会矛盾时对经济关系的思考。在欧洲处于中世纪（5—15世纪）时代时，对于其中经济观点还有综合化的倾向。真正可以称得上经济思想的，是资本主义市场经济形成的过程中，在资本主义生产方式逐渐展开的同时产生与发展的。可以说，西方经济思想史就是一部市场经济理论的发展史，是连续的众多杰出的经济学家理论创新的轨迹描述。

即使在15世纪之前，西方思想家的哲学、文学思想中的经济思想片断也对其后的经济思想的形成有着逻辑上的贡献。

15世纪以前，绝大多数的欧洲人生活在基于权利与义务的自然经济环境之下，而非基于交换并以追求利润为目标的市场经济体系之中。这样，可以把西方经济思想共分为六个时期：

自然经济时期（古代至中世纪）的经济观点

资本原始积累初期的重商主义（16 世纪至 17 世纪末）

自然经济向市场经济转型期的前古典经济学（17 世纪下半叶至 18 世纪末）

自由市场经济形成时期的古典政治经济学（18 世纪末至 19 世纪后期）

垄断萌芽时期的新古典经济学（19 世纪后期至 20 世纪初）

垄断与竞争平分秋色时期的当代西方经济学（20 世纪 30 年代—— ）

（一）自然经济时期（古代至中世纪）的经济观点

公元前 11—前 8 世纪，是古代希腊从氏族公社制向奴隶制的过渡时期，史称"荷马时代"。在"荷马时代"及其后的后希腊时期，古代希腊人所涉猎的领域甚多，见解深刻，故西方最早的经济思想可以追溯到古希腊。对此，恩格斯在《反杜林论》中有过精辟的分析："因为历史地出现的政治经济学，事实上不外是对资本主义生产时期的经济的科学理解，所以，与此有关的原则和定理，也就在例如古希腊社会的著作家那里见到，这只是因为一定的现象，诸如商品生产、贸易、货币、高利贷资本等等，是两个社会共有的。由于希腊人时不时地也涉猎这一领域，所以他们也和在其他一切领域一样，表现出同样的天才和创见。所以其见解就历史地成为现代科学理论的出发点。"[1]

1. 在这一时期，具有代表性的是"荷马史诗"即《伊利亚

① 恩格斯：《反杜林论》，《马克思恩格斯全集》第 20 卷，人民出版社 1974 年版，第 249—250 页。

特》（*Iliad*）和《奥德赛》（*Oyssey*）中的经济观点。

（1）财富观念：农产品、家畜、个人生活与生产用品、住宅、土地。

（2）物物交换（除土地外）与贵金属交换的观念及贸易的必要性。

上述两点主要是以叙述当时人们的经济活动为特征的。

2. 后希腊时期（公元前 8 世纪—公元前 2 世纪）的经济观点重点体现在赫色俄德的史诗《工作与时光》（*Works and Days*）之中，表现了赫色俄德对经济活动的思考，其思想集中于以下方面：

（1）土地进入了交易范围，小土地所有制是社会所有制的主要形式。

（2）劳动是社会持续繁荣的根本条件，是财富的唯一源泉，劳动（体力）光荣。

（3）重视农业，认为农业、农副业的经营及农产品的内外贸易对社会繁荣是决定性的。

（4）产品的稀缺性及时间、劳动、物资的有效利用和"善良竞争"观点。

3. 苏格拉底学派的经济观点（其代表人物有色诺芬和柏拉图）。[①]

继赫色俄德之后，色诺芬（Xenolophon，公元前 430 年—公元前 355 年）是具有代表性的古希腊哲学家、历史学家和作家，著有《经济论》和《雅典的收入》等。真正的"经济"（economy）一词始于色诺芬，意为"家庭管理"。《经济论》写于公元

---

① 苏格拉底本人没有留下什么著作，其基本观点皆体现于他的弟子色诺芬和柏拉图的著作中。

前 387 年到公元前 371 年期间，是古希腊流传的第一部经济专著，内容是关于家庭的经济管理，属于微观经济学内容。另一部著作《雅典的收入》约写作于公元前 355 年，主要涉及国家的财政问题，提出发展对外贸易，开发银矿，以增加国家财政收入，同时对货币问题也有讨论，属于宏观经济学范围。色诺芬是国家经济学干涉主义的先驱。归纳而言，色诺芬的经济思想有以下几点：

（1）财富是指一切有使用价值的东西，并将之区分为精神的与物质的。

（2）首次提出主观价值的观点，供求决定商品价格。

（3）农业是国民经济的基础，农业劳动光荣。

（4）社会分工可使产品的使用价值增加。

（5）货币具有交换价值和贮存价值。

（6）对外贸易是国家财富的重要渠道，银矿开采对国家财政有重要作用。

4. 柏拉图的经济观点。

柏拉图的经济思想实质上是苏格拉底的思想，只是柏拉图做了更为系统的发挥。

（1）他在名著《理想国》和《法律论》中最先提出了国家存在"分工论"（三等级论）的经济起源论。这一思想是休谟与斯密分工理论的最早渊源。

（2）财富观。首次指出三等级财富的观点，即精神财富、健康财富和物质财富，物质财富属于最下等财富。精神财富对另二元财富有统率作用，如反之则不能称之为财富而是罪恶的。

（3）共产主义思想，即共产共妻制，这是共产主义思想的理论渊源。

（4）货币论。提出货币的交换价值与货币名目主义的观点，反对货币的贮藏价值。

对于高利贷，柏拉图是道德主义者，他首次提出了反对高利贷的经济道德主义观点，这对于中世纪的反高利贷有着重大影响。

5. 亚里士多德的经济观点。

亚里士多德（Aristoteles，公元前 384 年—前 322 年）是古希腊集大成的哲学家、思想家，他的经济思想由崇拜柏拉图到自成一派，这种转变体现在《政治学》和《伦理学》之中。

（1）在《政治学》中，他提出了奴隶制下的社会分工为自然分工以及用人天生的差别（性别、种族、生理等）来论证奴隶制的自然合理性思想。

（2）价值论。物品双重价值即使用价值与交换、贮藏价值以及商品交换的价值等同原则。

（3）财富论。两元财富论：生产有使用价值的财富整体（自然的财富），以消费为目的。积蓄财货的财富即货殖的非自然性，以增加货币本身为目的非自然的财富。

（4）货币与利息观。货币的价值尺度，可以作为交换和中介（使一切物可以公约，作为一般等价物），具有流通和贮藏价值，依法律而存在，是人为力量的产物。他从货币职能的中介职能出发反对货币产生利息，把利息等同于高利贷。他没有利息理论。

（5）提出私有财产与罪恶的产生无关系的观点，私有制是社会文明的进步。较之财产公有，他归纳为五优点：效率更高、社会秩序、提高财产拥有者的幸福度（满足感）、公有社会比私有社会管理成本更高、私有更有利于培养善良品质。

（6）人口问题是贫困的根源，而贫困是革命与犯罪之源。欲望的平均化比财产的平均化更重要，教育对平均人的欲望有重要作用。

古罗马的经济观点在理论上没有超过古希腊，其最重要的贡献是在法律上提出人法与自然法，把财产私有权利以法律形式加以确认，使之与公有财产权相区别。他们创立了一套法理逻辑，可以适用于任何承认私有财产与资本主义商业的社会形态。法人的概念与法人团体的原则的提出，为市场经济的发展开通了道路。罗马法学家还提出了"公平价格"概念（市场价格）。

6. 欧洲中世纪的经济观点。

西欧中世纪经济是从公元 5 世纪至 15 世纪的一种自然经济形态，是封建社会形态的形成与发展时期，其特点是世俗的王权与非世俗（教皇）的宗教权平分竞争，政教合一，中世纪的经济思想就是基督教的经济思想，即经院哲学。

（1）马格鲁（Albertus Magnas，1193—1280 年）提出劳动价值论与公平价格相联系的观点（《尼可马可伦理学》注释）。

（2）著名经院哲学家托马斯·阿奎那（Paint Thomas Aguinas，1225—1274）的代表作是《神学大全》，提出财产私有制与效率的必然关系，并首创财产所有权与使用权相分离思想，为商品经济向市场经济发展作出了重要贡献。

他提出供求价格、效用价格与生产成本价格的三元价格混合论，肯定物物贸易，反对货币价值贸易（这一观点被马克思主义经济理论引申泛化，变为取消货币，按需分配）。货币只有中介职能，本身没有价值，因而更没有贮藏功能，是货币价值主观（法律特权）决定论，有货币名目论倾向。他认为投资获取利润与贷款取息是不同性质的，他反对高利贷。

中世纪平民（异教）、农民曾要求消灭私有制，实行公有制，财产平等，平均分配。这是共产主义的理论先驱，从历史发展看是一种倒退。

（二） 资本原始积累初期的重商主义（16世纪至17世纪末）

重商主义的产生有其国际背景，即旨在国家利益的经济战争。从时间发展序列看，15—17世纪中期之前，是西方资本主义市场经济萌芽时期并逐步形成和确立为新兴的占主导地位的经济关系。在这一时期，商业资本主义取代农业和手工业成为社会主导产业，是资本的主要形式。作为一种理论上的反映，就是西方经济学的萌芽状态，代表了西欧各民族国家进行资本原始积累和增强国家实力竞争的历史要求。从1600年至1667年的近百年时间，欧洲只保持了一年的和平。作为弱国的英国利用重商主义体系，从1588年成功地挑战西班牙无敌舰队开始，随后在17世纪打败了荷兰，成为欧洲最强大的商业民族和军事强国。这样，重商主义思想就与英格兰和不列颠帝国相伴而生。这一国际竞争构成了重商主义的国际背景。

从经济本身而言，重商主义是对中世纪农本经济和重农抑商的反对，是早期资本主义市场经济为自己开拓发展道路的意识形态表现。在理论上，重商主义是商业资产阶级对于资本主义生产方式最初的理论思考和相应的政策主张。重商主义认为，国家财富的来源在于流通，只有金银才是财富的唯一形态；除了开采金银矿，只有对外贸易才是财富的真正源泉。国内贸易只会改变一国内部财富分配的格局，而难以增加一国财富总量，只有对外贸易的"顺差"，才能导致大量的金银输入，从而使一国财富总量增加，对外贸易中的"只卖不买"或"少买多卖"才是应该遵循的原则。因而，他们主张以扩大出口、限制进口来增加一国财富，为达此目的，国家必须干预经济生活，实行贸易保护主义政策。这是国家干预主义的原始形态。

重商主义最著名的代表是英国的托马斯·孟（1571—1641

年），他的《英国得自内外贸易的财富》是重商主义的扛鼎之作。法国的格尔培尔（1619—1683 年）在任职法国财政大臣期间，采取了一整套重商主义经济政策，被世人称为"格尔培尔主义"。

（三）自然经济向市场经济转型期的前古典经济学（17世纪下半叶至18世纪末）

17 世纪中后期，工场手工业迅速发展起来，成为英国工业生产的主要形式，资本主义工商业的迅速发展，使农业的自然经济属性发生了变化，也变成了商品性农业。产业资本开始代替商业资本，成为资本主义经济生活的主流。原来的商业支配产业、流通支配生产的状况演变为产业支配商业、生产主导流通，封建主义特征的专卖制度和重商主义成了自由贸易与资本主义经济关系的桎梏。在此背景下，时代需要新的理论去削弱和否定旧有的经济关系以促进产业资本的发展，前古典政治经济学应运而生。

前古典政治经济学的代表人物是英国的威廉·配第和法国的布阿吉尔贝尔，他们提出了古典政治经济学理论的基本要点，为古典政治经济学的形成奠定了基础。其政策主张适应两国的资产阶级反对封建主义和推进资本主义体制的需求，对两国的经济发展与资本主义生产方式的形成起了促进作用。配第以《赋税论》（1662 年）为主的一系列著作，对于古典政治经济学的基本问题皆有涉及。论及重点从流通转到生产；在方法论上以归纳法为主，从具体到抽象，以自然规律为方向；最先明确指出劳动价值论，其间也有土地决定价值倾向，并以此为基础研究了工资、地租、利息等；在对待重商主义问题上，他已逐步摆脱其影响。

在配第的影响范围内，还有洛克的货币数量与流通速度共同决定货币需求量的观点，诺思的自由贸易论对配第的理论进行了补充。休谟①的货币数量论，即货币与商品数量是按正比例关系变动的，利息不单纯是货币数量的函数，还是一国经济的"晴雨表"，并将货币数量论引入国际贸易分析，批判重商主义，对其后的古典政治经济学产生了较大影响（包括斯图亚特的人口观点对马尔萨斯有一定影响）。

布阿吉尔贝尔和坎蒂隆也主张经济自由，反对国家干预经济，反对重商主义，提倡重农主义，特别是从宏观经济角度，注重消费作用和经济均衡问题，对以后的宏观经济体系有一定影响。二者皆是重农主义的先驱。重农主义的自然秩序思想影响了亚当·斯密。

重农主义是对重商主义的反动，但是这种反动并不具有符合资本主义发展的性质，而是一个落后资本主义国家在产业主导性选择上的自我保护的理想均衡观点，其中虽不乏像魁奈的经济学说（经济表及关于自然、自由和公正的体制有利于国家财富增长对斯密颇有启发）和杜尔阁的历史主义倾向，但总体上是一种倒退的性质。

（四）自由市场经济形成时期的古典政治经济学（18世纪末至19世纪后期）

17世纪中期到19世纪70年代是西方经济学的正式形成时期，即古典经济学时期。代表人物有作为主流派的亚当·斯密和非主流派的马尔萨斯。亚当·斯密于1776年出版《国民财富的

---

① 休谟的《人性论》观点影响了亚当·斯密的《道德情操论》，从而也形成了斯密之悖论。

性质和原因的研究》，这是一部划时代的经济学巨著，它标志着经济学说史上的第一次革命。西方学者对此评价甚高。特伦斯·W. 哈奇森（Terence W. Hutchison）认为，"斯密的《国富论》标志着经济思想史上的一个新纪元或一场革命"。[①] 斯密是在批判重商主义的经济思想和经济政策中，继承和发展了其他诸多经济思想家的研究成果，第一次创立了较为完备的古典政治经济学理论。斯密的重要理论贡献有以下几方面：

1. 他正式将研究的重点从流通领域转到生产领域，强调供给的决定作用，同时重视消费者的地位。

2. 从人本主义出发，首次提出"经济人"的观点，这一基本经济理论假定为市场经济的一系列理论研究建立了发展平台。

3. 提出了系统的分工与交换理论，认为一国财富的增加，取决于劳动生产率与劳动力数量相结合的二元决定论思想，而分工是提高劳动生产率的重要途径，分工与交换是相互促进的，从而提出斯密命题（分工与市场相互促进）。

4. 首次提出并系统论证劳动价值论，提出了商品的价值由生产该商品所消耗的劳动时间决定的基本观点，直接影响了李嘉图和马克思对劳动价值论的研究。但斯密的价值论中效用与劳动的价值是互相交织的。

5. 提出了"看不见的手"的思想，充分肯定了市场的自发力量对经济发展的决定作用，对重商主义的国家干预理论予以根本的否定，为市场经济的高速发展提供了理论依据。

6. 在上述观点的基础上，进一步建立了国际贸易的绝对优势学说，倡导各国根据自己的禀赋优势从事生产与通过国际分工

---

① 哈奇森：《经济学的革命与发现》，北京大学出版社 1992 年版，第 18—19 页。

和自由贸易来实现比较利益，达到双赢的目标，为以后的国际贸易理论奠定了基础。

有观点认为，继斯密之后古典经济学最重要的代表人物是李嘉图，笔者认为，这一观点有失偏颇。从理论贡献来看，李嘉图除了在劳动价值论与国际贸易理论上发展了斯密的观点之外，并没有自己的独创性贡献。与之相对应，马尔萨斯继承和发展了亚里士多德、华策士与斯图亚特的人口经济学观点，创立了人口经济学理论，从另一角度补充了斯密思想。其有效需求不足导致生产过剩的观点，为以后的宏观经济学说的创立提供了序曲，也影响了经济危机学说的创立。马尔萨斯是非主流经济学的鼻祖。

从古典经济学发展的逻辑来看，古典主流经济学始于亚当·斯密，经过李嘉图、萨伊的完善，成熟于约翰·穆勒。19 世纪中期，穆勒出版了《政治经济学原理》，集各种不同派别的观点于一炉，完成了古典经济学的第一次综合（穆勒综合）。在非主流经济学方面，西斯蒙第首次提出了经济危机思想，从另一个角度，几乎与马尔萨斯同时提出了相同的思想，同样是非主流古典经济学的先驱。

（五）垄断萌芽时期的新古典经济学（19世纪后期至20世纪初）

西方经济学流变过程中的第二次革命是"边际革命"，它对西方经济思想的进一步流变产生了深远影响。

它形成了西方经济学微观经济理论（边际效用理论）的基本思想。

它实现了经济学在研究方法上的重大转变，使之与自然科学的研究有近似的科学方法，使经济学研究的数学化成为可能。

它重新确定了西方经济学关于价值理论的研究方向，将效用（供求）价值论引入了经济学领域，明确了经济学研究的科学化目标。对传统劳动价值论的否定引致对智力劳动的重视与研究。在这一里程碑的树立之中，奥地利的门格尔（1834—1910 年）、英国的杰文斯（1835—1882 年）和瑞士的瓦尔拉（1840—1921 年）继承和发展了早期边际思想（古诺、杜能与戈森的思想），对古典经济学的一些基本方法和基本理论进行修改和加以否定，用边际方法分析经济问题，使经济学研究在科学化方面迈出了决定性一步。其后，马歇尔于 1890 年出版了《经济学原理》，完成了对古典经济学的第二次综合；马歇尔在微观领域综合了古典学派和边际效用学派的价值论、分配论，建立了局部均衡价格论的新古典经济学体系。但是，新古典经济学只是在坚持充分竞争这一基本假设的同时，用精密的数学方法来装扮古典经济思想，实际上这是在用于分析资本主义的基本前提已经发生根本变化的情况下的一种换汤不换药的理论。该理论不顾发生变化的社会现实，把自己囿于其理想化的概念世界里，把斯密的"看不见的手"提到了更高的地位，使之成为虚设之学，导致在面对经济危机时束手无策。威克塞尔则主要在宏观经济领域通过综合李嘉图的货币数量论与庞巴维克的资本理论，建立了积累过程理论，形成了以宏观为主、微观为辅的瑞典学派。二者分别成为剑桥学派和北欧学派的泰山北斗。这两个学派又分别从微观和宏观两个方面深化了第二次综合。由于新古典经济学体系是以完全的自由市场竞争为理论前提的，因而在 20 世纪初出现了垄断竞争之后，英国剑桥大学教授琼·罗宾逊（1903—1983 年）与美国经济学家爱德华·哈斯廷斯·张伯伦（1899—1967 年）在 20 世纪 30 年代同时提出了不完全竞争或垄断竞争条件下的资源配置问题，从而对该理论体系作了最后的修补，使西方微观经济学得以完成。

（六）垄断与竞争平分秋色时期的当代西方经济学（20世纪30年代—　）

西方经济思想流变中的第三个里程碑，就是凯恩斯革命。凯恩斯（1883—1946 年）于 1936 年出版了《就业、利息与货币通论》，创立了宏观经济理论。至此，西方经济思想已从微观到宏观，构建了完整的理论体系。

在理论上，《通论》修正了传统经济学的理论方法和政策，继承了孟德维尔、马尔萨斯和西斯蒙第的有效需求不足思想及经济危机学说，以国民总收入为出发点，提出了"有效需求不足"的理论，以取代传统的供给理论；明确指出市场失灵的现实性，承认经济危机和失业现象的存在，从宏观上对就业、货币稳定、经济增长、进出口平衡进行了全面分析，为政府实施主动的反危机干预措施提供了理论依据；用宏观分析替代传统的微观分析；用国家干预主义取代经济自由主义。新古典经济学以供给自动创造需求的"萨依定律"为基础，认为市场经济自身能够实现平衡，自动趋向充分就业，不存在生产的过剩和需求不足（即使有也是短期的）。凯恩斯对此进行了否定，认为供给是需求的函数，摒弃了"储蓄会自动转化为投资"的陈旧观点，并提出有三大心理定律严重影响了"看不见的手"的自动调节功能，这就是"消费倾向、资本边际效率和流动偏好"。三大定律必然导致有效需求不足—生产过剩—大规模失业—经济危机的连锁反应，必须依靠政府的干预来拉动有效需求（消费），扩大就业，转化生产过剩，才能消弭经济危机。凯恩斯的理论及政策主张成为 20 世纪 30 年代大危机的灵丹妙药和后来西方市场经济形成市场竞争加政府干预的混合经济体制的理论基础与指导思想，带来了西方经济学新的深刻变化。

与此同时，北欧学派通过对威克塞尔累积过程理论的发展，与凯恩斯理论殊途同归，得出了基本相同的理论见解和政策主张。北欧经济思想中没有凯恩斯主义的影响，威克塞尔的理论之所以未能像凯恩斯主义那样流行，一是因为他涉及的领域过多，没有专著于一个理论题目，二是没有找到像汉森那样的布道者。

凯恩斯革命之后，西方经济学的流变从宏观、微观两条线索展开。在宏观方面，一方面有凯恩斯主义者对凯恩斯体系的各种理论进行修正、补充、发展，从而分化为英国的剑桥学派与美国的新古典综合派（两个剑桥之争）；另一方面，反对凯恩斯的经济学派则分化出货币主义宏观理论、理性预期学派、供给学派等等。在微观方面，一方面是一般均衡理论的细化与实用化，另一方面是斯拉法所引起的新李嘉图主义的出现。20 世纪 50 年代以后，希克斯、萨缪尔逊等又力图把改进过的凯恩斯宏观理论与新古典的微观经济理论相结合，以达到新的有机综合。新剑桥学派主张抛弃新古典的价值论，以分配论为基础进行新的综合。以杨格为代表的新兴古典经济学则力图用斯密的分工与市场彼此促进的斯密命题将分工与规模经济结合起来，在新的层次上回归古典经济学并完成新的综合。可见，第三次综合尚在探讨之中，完成并为经济学界所认可还需时日。

上面论及的是西方主流经济学的流变轨迹。除了这一条轨迹之外，还有一条非主流经济思想的流变轨迹，这就是以马尔萨斯为代表的人口经济学理论，以李斯特为代表的历史学派及受其影响的新制度主义经济学，以马克思为代表的劳动一元价值论及其社会主义制度演变。

马尔萨斯的人口论的理论源头在亚里士多德，意大利的吉奥凡尼·博特在《城市的伟大》①中反映了这种思想，到斯图亚特有了进一步发展，华莱士及奥特斯亦有贡献。马尔萨斯于1798年发表的《人口论》揭示了人口增长与食物增长的非均衡比例关系，为以后的"马尔萨斯陷阱"理论奠定了基础，并长期为发展中国家的经济发展实际所证实。他开了人口经济学理论之先河，其理论的实践意义越来越为人们所重视。

以李斯特为代表的历史学派另辟经济思想的蹊径，他在1841年发表的《政治经济学的国民体系》虽有偏颇之处，表面上是针对主流经济学的，但实际上是对主流经济理论进行了必要的补充，有着启示与参考的意义，特别是为其后形成的新历史学派和制度经济学思想创建了发展平台。可以说，在经济思想的流变中，李斯特所强调的非经济因素会伴随经济发展的始终，有时还会上升为主要矛盾。以马克思主义为代表的劳动一元价值论及剩余价值理论，其理论来源有三：一是斯密提出、李嘉图强调和发展的劳动价值论；二是早期基督教思想，欧文、傅立叶和圣西门的空想社会主义；三是马尔萨斯与西斯蒙第的有效需求不足及经济危机理论。

最后值得一提的是熊彼特的经济思想，他的理论来源是庞杂的，即有主流的，也有非主流的，可谓博采众家，自成一派。

根据上述分析，为了使读者对西方经济思想的结构有更为清晰的了解，笔者将之绘成流变结构图（图1—1）。

（七）西方经济思想流变结构图

---

① 　1588年出意文本，1606年译出。

（八）西方经济思想流变的轨迹与特征

从西方经济思想的流变过程来看，它是围绕着西方社会经济性质及特点而展开的。其需求背景是社会发展的问题面，其供给面则是既已存在的经济观点与思想。综合起来，社会生产的需求与供给的平衡是问题面所在，而体现于此的形式则是经济自由主义与国家干预主义的斗争。据此，笔者提出下列经济发展阶段：自然经济时期的经济思想——重商主义——前古典时期的经济思想——古典时期经济思想——新古典时期经济思想——现代经济思想，将价值与方法分别列为 y、y′线，作为横轴，将国家干涉主义和经济自由主义列为纵轴，做成示意曲线如图 1—2 所示。西方经济思想的流变是围绕价值横轴波动的。

自古希腊至今，西方经济思想所论及的是供给与需求的关系问题。在资本主义生产关系正式确立之前，劳动生产率低下，产品供不应求，只要生产，就有需求，二者基本上不存在均衡问题，因而也不存在如何生产及成本等问题。即便在资本主义生产关系初步确立以后，劳动生产率有了较大提高，在这一时期，供给仍占主导地位，需求只处于从属状态，即使出现局部或短期供大于求，从中长期看，供需矛盾也趋于自然消弭。也就是说，在买方市场形成初期，供给问题并没有退出西方经济思想史的舞台。只有到了资本主义市场经济的劳动生产率有了较大提高，社会分配问题严重影响整个社会的有效需求以后，供给问题才淡出经济思想史的舞台，需求问题成了西方经济思想要研究的主要方面。换言之，随着社会生产率的提高，社会对供给与需求、生产与消费的矛盾的认识也随之转移，在不同的发展阶段呈现出相应的变化。这是对西方经济思想流变轨迹与特点的一般性概括。具体而言，其变化表现为如下形态：在自然经济时期（15 世纪之

图1—2 西方经济思想（主流）流变轨迹与性质特点

前），农业是国家经济的主要产业，重农抑商是诸多国家的基本国策，思想家们重视的自然只是财富的生产，如何增加供给是其关心的重点。在这一时期，国家对于经济不存在如何干涉的问题。到了15—17世纪，自然经济向市场经济过渡，集权的民族国家的形成及其互相竞争、国力提高的重要性使国家财富问题提到了议事日程，成了思想家们关注的重点，进而价值来源成了经济学家的基本议题。重商主义者秉承富国强兵的目标，以流通过程为中心，以商业资本的运动为研究对象，以促进商业资本主义的发展和增加金银为目的，重视对外贸易的顺差，这是这一时期的特点，提倡国家干预主义的贸易保护主义以促进财富增长是其政策的表现形式。这一特点在图1—2中表现明显。

从17世纪开始到19世纪后期（1870年），产业革命蓬勃兴起，产业资本逐步取代商业资本而成为经济生活的主流。为了保护工业资本家的利益，经济思想所关注的问题便从流通领域转到了生产领域，在这一时期，供给问题虽然仍是主要问题，但供给的形式已经有了根本变化。如果说商业资本与封建国家政权密不可分的话，那么产业资本的纯粹资本主义性质便与封建国家的垄断控制格格不入。要促进社会的财富增长，就必须摆脱国家桎梏，给资本以充分的自由，让市场看不见的手代替国家看得见的手。这样作为财富的促进手段的供给就与经济自由主义有着内在的必然联系。如何促进供给呢？那就要分清价值源泉，归结为三个方面：劳动、土地和资本。这一观点经过斯密、萨依、李嘉图到穆勒得到全面的论证和肯定。以斯密为代表的古典政治经济学，对重商主义的国家干预主义进行了全面的否定。随着资本主义世界市场的形成，资本主义的生产率大大提高，资本主义世界科技和经济加速发展，从1870年开始，供给问题已转到国家经济问题的次要方面，需求的有效性的地位逐渐上升。供给与需求平衡才能达到价值实现的最大化，如何解决有效需求成了国家与经济学家必须面对的根本问题。在这一背景下，以边际效用理论和一般均衡理论为平台的新古典经济学应运而生，这一理论认为需求是实现价值的源泉，亦即消费者的偏好决定价值，这是买方市场的特征。该理论认为，只有在供需的平衡中，所有生产要素才能在经济活动中得到相应回报。该分析把个体消费者看成是决定经济进步和财富增长的主要因素，整个经济围绕着个体消费者及其需求运转，从而将研究中心转向既定制度条件下（充分市场竞争）的微观领域内的资源优化配置问题。从总体特征而言，这一理论与古典经济学在国家作用问题上仍然是一致的，即反对国家进行干涉的经济自由主义。由此可见，新古典与古典理论在充分竞争的市场经济的认同上是完全一致的，二者皆反对政府干预经济，只是在分析方法、供给与需求的主次关系方面有了根本性改变。同样不可否认的是，由于垄断竞争和垄断对竞争的制约，新古典经济思想中有一些人已开始对国家干预主义持软化态度，如反托拉斯等。

早在 19 世纪，在英美诸国便发生了因有效需求不足或供给过剩造成的经济衰退，如英国 1815 年、1825 年、1836 年、1847 年、1857 年、1866 年、1873 年、1882 年、1890 年和 1900 年的金融危机，美国 1819 年、1837 年、1854 年、1873 年、1883 年、1893 年的金融危机。

20 世纪 20 年代，大规模工业化在全球展开，经济体系越来越受到繁荣与衰退周期变化的影响，常常伴随着金融危机与经济复苏。

一些统计学家和经济学家开始注意到这一现象与完全竞争的市场经济理论的矛盾，英国人瓦尔特·贝格霍特（Walter Bagehot）在其《伦巴第人街》（伦敦的金融街）一文中对于上述状态的货币市场存在的问题先有所见，其后有杰文斯、凯若·瑞特、胡伯特·里威林、史密斯等人对此再次论及。经济危机的现实证明了马尔萨斯、西斯蒙第及马克思等人的预见。20世纪30年代大危机从现实生活中否定了萨依定律（供给自动创造需求）。西方经济进入了政府干预与市场规律的共同作用时期（亦可称为竞争与垄断并存的时期），在这一时期之初，凯恩斯的《通论》发表，反映出"看得见的手"开始居于经济生活的统治地位，而"看不见的手"则屈居其下。有效需求的重要性被凯恩斯提到了前所未有的高度。他把供求均衡问题从个量上升到总量，从国民收入均衡原理出发，对各种决定经济总量和就业水平的因素进行分析，提出了宏观调节实现均衡的思想，为国家干预主义开辟了道路，为政府实施积极的反危机的干预政策提供了理论依据。他提出的造成有效需求不足的三大心理规律是对供需均衡价值论（主观价值论）的高度肯定。其理论是对混合经济制度运行特点的抽象总结。

（九）西方经济思想流变的新趋势

从20世纪30年代到80年代，以凯恩斯的宏观经济学派形成为契机，西方经济思想进入了流派众多、百家争鸣的阶段，经历了一个从修正、肯定并存到否定又转修正的时期，除了凯恩斯经济思想占统治地位的时期（20世纪30年代至50年代）外，其流变经历了三个小的阶段。

1. 拥护凯恩斯主义的两个剑桥之争（20世纪50年代至70年代末）。新古典综合派或后凯恩斯主义主流学派占主导地位。

第二次世界大战以后，西方各国加强了国家的经济干涉主义，凯恩斯经济学大行其道，其继承者们对凯恩斯主义的理解也随经济结构的变化而歧义渐出，既有深化的一面，也有否定的一面。以美国经济学家保罗·安东尼、萨缪尔逊（1915—　）为主要代表的一些凯恩斯主义经济学家，将凯恩斯的宏观经济理论与以马歇尔为代表的微观经济思想加以综合，融为一炉，形成了所谓的"新古典综合派"，对凯恩斯主义作了符合时代经济要求的重大发展：在经济体制上，主张实行国家所有与个人所有相结合的混合经济体制；在经济运行机制中，注重"看不见的手"与"看得见的手"的互补性。

而以英国经济学家琼·罗宾逊为代表的后凯恩斯主义者（原旨凯恩斯主义者）——新剑桥学派则反对萨缪尔逊的修正理论，主张凯恩斯主义要与新古典经济学彻底决裂，以分配理论为核心来完成"凯恩斯革命"。这两个学派的长期争论被经济理论界戏称为"两个剑桥之争"。在这一争论政策选择中，萨缪尔逊的修正主义观点一直处于上风。

20世纪30年代以后，在凯恩斯主义大行其道之时，社会主义也以其计划经济模式向世人展示了国家全面干预经济的傲人业绩。在这一西方经济思想的主流与非主流的协奏曲中，以哈耶克和米塞斯为代表的新自由主义思想顽强地坚守着自由市场经济的阵地，坚持经济自由的理论主张，从伦理学角度探讨自由的含义，反对一切形式的国家干预，倡导实行竞争性和私人货币制度下的自由市场经济。他的代表作《通往奴役之路》（1944年）秉承亚里士多德的公有制与私有制的利弊观点，对国家社会主义经济特征进行了分析，认为以国家公有制代替私有制以后，社会主义计划经济没有价格机制和自由竞争，无法实现资源的合理配置，对劳动者无激励机制，导致低效甚至无效率，进而强化政治独裁，使人们失去自由。

哈耶克反潮流的经济思想在计划经济兴盛一时的20世纪三

四十年代饱受冷遇，一直到 70 年代凯恩斯主义陷入窘境和社会主义经济日见衰势以后才被西方政府和经济理论界所认可。实际上，新自由主义应是主流经济学的一个分支，（另一个分支是凯恩斯的国家干涉主义），不能归入本书所谓的非主流经济学之列。

2. 新自由主义经济等重新占据西方经济思想主流的阶段（20 世纪 70 年代至 80 年代末期）。

从20世纪70年代中后期开始，西方各国进入了从产业资本、金融资本共同主导向金融资本与知识资本转变的时期。产业结构的大规模转换、政府失灵日渐显现使得国家干预经济的手段渐显疲软之势，经济停滞与通货膨胀并存，"滞胀"使凯恩斯主义难有作为，陷入理论困境和政策陷阱。为摆脱"滞胀"局面，反凯恩斯主义的流派（新自由主义）继承弗里希·奥古斯特·哈耶克的基本经济思想闪亮登场，先后有现代货币主义（以米尔顿、弗里德曼为代表）、新古典宏观经济学（以小卢卡斯为首的理性预期学派）、供给学派（以马丁·斯图亚特·费尔德斯坦、阿瑟·拉弗、蒙代尔为代表）和新制度经济学（以布坎兰、科斯、诺思、斯蒂格勒、阿罗、塔洛克、张五常为代表），试图以自己的理论作为治疗"滞胀"的良方，以取得主流经济学地位。

3. 新凯恩斯主义居于主流地位及其与新自由主义并存、争论的"综合"阶段（20 世纪 80 年代—   ）。

当前西方的经济仍然是混合经济，这就决定了其经济运行方式不可能脱离"看得见的手"与"看不见的手"的合作。只是在以何者为主的问题上，西方国家会根据具体情况而有所选择，例如新凯恩斯主义成为克林顿政府的官方经济学，而新自由主义成为里根政府和英国撒切尔内阁的经济学，就在于经济性质决定了经济运行方式，也决定了 20 世纪 80 年代以后西方经济思想的"综合"性质与特点。

总之，西方经济思想沿着价值实现的横轴波动，经济学家们始终面临供需均衡问题，在处理供需均衡时，又体现在市场调节与政府干预的选择方面（注意新古典综合派和新"综合"的区别）。

（十）从诺贝尔经济学奖看西方经济思想的走向

从 20 世纪 70 年代开始，诺贝尔评奖委员会设立了经济学奖，奖励那些对经济思想有重要贡献的经济学家。迄今为止，一共颁发了 38 届，共有 58 位经济学家享此殊荣。诺贝尔奖的授予方向与当今西方经济学的流变趋势（参考表 1—1）是息息相关的。

从诺贝尔奖的授予内容来看，以经济学向其他领域渗透，扩展经济学帝国领地的占 30%；引入其他学科来拓深其自身内容的占 10%；开拓自身的方法论的占 25%；从动态角度和现实分析中，运用新的方法论，把微观经济学与宏观经济学相结合的研究占 35%。尤其是从上个世纪 90 年代开始，博弈论频频获奖（1994 年，1996 年，2001 年，2005 年），说明新方法与现实问题的研究相结合，以达到宏观经济学和微观经济学的动态综合，这才是当代经济思想流变的新方向。它既说明了原有经济学方法论的静态局限性，也反映出经济思想对现实问题关注的回归。回顾经济思想发展史，无论是亚当·斯密还是他之前的经济学家，都体现了很强的现实主义关怀，其后的凯恩斯等也不例外。至于非主流经济学家，如马尔萨斯、西斯蒙第、李斯特、马克思等人更是如此。对方法论的重视只是一种表现，其实质仍然是用动态方法论对现实问题进行深层次的研究，以便更准确地反映真实的经济生活。当代经济思想的流变走向，从表面上看，是对准经济学方法，对经济学的数学化的趋势的肯定，尤其是萨缪尔逊的《经济分析基础》发表之后，经济学的数学化蔚然成风。其实，这只是经济学的发展对现有分析方法的更高水平的需求。透过现象看本质，是原有分析方法的静态化已与日益复杂的经济生活不相适应，现实生活需要更准确便利的分析方法对其自身的运动状态与发展性质进行深层次的分析，博弈论的多次获奖正说明了这一点，诺贝尔奖多次青睐方法论更是对真实经济生活的垂青。从这一点来看，对发展中大国的经济生活的关注更是当今经济思想流变的重点所在。有学者放言，博弈论与新制度经济学方法的互补应用将是经济研究的一个重要趋势，这不无道理（刘宝华，2005）。

表 1—1   1969—2006 年诺贝尔经济学奖

获奖年份	诺贝尔奖得主姓名	生卒年份	国籍	主 要 成 就
1969	拉格纳·弗里希 简·丁伯根	1895—1973 年 1903—1994 年	挪威 荷兰	开创性的计量经济学研究；借助于发展成熟的理论和统计分析来创造经济政策和计划的合理基础的贡献
1970	保罗·萨缪尔逊	生于 1915 年	美国	对经济理论进行数学形式的表述
1971	西蒙·库兹涅兹	生于 1901 年	美国	收入概念；增长的衡量
1972	肯尼斯·阿罗 约翰·希克斯	生于 1921 年 生于 1904 年	美国 英国	投票悖论；信息理论 现代微观经济理论
1973	瓦西里·里昂惕夫	生于 1906 年	美国	投入—产出分析
1974	古纳·缪尔达尔 弗·哈耶克	生于 1899 年 生于 1899 年	瑞典 英国	"美国的两难境地" "亚洲的戏剧" 政治哲学；货币与商业循环理论

续表

获奖年份	诺贝尔奖得主姓名	生卒年份	国籍	主　要　成　就
1975	列·康托洛维奇 贾·库普曼	生于 1912 年 生于 1910 年	苏联 美国	线性规划 线性规划
1976	米·弗里德曼	生于 1912 年	美国	货币主义奠基人；自由主义方法
1977	贝·俄林 詹·米德	1899—1979 年 生于 1907 年	瑞典 英国	国际贸易理论新方法 国际经济政策
1978	赫·西蒙	生于 1916 年	美国	组织与决策理论；理性
1979	威·阿·刘易斯 西·舒尔茨	生于 1915 年 生于 1902 年	英国 美国	发展研究 农业经济学；人力资本
1980	劳·克莱因	生于 1920 年	美国	计量经济学模型和预测
1981	詹·托宾	生于 1981 年	美国	宏观经济与资产组合理论
1982	乔·斯蒂格勒	生于 1911 年	美国	微观经济理论；对管制的批评
1983	吉拉德·德布鲁	生于 1921 年	美国	一般均衡理论，微观经济学的拓扑集合论基础
1984	约翰·理查德 尼古拉斯·斯通	1919—1991 年	英国	如何使理论上的国民收入与支出的平衡同实践相一致
1985	弗克兰·莫迪尼安利	1918—2003 年	美国	家庭储蓄的"生命周期"理论和决定公司与资本成果的市场价值的莫—米勒定理
1986	詹姆斯·麦吉尔·布坎兰	1919—	美国	公共选择理论
1987	罗伯特·默顿·索罗	1924—	美国	索罗方程式；产生经济增长与福利增加的因素
1988	莫里斯·阿莱	1911—	法国	市场理论和最大效益理论（重新系统阐述了一般均衡理论）
1989	特吕格韦·哈韦尔莫	1911—	挪威	在经济计量学中引入概率方法，对经济计量学等作出重大贡献
1990	哈里·马格维茨 威廉·夏普 默顿·米勒	1927— 1934— 1923—	美国	如何使证券投资的风险收益均衡并以这种均衡决定证券价格，利率变动与企业破产如何影响证券价格

续表

获奖年份	诺贝尔奖得主姓名	生卒年份	国籍	主 要 成 就
1991	罗纳德·哈里·科斯	1910—	美国	新制度经济学（经济的体制结构）财产权与经营管理成本如何影响经济
1992	加里·贝克尔	1930—	美国	歧视经济学，开创将经济学方法运用于社会各个领域先河
1993	罗伯特·格福尔 道格拉斯·诺思	1926— 1920—	美国 美国	计量经济史（新古典经济学原理与统计推断原理相结合） 制度变迁的一般理论
1994	约翰·纳什 约翰·查里斯·海珊尼 莱因哈德·泽尔腾	1928— 1920— 1930—	美国 美国 德国	纳什均衡（博弈论） 非合作博弈的均衡分析理论方面作出了开创性贡献，对博弈论和经济学产生重大影响 豪尔绍尼转换 博弈精炼均衡
1995	罗伯特·小卢卡斯	1937—	美国	理性预期假设的应用和发展
1996	詹姆斯·莫里斯 威廉·维克瑞	1936— 1914—1996年	英国 加拿大	在信息经济学领域作出重大贡献，尤其是不对称信息条件下的经济激励理论。在信息经济学理论、激励博弈论都贡献卓著
1997	迈伦·斯科尔斯 罗伯特·默顿	1941— 1944—	加拿大 美国	期权定价公式：布策克—斯科尔斯公式 开创金融工程新领域
1998	阿马蒂亚·森	1933—	印度	福利经济学的基础研究
1999	罗伯特·蒙代尔	1932—	加拿大	最优化货币理论
2000	詹姆斯·赫克曼 丹尼尔·麦克法登	1944— 1937—	美国 美国	在微观计量经济学领域，发展了广泛应用于个体和家庭行为实证分析的理论和方法 "类别选择"问题理论的和实证的方法，将经济理论和计量方法密切结合用于不同领域的实证研究

续表

获奖年份	诺贝尔奖得主姓名	生卒年份	国籍	主 要 成 就
2001	迈克尔·斯宾斯 约瑟夫·斯蒂格利茨 乔治·阿克洛夫	1948— 1943— 1940—	美国	信息经济学，信息传递模型 在对充满不对称信息市场进行分析领域做出了重要贡献 保险市场的"逆向选择"，成本问题是信息不对称问题
2002	丹尼尔·卡恩曼 弗农·史密斯	1934— 1927—	美国	把从知心理学与实验方法引入经济分析，创立行为经济学，提出"预期理论" 创立实验经济学，通过实验室实验进行经济方面的经验性分析，特别是对各种市场机制的研究
2003	克策夫·格兰杰 罗伯特·恩格尔	1934— 1942—	英国 美国	用于稳定型时间序列研究的统计方法，提出了关于经济变量的"经典波谱理论" 提出有条件的异方差自回归（ARCH）模型分析经济时间序列
2004	基德兰得 普雷斯科物		挪威 美国	对动态宏观经济学所作出的贡献，他们的研究解释了经济政策和技术的变化是如何驱动商业循环的
2005	罗伯特·奥曼 托马斯·谢林		以色列 美国	奥曼从数学角度，谢林从经济学角度通过博弈论分析加强了我们对冲突合作的理解
2006	埃德蒙·菲尔普斯	1933—	美国	经济增长理论，对经济增长的动态最优化路径进行了分析，提出了著名的"经济增长黄金率"。对于通货膨胀和失业预期关系的理解方面作出了贡献，即对宏观经济政策中的跨时期权衡取舍进行分析

（十一）从非主流经济学与主流经济学的关系变化看西方经济思想的发展趋势

从古典经济学产生之日起，古典经济学就开始了分化。起初以亚当·斯密为代表的主流派通过李嘉图发展而结束于穆勒综合。然后是三个支流：第一个是以马尔萨斯为代表的人口经济学与有效需求不足思想（其中也有西斯蒙第的经济危机学说）；第二个是李斯特的旧历史学派；第三个是马克思主义的激进派。

以第一支流来看，首先是马尔萨斯发掘了亚里士多德的人口经济观点，继承了吉奥比尼·博特罗（《城市的伟大》，1588年）、斯图亚特（1742— ）、华莱士（1753）和奥特斯（1743）的人口经济思想，对人口问题进行了系统、独立的研究，对当时和以后的人口经济学的发展奠定了基础。他以一个科学家的良心和科学的态度，对当时较有争议的问题进行了全面研究，并逐渐发展成为理论研究对象，成为一门新的学科。他当时匿名发表人口论，足见当时这个问题是多么敏感。在他的作品发表以后的 200 多年里，除了极少数经济学家对其表示尊敬和谢意外[1]，新古典派对其产生了误解，马克思主义对其进行了批判。马尔萨斯可以说是被误解和最孤独的经济学家之一。其次是经济危机理论，他在《政治经济学原理》（1820 年）一书中首次提出了有效需求不足的概念，生产能力无论怎样扩大，总是不足以单独保证财富按比例化增长，为了使生产能力充分发挥作用，似乎必须有其他的因素。这就是不受阻碍的对全部产品的有效需求[2]。马尔萨斯认为，有效需求不足会导致生产过剩，出现经济

---

① 凯恩斯曾指出这种状况。

② ［美］亨利·威廉·斯皮格尔：《经济思想的成长》，晏智杰等译，中国社会科学出版社 1999 年版，第 259 页。

衰退。进而他强调政府宏观干预的必要性和重要作用。

　　总之，马尔萨斯从消费的角度对古典经济学进行了补充，为以后的新古典经济学和凯恩斯主义经济学作了重要启示①，是西方宏观经济理论的先驱。

　　与马尔萨斯处于同一分支的还有西斯蒙第（1773—1842年），他在《政治经济学新原理》（1819年）中，也把消费问题提到首位，在收入决定生产理论的基础上，第一个提出了资本主义经济危机的必然性，否定了李嘉图、萨依等人的生产自动创造需求的经济无危机理论。西斯蒙第对凯恩斯有巨大的影响，是西方宏观经济理论的先驱者。他认为，为了避免经济危机的发生，必须呼吁和请求政府干预。西斯蒙第的理论处境比马尔萨斯更惨，后者还有人批判，前者则被社会忽视遗忘，其书没有卖出一本，一百年后，才遇到了知音凯恩斯。

　　第二个分支是李斯特的历史主义。1841年，李斯特出版了《政治经济学的国民体系》，在经济学史上首次致力于生产力理论的研究；他提出用归纳法和实证法，从一国经验角度，总结生产力发展的观点。李斯特有如下贡献：一是他指出了一国经济中生产力的多要素概念，把社会制度与环境对生产力的影响提到重要地位，强调单纯劳动致富的局限性。这对于后发展国家如何保护幼稚产业，提高竞争力有重大启发。李斯特是发展幼稚工业理论之父。二是对科学技术的重要作用加以肯定，提出了"精神资本"（人力资本）的概念。三是将国家干预视为弥补私人经济的主要手段。四是提出贸易保护与经济发展阶段相结合的理论。历史学派通过流变成为制度经济学，李斯特成了制度经济学的先

---

　　①　［英］马尔萨斯：《政治经济学原理》，厦门大学经济系翻译组译，商务印书馆1962年版，第298页。

驱。这一理论经凡勃伦、康芒斯和米切尔的发展而独树一帜，尔后进一步演变为后制度经济学或新制度主义。

第三个分支是马克思主义的剩余价值理论和计划经济学说。对马克思主义的来源问题，恩格斯早有论述。但是，恩格斯并没有强调马克思主义经济思想的古典政治经济学的非主流来源。按传统理论，马克思主义的来源有三个：黑格尔哲学、李嘉图的古典政治经济学（劳动价值论）和空想社会主义（欧文、圣西门、傅立叶），但从思想的逻辑而言，仅有以上三个方面是不够的，仍不能反映马克思对其前经济思想涉猎的广泛性。众所周知，马克思在一个世纪以前终身从事经济学研究，并阅读了经济学领域几乎所有的作品[①]。马克思严厉批判过马尔萨斯，这就不排除他对马尔萨斯和西斯蒙第之有效需求不足、经济危机理论和政府干预思想的参考。实际上，马克思主义的经济学来源除了李嘉图之外，还有马尔萨斯和西斯蒙第，以及一些优秀的人文主义思想。马克思主义经济学应属于西方经济学的非主流派，恩格斯逝世以后，马克思的经济思想分成了两派。一条路线是经伯恩斯坦、考茨基的理论修正，提出了进化的社会主义经济思想，为西欧各国的社会民主党所采纳。另一条路线经希法亭、列宁与斯大林的计划经济实践而一致成为与西方主流经济学相抗衡的政治力量和意识形态。尽管在 20 世纪末期遭到重大挫折，但其对西方主流经济学挑战与促进的理论价值仍是难以否认的。主流与非主流的彼此竞争是经济学理论发展所必需的。

从主流与非主流的关系变化来看，随着经济全球化的新一轮浪潮和经济地图的改变，人类经济嵌入并纠缠于经济与非经济的制度的程度日益加深，经济理论的新一次综合或许已经悄悄开始了。

---

① ［美］丹尼尔·R. 福斯菲尔德：《现代经济思想的渊源与演进》，杨培雷等译，上海财经大学出版社 2003 年版，第 349 页。

第 二 章

重 本 溯 源
——古希腊经济观的绝响

一　理想主义的古希腊人

如导论中所论及的，本书将经济思想的分期以经济本身的性质为标准是有别于其他经济学史著作的，这正是本书所要强调的。

从经济发展的性质来看，古希腊与中世纪在经济发展模式上虽有一定变化，但本质上是一致的，皆属于自给自足的自然经济。因此，在经济思想的规划之中，应属于同一的。在这里需要指出的有两点：第一，如恩格斯指出的"因为历史地出现的政治经济学，事实上不外是对资本主义时期的经济的科学理解，所以，与此有关的原则和定理，也能在例如古代希腊的社会的著作家那里见到，这只是因为一定的现象，如商品生产、贸易、货币、生息资本等等，是两个社会共有的。由于希腊人有时也涉猎这一领域一样，表现出同样的天

图 2—1　维纳斯像

才和创见。所以他们的见解就历史地成为现代科学的理论的出发点"。① 第二，在经济思想的流变之中，古今一理，皆沿着以价值观和稀缺性为流变方向与中心；所不同的，只是其表现形式的差异而已。我们分析古希腊、古罗马和中世纪时期的经济观点正是基于以上两点。

从公元前 5 世纪的古希腊，开始了人类的逻辑时代。在该时代中，人类摆脱了巫术，从相信灵魂转世、君权神授的神化上帝观念中解脱出来。对于古希腊思想的重要性及影响，怎样评价也不为过，在这个世界上，除了自然的盲目的力量之外，没有什么活动的根源不在古希腊。这是 1875 年亨利·缅因爵士在一次讲演中做出的评价。在经济思想的流变之中，古希腊的经济观点的影响也是如影随形，二者有着密不可分的联系。在古典经济学家之中，也许只有李嘉图不曾对古希腊做过研究。亚当·斯密的《国富论》曾提到毕达哥拉斯、德莫克利特、伊壁鸠鲁和芝诺，多次涉及柏拉图和亚里士多德。马尔萨斯从柏拉图和亚里士多德的著作中寻求对其人口论的支持论据，穆勒曾翻译并提供了柏拉图四篇对话的注释。马克思的博士论文是关于德莫克利特与伊壁鸠鲁的自然哲学。直到中世纪后期，文艺复兴时代的先驱们仍然从古希腊的思想库中挑选自己的思想武器。在 1895 年的《经济学季刊》中，仍有大段的希腊引文，尤其是亚里士多德的著作涉及甚广，他的经济观点对其后的经济思想有着特别重大的影响，其作品成为后来经济思想的一个极富成果的源泉。

古希腊是一个诸多城邦组成的邦联，它是由其海外殖民活动形成的。初期移民从科林斯、克里特岛、雅典和斯巴达，北向黑

---

① 《马克思恩格斯全集》第 20 卷，人民出版社 1972 年版，第 249—250 页。

海周围发展，东到腓尼基，西向西西里和马萨利亚，南到克里特岛对面的地中海沿岸。通过民族混合和其他途径，在小亚细亚广泛吸收了先进的古代巴比伦文明，促进了他们的手工业的发展。另一方面，海滨的殖民城市背后有广阔的腹地，可以取得手工业原料，可以用工业品交换粮食，而且还据有发展海上贸易最有利的地理位置。地中海的海上贸易，早在克里特时代已经开始，迈锡尼衰落之后，腓尼基人继起贩运其间。当古希腊人在海外城市定居下来的时候，星罗棋布的希腊人海外殖民地事实上组成了一个希腊人的海上贸易商站网。这些条件使多数希腊殖民城市走上农工商业兼营的道路。农业是他们最初得以取得生活资料的行业，工商业发展以后，他们当然不会放弃，因为无论哪个城市，某种程度的粮食自给总是十分必要的。不过，有些城邦，尤其是某些海岛，后来大种葡萄，酿酒出口了。工业有钢铁制造业、陶器业、纺织、制革，其中尤以米利都最为著名。商业的扩展尤为积极，因为开通新商路，寻求新的市场和新的原料来源，是商品经济获得新发展的首要条件。这是推动古希腊殖民城市遵循"分裂繁殖"路线的第二个因素。开辟新商业需要在新地方建立商

图2—2 古希腊的海外殖民地

站，这些商站是财富集中之地，必须筑垒据守，以防劫掠。这些新商站是商业殖民城市有计划派人建立的。在当地人民软弱可欺或者当地人民文化落后的情况下，古希腊人的海上贸易帮助他们输出土产交换精巧工业品，交换葡萄酒、橄榄油等"珍贵物品"，得到他们欢迎的状况下，很快又形成为一个新的希腊殖民城市。派遣新移民出去的殖民母邦，并不缺乏热烈愿望出去碰碰运气的冒险家，这些人又是母邦统治阶级所不喜欢的"难领导"的刺儿头，他们移居到新地方恰好可以消除母邦内的扰乱因素，"分裂繁殖"于是越来越成为古希腊扩张的基本方式了。随之而来的是自给自足的自然经济，迅速转为商品货币经济，使海外和本土原先的工商业城邦，由于粮食和原料供给方便，而得以不受限制地扩大它们的工商业。同时，也使某些"单一经济"的殖民城邦扩大多种经营，力谋自给自足。雅典本以粮作农业为主，大移民中及其后逐渐发展起来更加适合于其土壤条件（丘陵、沙地）的有葡萄、橄榄、果园与其他园圃农业，粮食逐渐取自于进口。由于输出油和酒需要容器，因此它又迅速发展起陶器业，不久它的陶器就超过了科林斯。米利都、科林斯、卡尔西斯等老早就是工商业城邦，粮食原料供给充分使它们工商业的发展更加迅速。与此相反，有些殖民地建立之初，虽不过是一个商站，但因周围农业资源丰富，当它的人口因新移民的到来而日益增多时，就兼营农业。后来，它们逐渐发展成为自给自足的共同体，于是对母邦的依赖日益减少，并成为独立的城邦。

　　经济的迅猛发展，促成了贵金属铸币的应用（贵金属本位）。贵金属铸币的应用，反过来又影响经济发展的速度。古希腊人用贵金属条块为交换媒介为时已久。但当时的交换媒介，除贵金属条块而外，还兼用牲畜、铜斧、铁块、铜制三脚架之类的实物，商品货币经济的发展究竟还受到一定限制。公元前8世纪，小亚细亚的吕底亚王国开始用天然的琥珀金（金银合金）制成铸币，伊奥利亚诸城邦米利都、佛西亚、埃弗塞斯继起仿制，不久，裴登王统治下的阿尔哥斯，萨洛尼克湾上的埃吉纳、优卑亚（Euboea）和雅典也自铸货币。铸币材料改用成色较高的金或银①。这种打制了某种固定图像、成色重量一致的小圆片，既便利了商品交换，本身又代表一般意义的财富。连同弥漫于希腊世界的迅猛的经济发展，产生了重要的社会与政治后果（顾准，1982）。

以上这一段叙述，正是对公元前 7 世纪以后希腊经济生活的概括性描述。对于公元前 8—前 7 世纪，也就是史称"古风时代"的经济生活，除了荷马的史诗，即古希腊最早的文学作品《伊利亚特》和《奥德赛》外，无典籍可查。荷马编著的史诗是创作于公元前 8 世纪后期的，他歌颂了英勇的迈锡尼人久远的丰功伟绩，虽然《伊利亚特》讲述的是传说中的"特洛伊战争"。这次战争相

图 2—3　假想中的荷马像

---

①　迄今为止，中国发现的金币，只有战国时代的楚国，才有加上官方印记的小金块，称为郢爰，这是成色一致、重量未必一致的金块。但未必就是贵金属铸币。中国的古钱币都是铜（有时是铁）铸的刀、斧，或"孔方兄"。用银元宝已经很晚了，银元是近代从西班牙输入的。战国时代有贵金属铸币的萌芽。秦汉以后从未发展起来，这显然是商鞅重农抑商政策的结果。这种打制了某种固定标志，成色重量一致的货币，既便利了商品交换，本身又代表一般意义的财富。连同弥漫于希腊世界的迅猛的经济发展，产生了重要的社会与政治后果（顾准，1982）。

传是因奥林帕斯山上的诸神闹纠纷而引起的：阿基琉斯父母举行婚礼时，没有邀请"不和女神"厄里斯，她便从空中扔下一个上面写有"献给最美的女神"字样的金苹果。赫拉、雅典娜和阿芙罗狄蒂三位女神都自认为自己最美，于是就发生了争执。天神宙斯要她们找特洛亚王子帕里斯评判。三位女神为得到金苹果，各许帕里斯以最大的好处：赫拉许他成为最伟大的君主；雅典娜许他成为最有智慧的圣哲；阿芙罗狄蒂则答应他娶得世上最美的女子。帕里斯最后把金苹果判给了阿芙罗狄蒂。赫拉和雅典娜当然不快。阿芙罗狄蒂为了酬谢帕里斯，便暗中帮助他拐走了希腊斯巴达国王的妻子、全希腊最美的女人海伦。希腊各城邦为此震怒，便推阿伽门农为主帅，组成联军攻打特洛亚城，要夺回海伦。这就是传说中的"特洛伊战争"。战争进行了 10 年，众神各助一方。最后，希腊将领奥德修斯设计，将一只内藏伏兵的木马遗弃城外，假装撤退。木马被特洛亚人拖进城里。入夜，木马中的希腊伏兵便与城外卷土重来的大军里应外合，将特洛亚城攻陷。战后，希腊联军携带海伦和掳掠的财宝及奴隶还乡。据历史考古证明，特洛伊战争确有其事，战争的一方为亚加米农，迈锡尼的王，另一方为亚海亚人的"万民之王"。《奥德赛》［作者荷马（Homer，约公元前 9 世纪）］讲述的是一个回归者漂流的冒险故事。"一部史诗"，亚里士多德说道，"是一部有关行动中的人的诗。"《奥德赛》中行动涉及的是将丈夫夺回，送还给他的妻子和儿子以及国王重返王位。丈夫/国王即是奥德赛，妻子是珀涅罗珀，儿子是忒勒玛科斯，王国是远离希腊大陆西海岸的伊萨卡岛。奥德赛在特洛伊打了十年仗，又花了十年时间历尽艰辛回到家乡。这位漂泊者还乡的故事，如同前面的《伊利亚特》一样，分为二十四卷，每一卷对应一个希腊字母（没有人知道是谁第一个做出这样的划分，荷马没有这样做）。故事的内部划分为四个部分：（1）忒勒玛科斯的诸种历险；（2）奥德赛的还乡；（3）伟大的漂泊者；（4）奥德赛在伊萨卡。史诗的翻译者是罗伯特·弗兹杰拉德，史诗中的名字依然保持原来译本中的形式，其中透露出从"黑暗时代"到"古风时代"之际的经济生活的特点。

图2—4 《奥德赛》插图

二 荷马史诗中的经济观点

荷马史诗中反映的经济观点以叙述当时人们的经济活动为特征。市场经济经历了自然经济的物物交换、商品交换与物物交换并存的时期，又经历了商品货币交换与现代市场经济阶段的演变，而荷马时代则处在这个原始阶段的源头。古代自然经济的物物交换时期的经济思想包含在上述两部荷马史诗《伊利亚特》（*lliad*）和《奥德赛》（*Odyssey*）中。荷马史诗中所反映的经济思想主要表现于两个方面：财富占有的观念和市场交换价格。财富即农产品、黄金、青铜等物。当时的社会还处在氏族共有制向私有制转变的中后期。其时，氏族制已经瓦解，私有制观念随之滋生蔓延，但私有观念还未达到比较广泛的程度，家族共有制观念的残存形式仍然存在。古希腊"市场"一词的原意是指氏族政治集会的场所，在荷马时代已转变为集会场所，后来才转变为财货交易的市场意义。尤其是土地虽已成为私有财产，但尚未准许成为自由买卖转让的对象，还是一种严格世袭的财产，除此之外的皆可自由贸易。这种自由贸易还逐渐扩展到希腊之外。

而诗人赫色俄德的时代已与荷马的时代有较大差别，与荷马不同，赫色俄德描写的是自己经历的真实生活。除了厄运之外，他对农作之外的一切所知甚少，在当时广为人知的诗篇《劳作与时光》（*Works and Days*）中，他描述了这种生活，辛苦劳作永无尽头，几乎没有任何报酬，没有未来，经常受土地贵族的挤压。在其中表现出来的经济生活的状况，体现了古希腊从氏族公社制向私有制转化后期初级商品经济的特征。

三 赫色俄德的商品经济观点

波埃欧提亚的农民诗人赫色俄德（Hesiod）的《劳作与时光》中反映的经济观念体现了诗人对经济活动的思考。在赫色俄德所处的时代，土地可以自由买卖，可以自行转让及分割，从而使多数的土地所有者成了拥有少量的自己耕作的土地的自耕农。在这样一个时代，只有从事农业的体力劳动才能致富，劳动产生价值，并伴有尊贵和荣誉。在诗作中，赫色俄德朦胧地表示着：

（1）劳动是一切价值源泉的思想渊源，而且还是市场运行中必须遵守的基本伦理准则，有利于市场制度的良性发展，这成为以后希腊经济伦理的思想来源。

（2）资源稀缺和有效配置的思想萌芽。

（3）在人们对财富的追求之中，应从事正当的劳动方式，提倡"善良的竞争"，这也是近代经济学宣扬市场竞争的先声。

四　以身垂范的改革者
——梭伦的经济观点

在希腊思想史上，有两位改革家的法律思想对经济思想有不可忽视的影响，这就是德拉古和梭伦。

传奇人物德拉古（Draco，公元前 621 年前后）是改革家中的第一位，他是位早期僭主以及大踏步迈向自由的文献公示者。他颁布了第一部希腊法典（Draco Law）。在这之前，赫色俄德和其他人抱怨说，只有贵族法官才懂得法律，而且他们仿佛根据自己的需要制订法规。一位普通公民诉诸法律，其命运完全控制在法官手中，法官通常依据诉讼当事人的经济地位、家族关系和所拿出的贿赂款项的大小来进行裁决。德拉古法典尽管非常严苛（为数众多的罪行皆可判为死罪），但的确为所有的人提供了一种单一的司法公正标准，而且由于法典的颁布，人们得以了解他们的法律权利。无论德拉古法典多么严酷，其公之于众都是迈向取消等级与特权、发展司法公正理性制度的重大一步。但是，在法律中关于整顿财产关系的部分，注重了保护债权人（贵族高利贷者）的权益，从而加重了雅典内部的动荡因素。

第二位改革家是梭伦（Solon，公元前 640—前 558 年）。雅典内部的动荡，基本原因在于土地兼并和债务奴役。前面引述亚里士多德《雅典政制》的一段话，说明雅典的土地贵族在周围富裕的工商业城市城邦及其豪华的僭主宫廷影响之下，加深了对农民的剥削，而在贵金属铸币逐渐通行的条件下，最有效的剥削

图 2—5　梭伦

方式之一是高利贷。雅典农民祖辈相传的那一份土地成了债务的抵押品。史家考证当时成为抵押品的土地事实上成为债权人所有，债务人只能保留一种出款赎回的权利。有的债务要以人身为担保，出现了农奴身份的"六一汉"，一种残酷的债务奴役制盛行起来了。库隆暴动到公元前 6 世纪初期的几十年间，雅典大概处于经济迅猛发展的时期，雅典从麦加拉手里夺回了萨拉米，麦加拉的僭主政体垮台了，雅典商人开始到黑海、埃及和塞浦路斯去经商，这使得平民对于当时的国内秩序更加觉得不可忍受，而德拉古的法典也许更加强了高利贷者和贵族的地位。现在真的有平民暴动和僭主出现的危险了，救治的办法是要找到一个"民选调解官"（Aesymenites）来调停对立的集团的利益，来解决"如何免除债务人的钱债，来重分土地，并根本改革现行的秩序"的问题。雅典人和因雅典的伟大而所获甚多的世世代代的人，很幸运地找到了这样一个人，他就是梭伦，诗人、商人和政治家梭伦。

　　梭伦是贵族分子，以鼓动和领导对麦加拉的战争，夺回萨拉米闻名。公元前 594 年，梭伦被选为首席执行官，并授权为仲裁者和立法者，并被视为"民选调解官"。[①] 梭伦就任以后，第一件重大的改革是"解负令"（Seisacktheia），拔除立在债务人份地上的记债碑，作为债务抵押品的土地无偿归还原主，保障小块

----

　　① 梭伦改革后 64 年，印度的释迦牟尼创立佛教（前 530 年），提出"四谛"思想：苦谛、集谛、灭谛、道谛。主张众生平等，因果报应，轻视现世，重视来生。

农地的水源，禁止人身奴役和买卖奴隶。因债务流落异邦的人，也都回来了。为了使"解负令"得以贯彻，也废除了与土地无关的工商业债务，但不禁止改革以后的工商业信用。其次是禁止输出谷物，准许输出橄榄油到国外，使雅典农业迅速过渡到集约型的果园与园圃经营，这是当时有条件输入粮食后改变阿提卡农业经济结构的具有根本性的措施。后来又公布遗产自由，禁止奢侈，限制葬礼的浪费和铺张（这和孔丘提倡的厚葬和"三年之丧"恰成对照）。梭伦立法的根本原则是承认私有财产，容许土地的转让和分割，这使得人们放手创办企业，推动了经济活动。

梭伦为了发展雅典的手工业（此时正是科林斯陶瓶独霸市场的时代），允许外邦人获得雅典的公民权。梭伦立法关于杀人罪的处理，保持了德拉古法典的规定。他的法典禁止对他人包括奴隶在内的暴力伤害，从而使奴隶得到相对的人身安全。

梭伦立法废除贵族在政治上的世袭特权，而代之以财产法定资格。他的法律规定雅典公民分为富农（原称"五百斗级"）、骑士（富农和骑士养得起马，应征为骑兵）、中农（原称为"双牛级"，构成重装步兵）、贫民（构成轻装步兵，担负军中杂役）四级，全都有参加公民大会（Ecclesia）的权利。公民大会直接选出执政官，和其他执政人员如司库和执行法庭判决的"十一人"等，这些公职只有最上层阶级的公民才有被选举权。国家重要政务都要由公民大会通过，提给公民大会议案的预审工作则由新设立的"四百人议事会"担任。元老院的任务现在是保证国家法律不受破坏，保证法律的有效实施。它的最初成员由梭伦选任，以后，凡执政官任期终了，经审查政绩后加入元老院，并终身任职。"四百人议事会"的成员由四个部落各选一百人组成，因为它负责预审提交公民大会的议案，实际上执掌最高政权。元老院和议事会两者，梭伦比之为船上的两只锚。

梭伦首创了陪审法庭（Assembly of the Thesmothetae）的新制度。"Assembly"的原意为集会，陪审法庭的原意当是"作为法庭的公民大会"（Assembly as A Court），其实际状况，不外行政官员于市集日在市场上审理讼案，而由有空暇时间的若干公民参加。但是把这种办法制度化起来，则是司法上民主化的重要措施。史学家还认为，后来成为雅典民主制度重要组成部分的人民对执政官在其任期终了时实行的政绩审查，是这种人民"参与审判"的权利的推广。

梭伦的"解负令"规定免除一切债务并且从自身做起，竟得以和平实行，在古代史上是罕见的例子。梭伦当时的地位是民选调解官，即民选的独裁者，具有僭主那样的专政权力。也许因为当时高利贷所引起的社会动荡已经到了岌岌可危的程度，连债权阶层也意识到了这种危险，这个调停于敌对阶级之间的独裁者才得以使"解负令"贯彻下去。然而"解负令"并不是平分土地，所有贵族阶级祖传的土地，也即非因高利贷收进的抵押土地仍归贵族所有，贵族阶级的优越经济地位并没有受到摧毁性的打击，所以"解负令"实际上是一种改良主义的措施。虽然如此，废除债务，连同其他的经济措施，如改革币制、改革度量衡制度、吸收外籍技工等等，确实鼓励富裕阶级以其财富投入工商业，从而使无地人民获得就业于农业以外的职业的机会。他的限制谷物输出、鼓励橄榄油出口的政策，也推动小农发展集约经营的园圃农业。这些都促进了雅典迅速地从一个农业区域发展为工商业区域。从此，雅典处于"东方希腊"与"西方希腊"海道中心的优越地位，它的天然良港庇里犹斯（Pireaus）和法勒隆（Phalerum）日益发挥作用，不久雅典就成了希腊世界第一个工商业城邦。梭伦所奠定的雅典的经济发展路线，不是传统的"分裂繁殖"路线，不是广泛殖民于海外，而是相反保持了人力资源于国内，使纵横不过百里的一个小区域发展成为市郊有小康农业人口的大工商业城市。从历史观点来说，这无疑是很大的成功。梭伦的名字成了贤明的法律赠予者的同义语。他是贵族的一员，像德拉古一样，四处游历，不仅如此，他对新兴中产阶级的商业冒险事业也有着浓烈的兴趣。他痛苦地认识到了土地分配的种种不公正和债务奴隶制的残酷性，因此他的第一项改革即是让所有无力赎回自己土地的奴隶获得自由。他在所有的事情中皆寻求中庸适度，他被迫割舍巨大的家产，将土地分配给农耕者，不过他对未接受教育的大众参与这一激进的变革缺乏足够的信心。然而，他确实鼓励每一个人都来参与政治事务。他限制重要的政府机构由上层的贵族和商人来管理，但允许下层的成员作为陪审团成员参政。虽然陪审团不像政府公共机构那样富有魅力，但陪审团的职责有助于教导人顺应社会行为的机制。他极大地扩展了公民的责权，建立起一个四百人的行政议会。梭伦敏锐地预见到保守主义者反对变革和趋于拙劣修补的自由主义倾向，他规定所有的改革都必须保持原样不变，有效期为十年。

梭伦采用一种轻便得多的货币，以鼓励贸易和商业的发展，他还从境外引入技巧娴熟的艺匠，特别是制陶艺人，因为陶器制作是一种主要的工业，其制品是最重要的出口产品。由于他的改革，雅典摆脱一种依赖农业的经济，演变成为其财富源于不依赖自然力的制造业产品的城市。

梭伦所处的时代是希腊经济超越了物物交换的阶段，货币经济开始出现的时代。公元前约 594 年，他指导了一场意义重大的制度改革，提出了以下对经济有重大影响的措施。

（1）通过法律确立私有财产制度，从而为市场经济制度奠定了产权基础。

（2）推动了有利于市场制度发育的社会分工。他列举了六种值得尊敬的职业：海外贸易、农业、制造、教育、僧侣和医药。

（3）他鼓励技术移民，认识到技术对一国财富增长的意义。

（4）他把海外贸易视为最重要的职业，并把海外经济扩张与殖民政策融为一体，是公元16世纪以后重商主义国策的历史渊源。

五　从将军到庄园主
——色诺芬的经济观点

图2—6　苏格拉底

苏格拉底虽然是古希腊的哲学泰斗，对后来西方经济思想产生了很大影响，但他自己并没有专著留存于世，其基本思想皆存于他的弟子色诺芬和柏拉图的著述之中（这与中国古代哲人孔丘的思想存在方式相同）。

色诺芬（Xenophone，约公元前430—前354年）[①]是古希腊著名的史学家、思想家，生于雅典的豪富之家，曾作为将领率希腊雇佣军远征中亚。他著述甚丰，仅其在经济方面的专著就有《经济论》和《雅典的收入》。前者是色诺芬在战争失败后定居下来做奴隶制庄园主时写成的，是他把田庄管理经验加以总结上升到理论高度的产物。"经济"

[①]　色诺芬参加过雅典集团与斯巴达集团之间的伯罗奔尼撒战争，战争以雅典（直接民主制）失败而告终。

一词就是首先在该书中出现的。

　　《经济论》专门论述家庭经济的
管理，属于微观经济，涉及社会分工、
市场交换和价格形成；《雅典的收入》
讨论国家财政问题，属于宏观经济，
提出运用扩展对外贸易、开发银矿、
发行货币等行政措施，增加财政收入。
色诺芬的经济思想集中于以下四个方
面：

图 2—7　色诺芬

　　1. 财富论（价值论），效用价值论。

　　色诺芬认为，财富是具有使用价值的东西。他的这一观点也体
现在其货币观上，他认为卖掉对自己没有使用价值的东西换得货币
而又不会使用之，货币也不是拥有者的财富。他从使用者本人的主
观判断上去理解事物客观存在的有用性，并将其作为价值判断的标
准。色诺芬还将财富分为精神的与物质的两类，认为财富不取决于
财富的多寡，而是取决于财富拥有者的满足感。他的效用价值观为
新古典经济学提供了主观心理分析的基础，是效用价值论的先驱。

　　2. 分工效益论。

　　分工取决于市场的扩大，大城市分工比小城镇细，所以大城
市的产品较之小城镇更为优良，更有使用价值。这里他提出了分
工更有效率的朦胧思想。在此基础上，色诺芬提出了农业至尊
观，重农轻商，是中世纪以后重农主义的启迪者。

　　3. 价格与供求论。

　　商品价格的波动依存于市场供给与需求的变化。铜若过多，
铜价趋于低廉，工人因此而失业。农产品价格低廉，农业无利可
图，农民则弃农他就。色诺芬意识到供求关系对价格的支配作用
以及由此对社会劳动的分配功能。

4. 关于财政的配置职能。

色诺芬从国家的角度研究了增加收入的问题。首先是吸引外资，给外国侨民提供政策优惠。其次是提高商人的社会地位，授予商人特权，完善商事法院制度，建立基金，大力发展对外贸易。最后是将财政开支的重点放到那些具有规模报酬递增的产业，探讨财政支出对于产业结构调整的影响、劳动经济增长、国家投资的主导产业选择等问题。

他是国家财政功能理论的首倡者。

六　古希腊的共产主义者
——柏拉图的经济观点

图 2—8　柏拉图

柏拉图（Plato，公元前 427—前 347 年）是古希腊著名学者，集哲学家、伦理学家和政治家于一身，也是苏格拉底的学生，是贵族政治的拥护者[①]。他一生著述颇多，与经济思想有关的是其名著《理想国》（*The Republic*）和《法律论》（*The laws*）。上著成书于伯罗奔尼撒战争之后。

柏拉图对西方经济思想有较大影响的观点有以下方面：

[①] 公元前 388 年，是希腊历史的一个重大转折点，柏拉图 40 岁，正值其著述的高峰期。而这一年段正是腓力率军与反马其顿同盟军进行的战争，以希腊联邦失败、城邦林立的局面结束的一年。公元前 337 年的科林斯会议除宣布成立希腊同盟外，还决定巩固奴隶主的私有财产，不许重新分配土地，不许取消债务和解放奴隶。这实际上否定了梭伦改革。

1. 自然分工论与分工是国家的自然基础。

柏拉图认为分工的原则应当适合人的禀赋，每个人天生适合做何种工作，就应去从事何种职业，人们不能违背这一原则去交换职业与地位，否则就违背了人的天性，造成社会混乱，危及国家安全。这是一种符合人类天性的互助原则，互助则使人们结成团体形成国家。上述观点反映出两点：其一，从经济分析的角度探讨国家起源，是对君权神授的否定；其二，其自然分工思想是休谟和斯密等人分工理论的最早萌芽。人类发展的历史也证明了柏拉图自然分工理念的正确性。

2. 财富论。

柏拉图的财富观是一种伦理性的财富观，对以后西方经济思想的发展影响颇大。他的财富三层次说远远超越了历史进程。第一层次是精神财富，如知识、技术、修养及其他各种德性；第二层次是身体健康等；第三层次才是物质财富。他的第一层次统率其他两层次的观点朦胧包含了在国家发展中价值理念对政治制度与经济制度的制约及其对国家财富的长远影响，是民主国家的良性运行思想的理论渊源。他把财物的有用性直接与人们的消费生活之需要相结合，并推演出许多有助于此的有用性，肯定其财富的性质，这是最早的主观效用价值论的先导。

柏拉图的财富三层次论距今已有 1600 余年，世界发生了很大变化，那么，他的财富观还有意义吗？无独有偶的是，英国莱斯大学心理分析教授阿德里安·怀特通过对全球多个研究机构的数据、资料进行分析，并对世界各地 8 万多人进行问卷调查后得出幸福三要素——教育、健康和财富的结论。并绘制了号称人类第一张"世界幸福地图"，其理论基础是，有了这三样，人们一般会觉得幸福。有统计资料显示，英国有 81% 的人更关心政府是否使人更幸福，而非是否使其更富有。很显然，财富是幸福的要素之一，但不是最重要的要素，精神富有（教育）更具有引领作用。可见，柏拉图的财富三层次论今天仍有生命力。

3. 货币名目论与反对高利贷的观点。

柏拉图认为，货币只有交换的作用，其本身的价值是无足轻重的，所以货币只有交换的名目作用，货币不具有贮藏价值功能，故他反对商业资本和高利贷①。这是重农主义的先声和中世纪反对重商主义的先声，对中世纪及以后的利息观念有很大影响。

4. 理想国的共产主义观念。

在柏拉图的观点中最有特色的莫过于共产主义观点了。柏拉图认为，私有财产制度易引起社会的分歧和矛盾，不利于国家的和谐，他主张消除私有财产，至少在统治阶层（第一、二等级）消除私有财产，消灭家庭，实行共产共妻。柏拉图的理想国模式对西欧早期理想共产主义观念有相当大的影响，西方有学者称他为第一个共产主义理论家。虽然欧文、圣西门等思想家没有提到柏拉图是其理论先驱，但其思想流变的逻辑则是肯定的。

七　古希腊思想的绝唱
——亚里士多德的经济观点

亚里士多德（Aristoteles，公元前384—前322年）师从于柏拉图，是古希腊思想的集大成者。他生活在希腊历史的重大转折

---

①　公元前5世纪之前，由于借贷双方自定利率，利率一般不高，高利贷较少。公元前5世纪中后期，雅典工商业发展迅速，贷款利率迅速提高，债务人常被强行夺屋及其他财产，引起社会对高利贷的反感。柏拉图从道德主义者的立场反对放贷取息。这是西方经济思想发展史上首次出现的反高利贷的呼声，严重影响了中世纪对放贷取息的观点。

时期，他在诸多学科领域都给后世
留下了开创性的著作，其经济观点主
要体现在《政治学》和《伦理学》
两书中。他对后世经济思想的贡献有
以下几点：

1. 货殖论。

他首次提出了"货殖"概念，
实际上是把经济活动中的生产活动与
金融活动相区别，尽管他对货殖及高
利贷持反对态度。

2. 分析物品的直接使用和供交
换，认为前者是物品的自然属性，后
者则是需要依法律存在的。

图 2—9　**亚里士多德**

这一概念被亚当·斯密发展成为使用价值和交换价值，从
此成为经济学中的固定范畴。可以说，亚里士多德奠定了使用
价值和交换价值的基础。此外，他还第一个分析了价值的形
式，认为商品的货币形式只是简单价值形式的进一步发展，并
认为货币与价值交换具有等同性。最重要的是，他还对柏拉图
效用价值论的观点予以肯定，是西方经济思想史上正式提出该
理论的第一人。

3. 他对私有制的优越性和共有制的非历史性①进行了分析。

（1）私有制比公有制效率更高，私有制更能激发人的兴趣
与进取心。

（2）公有制并不能导致社会秩序，劳动与报酬的不对等会

_____

① ［美］亨利·威廉·斯皮格尔：《经济思想的成长》（上），晏智杰等译，中
国社会科学出版社 1999 年版，第 23—24 页。

引发重大社会矛盾。

（3）私有制能增加财产拥有者的满足感。

（4）如果公有制优于私有制，那么财产公有就应被广泛认同，而事实是私有制被广泛认同。而且，废除私有制的社会成本可能比财产私有的社会成本更大。

（5）他对节制私有财产的数量的可行性表示怀疑，并认为节制人口比节制财产更有效。尤其他认为人口的不节制是贫困的永恒根源，而"贫困是革命和犯罪之源"。他认为财产的平均化较之欲望的平均化相形见绌，教育可以达到欲望的平均化，这近乎教育万能论。

亚里士多德的上述思想对其后的历史发展具有极为深远的影响，无论是对主流经济思想，还是对非主流经济思想尽皆如此。对马尔萨斯而言，亚里士多德是思想先驱。

八 崇拜法律程序的罗马人
——古罗马的经济（法）观点

图2—10　罗马母狼①

古罗马是继古希腊之后的又一奴隶制国家，以意大利为中心，先后经历了三个历史阶段。约公元前8—前6世纪，为氏族公社向奴隶制过渡期，即"王政时期"；公元前6世纪—前1世纪中叶为"共和时期"，其中自公元前215年统一意大利，随后

---

①　古罗马人认为他们是狼的后代。

征服希腊及地中海沿岸，属罗马的军事扩张期；公元前30年屋大维建立军事独裁政权始，至公元476年西罗马帝国灭亡为帝国时期。就经济思想而言，思想家集中在第三个阶段（帝国时期），主要有贾图、瓦罗、西塞罗和可鲁迈尼，经济思想主要体现在以上诸人的著作中。

图 2—11　拍卖奴隶①

克优斯·贾图（Cato）是古罗马的元老，执政官。他在其著作《论农业》中反映了奴隶主庄园经济的管理。他是重农者，认为庄园应在自给自足的基础上争取多出售剩余产品，遵循少买多卖的商业原则，这可能是最早的类重商主义的观点。瓦罗（M. Teren Tous Varro）同贾图一样也著有《论农业》一书，认为农业为诸业之首，与贾图所不同的是他提出了奴隶工具论（讲话的农具——奴隶，发声的农具——牛马，无声的农具——马车）和奴隶管理论（以奴制奴，奴隶分等级，分散管理）。

西塞罗（Marcus Tullips Cicero，公元前106—前43年）是古罗马的政治家和演说家，他用拉丁文翻译了色诺芬的《经济论》，并在此基础上加以发挥。他是重农者，认为罗马人应该从

---

①　罗马帝国最强盛时曾征服无数个城市作为它的殖民地，这缘自其国内人民对财富持续增长的需求。这种殖民方式虽然缓解了国内压力，但并不具有稳定的效果。罗马人常常要在殖民地驻扎军队，迫使当地居民顺从。图2—11为罗马人正在拍卖在殖民地中掳来的战争奴隶。

事农业劳动（是体面的劳动），高利贷不仅粗俗，而且违反人的意志。他反对高利贷，认为货币增殖无异于杀人。他反对商业，尤其是小商业，商业利润来自欺诈。对于价格限制问题，西塞罗也持反对态度，认为供求决定价格。归结起来，西塞罗是一位重农抑商，反对货币增殖者。他的分工观念和国家干预经济的思想对后世有一定影响。

图 2—12　西塞罗

受斯多哥学派思想的影响，罗马颁布了列国法和自然法。古罗马人是实践主义者，这充分表现在罗马法在罗马帝国的地位，在该国一切皆有法律规定。其优秀之处，在于至今仍是大陆法系成文法起草人灵感的源泉，其中一些条文足可以使现今的发展中国家的法律相形见绌。例如：

……凡在开始时便错误的，不能随时间推移而变为正确。

……凡有权定罪的，便有权赦罪。

……凡不准许被告做的，原告一方也不能做。

……如事实不能确定时，按无罪推定执行。

……在一切事上，在法律事务上尤其如此，即公民人人平等。

……按照自然法，任何人不得以损害他人的方式来增加自己的财富。

……不能按人的思想定罪。

……每人对他自己的行为负责，承担后果；不能强制任何人为他人承担罪责。

图 2—13　公元前 323 年亚历山大的帝国

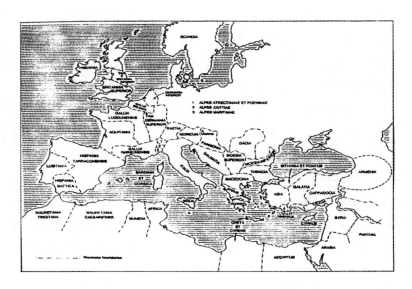

图 2—14　公元 211 年时的罗马帝国版图

大陆法系国家和英美法系国家都感受到了高度发达的罗马财产和契约法律的影响，它是西方世界一切法律的支柱，对于保护财产所有权，罗马法学家不遗余力，将之纳入自然的精神之中。13世纪，布莱克重述了这一观点。17世纪，洛克认为保护私有财产是执政者的首要目的，并将之列入四种不可放弃的权利（即私有财产、生命、自由和幸福的追求）。除了自然法以外，罗马人还制定了商业习惯法，也成了其后历代的法律条文的立制的参考资料。

如果说古希腊人是以重农为主、经商为辅的话（在一些城邦也有以工商为主、农业为辅的），那么古罗马人则是重农主义者。罗马人在历史上第一次用法的形式确立了私有财产权利，使之与公有财产相区别。罗马法最大的特点是提出了法人概念，法人可以是个人，私人财产可以从家庭或氏族中分离出来。

古罗马在经济思想领域没有什么建树[1]，但是"罗马社会的一个重大的成就就是法律"。[2] 罗马法学家关于经济社会法制化和契约的观念，与公平价格相关的经济伦理的独立见解，是对以后商品与市场经济的理论贡献。市场经济制度的本质是法制基础上的自由契约经济，在这一点上，罗马人抓住了问题的关键。自由契约基础上的价格形成反映了隐于其后市场供求关系的力量，而利息的得利原则和补偿原则已经超越了古希腊时期的认识水平。其中西塞罗的分工观念（经济社会是一个以分工为基础互相联系的整体，缺一不可）和不主张对经济生活放任自流，力促国家对经济生活适当干预的思想的价值是很大的。它对凯恩斯

---

① ［美］小罗伯特·埃克伦德、罗伯特·赫伯特：《经济理论和方法史》，杨玉生译，中国人民大学出版社2001年版，第19页。

② 同上。

之前的国家干预思想有影响。

九　抱残守缺的中世纪人
——基督教《圣经》与中世纪的经济观点

　　基督教是在罗马帝国体制内诞生的，二者在时间上是重叠的。这一思想既不同于希腊人的智慧（理想与哲学），也不同于罗马人的法律（现实主义），这是一种以神的名义发出的爱的信条，类似于泛爱的伦理主义。其来源应是闪米特诸宗教（一神论），它与罗马时期的犬儒派、斯多哥派、伊壁鸠鲁派哲学有诸多共同特征。如犬儒派的贫困与禁欲主义、斯多哥派的自然法概念以及他们在德行和罪恶之间所做的明显划分、伊壁鸠鲁派对人类的爱等，在基督教中都可以找到亲缘关系。

　　基督教的《马太福音》体现了耶稣的说教中对于现实的经济问题的漠不关心以及对财富和追求财富的否定与讽刺态度。"依靠财富的人进天国是何等的难啊，骆驼穿过针眼，比财主进上帝的国还容易呢。"（《马可福音》10：23—31）。在基督思想中，穷人不必向富人看齐，富人放弃财产或把钱分给众人才能自赎。所以对劳动致富、敛财致富都不提倡，而提倡平均主义理想，这同氏族公社早期思想相似。

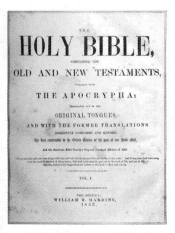

图2—15　圣经

起初的基督精神实际上是底层民众的一种自我安慰的精神疗法，类似阿Q精神，但是这种原初的精神与世俗生活反差太大（宗教必须在一定程度上适应现实生活），于是人们不得不对他们环境的政治经济制度做出安排，以容纳世俗的职业。这一过程是逐渐展开的，传教者保罗首先认可了对生产活动的需要，"不劳动者不得食"（《贴撒罗尼迦后书》3：10—12）。为了协调《圣经》的思想与现实生活的矛盾，奥古斯丁（Aurelius Augustinus，公元353—430年）在注释《圣经·创世记》中指出：上帝在创造世界时，就要求人劳动。他明确认为，体力劳动才是有价值的，农业的技艺是最高尚者的职业，铁匠、木匠、鞋匠的劳动是"纯洁正直的行业"，而非体力劳动和大商业是可耻的。但奥古斯丁又宣称财富是上帝的礼物，是一种既非最高亦非最大的善。财产私有制是各种罪恶的根源，人们应尽量回避对财产的爱恋。尽管如此，私有财产在公有财产的自然法理论面前的合法性问题并未得到解决。[①] 到13世纪，圣托马斯·阿奎那在《神学大全》[②]中做了逻辑上的协调。

托马斯·阿奎那（Seint Thomas Aquinas，1225—1274年）是中世纪经院学说的集大成者，神学泰斗，师从马格鲁。他将《圣经》的教义与亚里士多德的著作综合起来，将基督教和亚里士多德的学说相融合，以调和信仰和理性知识的矛盾，在教会的

托马斯的教育方案

教会和国家独立而平等的角色地位

图 2—16　托马斯关于教育、教会与国家之间享有独立而平等地位的三角示意图

---

① 公元13世纪以前，公有财产的保护一直在法理中占统治地位，私有财产则属于非法状态，这与计划经济中公私财产所处状态有形式上的雷同。

② 《神学大全》是中世纪经院哲学的百科全书、权威的神学著作。

权威和现实生活之间进行折中。他的经济思想成为中世纪最有代表性的正统经济思想。在托马斯·阿奎那的哲学（以下称为托马斯主义）中，我们将目光聚焦在他对一些中世纪矛盾冲突的调和上。在讨论托马斯主义时，人们不会拒绝借用他的等边三角形，作为个体、国家抑或帝国的示意图（图2—16）。毋庸置疑，阿奎那有意挑选了这种形状，因为它象征着神圣的三位一体。在我们

图2—17　托马斯·阿奎那

看来，它既表示稳固坚实的结构，又表现了向上的运动——一种凯尔特—日耳曼的活力与希腊—罗马的均衡的结合。他提出了下述观点：

1. 私有财产不是改变了自然法，而是丰富了自然法。私有制是人类生活不可缺少的制度，是一个很有效率的制度。但财产的所有权属于个人，使用权属于社会，所有者有责任通过慷慨慈善救助人们。这一观点后来遭到了重商主义者的反对。他的公平价格说是把供求论、效用论和生产费用论结合在一起的。对商业，尤其是大商业持反对态度，肯定物物贸易，反对货币中介贸易。

2. 货币只有中介作用，不能作为社会财富的代表。

3. 对于利息，他区分了贷款和投资在索取利息上的差别，他认为前者是不公正的，后者获得利润合情合理。

中世纪从公元5世纪至15世纪左右，历时1000年。中世纪的标志是其思想的统一性，中世纪的经济思想基本上是基督教的

经济思想，除了不断重述前人（尤其是亚里士多德在《政治论》和《伦理学》中关于买卖、货币和高利贷的论述成为经济哲学的精神食粮）的著述，极少创见。而且由于前人的理论与中世纪的现实生活日渐脱节，互相矛盾，难以自圆其说而陷入两难境地。但其中也有少数思想家的观点闪耀着天才的光辉，如阿尔伯图斯·马格鲁（Albertus Magnus，公元 1193 或 1206—1280 年）对公平价格的研究中出现的矛盾，尽管其强调劳动在产品生产中的作用，而实际上却是力图通过主观效用来实现交换的比例均等，以形成公平价格。这里已经孕育着劳动价值论与主观价值论之间的矛盾。再如托马斯·阿奎那的财产私有制与效率的必然联系的观点，财产所有权与使用权可以分离的观点以及将供求价格、效用价格、生产费用价格混合折中的观点都对前古典经济学的思想形成有不同程度的作用。

图 2—18　中世纪巴黎大学的教师与学生

小　结

存在的就是合理的，这是人们遵守现存社会秩序的理由，存在的也必然有不合理的因素，这是人们不断改革现存社会秩序的原因。从古代至中世纪，经济思想的演变遵循着这样一条路径，即从原始氏族公社脱胎而逐步形成私有财产制度的经济路径。当时社会的思想家根据社会变化的实际与需求，对共有制度的非历史性进行揭露，对私有制的优越性加以赞扬和论证，提出了当时需要解决而当代仍然需要加以关注的问题。西欧社会从多元走向统一（古希腊—罗马—中世纪），其思想也由多元走向单一。这种单一的思想与统一的体制有互相适应的一面，也必然存在相悖的另一面。文艺复兴运动就是社会变革的前奏。为了获得思想武器，思想家们必然要从先辈的（古希腊）思想武库中挑选适合自己变革的观念。重商主义及以后的古典经济学皆不同程度地做了这种观念的选择。所以西方人类思想的火花，都可以到古希腊思想中去寻找，在经济思想上也如此。"言必称希腊"是人们对教条主义的讥讽，但回顾人类文明史，"言必称希腊"有其必然性。我们今天的发展道路实际上来自西方近代文明，即"两希文明"——古希腊文明和希伯来（基督教）文明相结合的产物。不了解古希腊，就难以理解今日强势文明的本质。对每一个现代人，特别是对每一个接受西方文明但并无基督教信仰的人而言，古希腊文明实际上是与我们最切近的一种文明，这不仅仅是经济思想所能包含的。

第 三 章

零 和 博 弈
—— 重商主义的哲学

一 英国模式的意义：流通价值论

15 世纪末，西欧的社会性质出现重大变化：自然经济开始瓦解，市场经济已经萌生，社会转型的前期开始。商业资产阶级登上历史舞台。为了适应商业资产阶级的经济利益和封建政权自身财政的需要，重商主义作为国家的经济政策应运而生，逐渐演变为政策体系和经济思想，并成为主流经济思想达 200 年之久。作为西方经济思想史上第一个流派和理论体系，这是国家干涉经济生活的思想的正式发端，盛行于 16—17 世纪，至 18 世纪下半叶才因工业资产阶级进入社会主流而日渐式微，被经济自由主义所取代。

对重商主义具体作用的理解，以英国都铎王朝作为典型是最直观和最有意义的。都铎王朝（1485—1603 年）历时 118 年，共经历了五代君主。虽然历时不长，但是都铎王朝处于英国从封建社会向资本主义社会转型这样一个关键时期，因而其实施的各项政策也极具时代特色，特别是它实行的重商主义政策，对英国社会的各个方面都产生了极大的影响。

1. 重商主义政策振兴了英国的民族工业，为英国资本主义工业腾飞提供了前提条件。

英国是一个偏离欧洲大陆的岛国。在都铎王朝以前，英国仍然是一个经济落后、工商业不发达的"农业附庸国"。在整个国民经济中，羊毛和粮食的输出占有重要地位。毛纺织业作为英国的支柱工业，虽然有所发展，但也远远落后于佛兰德尔、尼德兰和佛罗伦萨。为了改变这种状况，重商主义者认为必须大力发展工商业。比如英国早期重商主义的代表人物威廉·司塔福德认为：从外国输入商品是有害的，从外国输入本国能够制造的商品则害处更大，他反对输出英国羊毛和输入外国羊毛制成品。重商主义者还认为，货币是衡量国家富裕程度的标准。因此，积累更多的货币成了当时社会的一种强烈追求。都铎王朝的统治者也意识到要使国家富强，使自己显赫的必要条件就是迅速发展工商业，为此，都铎王朝的历代君主都实行重商主义政策。

首先，都铎王朝扶植、鼓励发展呢绒制造业，出口呢绒以换取货币。都铎王朝的建立者亨利七世（1485—1509 年）三番五次通过国家法令，禁止羊毛特别是优质羊毛的出口，甚至还禁止半成品的呢绒出口。亨利七世与尼德兰缔结了"大通商"条约，恢复了英国与尼德兰正常的贸易关系，将英国廉价的呢绒等工业品倾销至尼德兰，从而加速了尼德兰呢绒业的衰落，推动了英国呢绒业的大发展，促进了以伦敦—安特卫普为中心的对外贸易的加强与扩大。正是基于这一点，亨利七世赢得了"商人的国王"的称号。此后，其继任者继续推行这一政策。到 16 世纪末，呢绒业已成为英国普及城乡的"全国性行业"。据统计，全国从事呢绒工业的人口达 200 万，占当时全国人口的一半。到 17 世纪上半叶，英国每年平均出口呢绒达 25 万匹，呢绒出口已占全国商品出口总额的 90%。英国呢绒不仅销往意大利、西班牙、德意志、法兰西、尼德兰，而且远销到波罗的海沿岸国家以及俄罗斯和亚洲、非洲等国家及地区。

其次，大力发展海外商业，鼓励发展造船业。15 世纪以前，英国建造的船只很少有百吨以上的。亨利七世为了扩大远洋贸易，奖励船主建造大船，规定凡是建造出百吨以上的新船者，每吨奖给 5 先令的津贴。这一规定刺激了英国造船业的发展，到第五代君主伊丽莎白女王统治时期（1558—1603 年），英国海军终于战胜了西班牙的"无敌舰队"，确立了海上霸权，为英国从事海外贸易和殖民掠夺提供了强有力的保障。在纺织业、造船业等行业的带动下，各种金属制造、制革、制皂、染料等行业也以前所未有的速度向前发展，国内市场急剧扩大。海外贸易、殖民掠夺、走私等活动所积累的财富一部分也转入工业，扩大了工业资本。圈地运动又把大量的廉价劳动力抛向工业市场。所有这些都使英国的民族工业获得了惊人的发展，并为 18 世纪的工业革命提供了资本、技术和劳动力。可以说，都铎王朝卓有成效的重商主义政策是英国资本主义工业化的前奏。

2. 重商主义政策揭开了英国农业资本主义革命的序幕，推动了英国封建农奴制度的瓦解。

从 1470 年开始，英国发生圈地运动，这是英国农村土地所有权的重大变革，随之而来的还有经营方式和耕作方法的变革，这就是英国农业资本主义革命的主要内容。而这一切自始至终都与都铎王朝的重商主义政策密切相关。如果说圈地运动是英国农业资本主义革命的序幕，那么揭开这一序幕的便是都铎王朝的重商主义政策。

第一，都铎王朝的重商主义政策是引发圈地运动的主要原动力。如前所述，重商主义政策刺激了毛纺织业的突飞猛进，羊毛的需求量激增，这就造成了羊毛价格节节上扬，养羊业成为一本万利的行业。贵族和乡绅为了追求高额利润，掀起了全国性的圈地养羊运动。许多被农民世世代代耕种的土地被圈了起来，许多在封建制度掩护下的古老的公有"敞地"被围了起来，变成了雇工放牧的草场。这是英国农村土地所有制变革的发端，是英国封建农奴制瓦解的滥觞。也是"羊吃人"的过程。

MERCANTILISM

IN TWO VOLUMES
Volume 2

Eli F. Heckscher

Garland Publishing, Inc.
New York & London ◆ 1983

图 3—1　瑞典经济学家伊莱·赫克舍尔 1931 年出版的两卷本《重商主义》至今仍然是这一领域的权威之作

第二，重商主义政策加速了寺院土地所有制的崩溃。寺院土地所有制是英国中世纪封建土地所有制的重要组成部分。都铎王朝实行重商主义政策的宗旨就是要千方百计地积累财富，而掠夺教产就是其积累财富的一条重要途径。都铎王朝的第二代君主亨利八世（1509—1547 年）曾于 1536 年和 1539 年先后颁布了两道查封寺院的法令，封闭一切修道院，其全部财产包括土地在内均收归国有。这些被没收来的土地除一部分赏赐给宠臣以外，绝大部分被卖给了新贵族和资产阶级。寺院土地所有制的废除，是英国农业资本主义革命具有决定意义的重要一环。

第三，重商主义政策也瓦解了封建贵族的领地所有制，导致了土地所有权的再分配。在重商主义政策的影响下，一方面是高度繁荣的商品货币的引诱，使得封建贵族不惜重金购买供享乐用的昂贵商品；另一方面是"价格革命"所造成的货币贬值、通货膨胀，使得那些靠固定地租生活的封建贵族实际收入下降。他们入不敷出，债台高筑，陷于破产的境地。到 16 世纪末，靠亨利八世宗教改革分地而显赫一时的 38 家贵族中，其直接继承人有 22 家负债累累，一些贵族不得不采取先质押后变卖土地的办法来还债。这样一来，贵族庄园的数量不断减少。据统计，在 1559 年底，英国共有庄园 3390 座，而到 1620 年底，下降到 2220 座，占有 40 座庄园以上的大贵族也从 39 家减少到 19 家，这些都反映了封建贵族领地所有制的急剧没落。重商主义政策还使土地日趋商品化，土地自由买卖与转让具有广泛性，不仅王室不断公开地出售土地，而且土地还进了商品交易所，成为投机商倒买倒卖的商品。在土地制度的转变过程中，土地大多落到了新贵族、资产阶级和自耕农手中。那些获得土地的新贵族、资产阶级和自耕农，采用新的经营方式，生产新的原料作物，满足新的市场需求。他们与工商业资产阶级一道，推动着封建制度下的英国向资本主义制度过渡。都铎王朝的重商主义政策使英国农村发生了巨大的变化，这是一场为"资本主义生产方式奠定基础的变革"。

3. 重商主义政策促使英国建立起外向型经济模式，推动英国经济走向世界。

重商主义者认为，货币是财富的唯一形态，是衡量国家富裕程度的标准，而对外贸易是国民财富的源泉。在这种思想指导下，都铎王朝的统治者放眼世界，把目光从狭小的海岛移往遥远的海外，把本国经济纳入世界经济范畴，以海外市场做导向，建立起外向型经济模式，积极推动本国经济走向世界，努力开拓世界市场。

英国对外开拓市场是全方位的。向西，它开拓了美洲市场。1497 年，英国国王亨利七世向探险家约翰·卡波特颁发了远洋航行特许状，希望他能沿着西北方向找到一条去往东方的新航

图3—2 原始积累是重商主义产生的时代背景

路。当卡波特意外地发现了纽芬兰等地后，亨利七世立即赐予他厚赏，并授予他"海上将军"的称号。从此，英国努力开拓美洲市场，在纽芬兰岛建立了具有很高经济价值的渔业区。1584年，华尔脱·拉莱又在弗吉尼亚建立垦殖区。1588年英国战胜西班牙的"无敌舰队"之后，通往美洲的新航路畅通无阻。1607年，英国在北美建立了第一个永久性的殖民地——弗吉尼亚。然后，英国不断扩大殖民地的范围，逐步侵占北美辽阔的土地，把这里发展为英国的工业原料基地和商品销售市场。向北，英国与俄罗斯建立商业贸易联系，并以此为基地开辟中亚市场。1553年，英国远征队向东北方向航行，与莫斯科公国正式建立了贸易联系，并为英国商人谋取了极为有利的贸易优惠权。第二年，经玛丽女王（1553—1558年）批准，英国商人正式建立了"莫斯科公司"，专门经营俄罗斯、中亚、波斯一带的贸易。1579 年，英国商人又创办了"东方公司"，专门经营波罗的海沿岸地区的贸易，迫使长期垄断该地区贸易的汉萨同盟分权让利。向南，英国与北非、西非国家发展商业往来。亨利八世的宠臣威廉·霍金斯在 1530—1532 年间曾三次在几内亚与巴西进行贸易。在 1551 年和 1552 年，温德姆率领英国船队先后到达摩洛哥的扎菲亚和加那利群岛的圣克鲁斯，在那里进行大规模的贸易活动。1553 年，他又开始了从几内亚到贝宁之间的航行，打通了与北非的商业交往。伊丽莎白女王上台以后，英国在北非和西非的贸易活动更加频繁和扩大了。1585 年，英国成立了"摩洛哥公司"。1588 年，又成立了"几内亚公司"。这些地区垄断性的商业集团纷纷前往非洲，从事不平等的贸易掠夺，乃至贩运黑奴。向东，英国恢复了与地中海地区的贸易往来，打通了与印度等东方国家的贸易。都铎王朝早期，英国曾与地中海地区有过贸易往来，后来因奥斯曼土耳其帝国的扩张而中断。1571 年，西班牙和威尼斯的联合舰队战胜了奥斯曼土耳其海军，为英国向地中海地区扩张商业提供了有利条件。1580 年，奥斯曼土耳其苏丹穆拉德三世表示愿意与英国通商。于是，伊丽莎白女王于 1581 年正式向"利凡特公司"颁发贸易专利证书，允许该公司垄断对奥斯曼土耳其的贸易，期限为 7 年。而且，女王本人也向该公司秘密投资 4 万英镑，占了该公司全部资产的一半。英国通过"利凡特公司"每年向奥斯曼土耳其出口价值约 15 万英镑的呢绒。早在 16 世纪 80 年代，英国的殖民贸易触角开始伸向东方的印度。1600 年，伦敦商人在伊丽莎白女王的支持下成立了著名的"东印度公司"，该公司享有对好望角以东的国家特别是印度进行贸易的垄断权。

到 17 世纪，英国商人的足迹几乎遍及世界各地，空前地突破了封建农本经济的闭塞状态，将英国经济纳入了世界经济运行的轨道。尽管他们是以强盗的身份、以暴力掠夺的方式进行贸易，但是他们所开辟的广阔市场以及所获得的大量廉价的原料和金银财富，为英国经济注入了活力。来自海外的金银财富源源不断地流入英国，变成资本，极大地推动了英国经济的飞速发展，英国经济迅速壮大，成为世界首富。

重商主义是对资本主义生产方式最初的理论探讨，但是这种理论探讨是以当时出现的各种事件的政策解决办法来展示的，绝少系统性的经济学论著。而且这种政策性文献数量繁多，据斯皮格尔统计，在哈佛大学的克雷斯图书馆，从 16 世纪的 200 多种增加到 17 世纪的 2000 多种，在随后的 75 年中（至 1776 年《国富论》发表），又升到 5000 种。正如斯皮格尔所指出的，每个人都是自己的经济学家。如果说中世纪的经济学家是僧侣，那么这一时期的经济学家则主要是卓越的商人，这一明显的事实反映了两个时代的巨大差距和社会转型的特征。

二　重商主义产生和发展的历史条件：列强竞争

文艺复兴以后，西欧从中世纪社会中出现了诸多中央集权制的民族国家，国家之间的竞争日益激烈，进入了欧洲的"春秋时期"。为了维持霸权争夺的需要，更大范围的国际贸易更有必要，从而使市场经济的资本原始积累在更大范围内进行。在这种背景下，国家对商品和货币的需求与商业资产阶级对资本原始积累的追求的目标迭合在一起，二者结成力量同盟互相支持，在政策上反对中世纪的传统经济观念，从而形成了重商主义。

具体而言，重商主义的形成有经济原因、政治条件和文化背景。

第一，工商业的发展与世界市场的形成是其经济原因。

1. 商品经济的加速与国内市场形成。

12—13 世纪，西欧的商业和手工业已在领主经济内部开始发展，商品经济在自然经济中萌芽，商业资本则为这种萌芽提供了加速发展的营养。到了 15 世纪末期，商品经济的市场化加速，推动了工商业与农业、城市与乡村的社会分工，增强了国内不同地区之间经济联系，逐步形成了统一的国内市场。国内统一市场的形成，加强了商业资本在经济发展中的地位，并日益成为社会资本的支配形态，绅士与商人互换地位，就是商业资本占据支配地位的反映。

2. 资本原始积累与世界市场的形成。

国内统一市场的形成有利于资本的原始积累，但对于处于"春秋时期"的各国而言，仅立足于国内，其积累速度与规模是远远不够的。随着美洲的发现和麦哲伦的环球航行，资本积累的主要方式发生了巨大变化，即由国内积累变为国际积累，国内贸易变为国际贸易。地理大发现促进了对外贸易和资本掠夺，开辟新的国际市场，大量货币资本的积累与商业资本形成了良性互动，促进了资本主义生产方式的第一次转换，商业支配产业，流通决定着生产，从而形成了代表商业资产阶级利益的以流通过程为中心的经济理论。

第二，民族国家的形成及民族国家之间的生存竞争是其政治条件。

在民族国家形成前，是封建的领主经济或庄园经济。一些封建领主可以私自制定土政策，任意规定入境税和过境税，给商品的自由流通带来诸多障碍。为了扫除封建割据对商品交换的限制，新兴资产阶级要求建立中央集权政府来消除贸易壁垒，统一国内市场。对于封建君主而言，欲弱割据强中央，必须与商业资本家及欲商业资本化的贵族地主联手。共同的追求货币的目标，使封建君主与商业资本家建立起联盟，推行有利于资本积累的重商主义政策。

西欧民族国家从形成之日起就进入了彼此为生存发展的竞争之中。提高国家的军事实力，奠定霸主地位的物质基础是有所作为的君主的必然选择。为达此目标，就需要巨额的财政收入以供扩军备战。于是征服殖民地和聚敛贵金属就成了主要的选择。也就是说，欧洲列强之间的对立与战争的背景促成了重商主义的政策。从 1600 年到 1667 年，欧洲只有一年保持了和平。以前死气沉沉的英国，1588 年成功地向西班牙"无敌舰队"挑战。它在 17 世纪同强国荷兰较量，然后成了欧洲最强大的商业民族，在 18 世纪早期，它结束了法国的扩张，成为欧洲最强大的军事帝国。这样，重商主义思想就伴随着英格兰和不列颠帝国作为一个世界强国并步而起。

第三，文艺复兴运动成为其文化背景。

文艺复兴运动高扬人文主义的旗帜，挟自然科学成就之威，反对中世纪的禁欲主义，呼吁解除宗教教条的束缚，以科学代替教条，以人权代替神权。文艺复兴运动对人性的高扬，对自然规律的崇尚有力地推动了重商主义的发展。人们不再从基督教对于社会生活的规定中，尤其是限制商品经济发展的条条框框中，而是从经济生活的实践中探讨其规律，从经验中总结理论依据。商人和金融家更是无所顾忌地追求金钱与利益，为重商主义的形成和发展举纲张目。哥伦布的殖民探险，莎士比亚的《黄金颂》，正是反映了文艺复兴以后的文化背景对重商主义的促进。

三　重商主义的方法论特点：重经验、讲归纳

重商主义（mercantilism）的研究方法是对中世纪宗教思想的形而上学思辨方法（演绎法）的反对，是15世纪文艺复兴运动和西方自然科学的研究方法在经济领域的模仿与应用。"就事论事"，注重感性认识，注重实际经验，注重实际运用，通过对各种经济生活中各种经验事实进行比较、分类、归纳，探索经济现象之间的因果联系。早期的重商主义还没有摆脱理学主义的影响，他们对经验哲学家有关经典问题的教条进行批判，他们应用总结经验方法只是收集材料、寻找论据的手段。晚期重商主义则通过对商业资本家的经验进行总结，把研究的注意力放在论证与商品货币关系发展有关的"世俗利益"，以及社会经济现象中的联系和因果关系上，并对社会经济现象和经验加以描述与总结，这种描述集中在流通领域。

四　重商主义的发展阶段特点：从见钱眼开到钱物并重

重商主义的发展经历了两个阶段，大致以15世纪末到16世纪中叶为早期重商主义阶段，从16世纪下半期到17世纪中叶为晚期重商主义阶段。在西欧各国中，英法两国的重商主义发展得最为完备。

正如前面所论述的，英国是西欧各国中资本原始积累和资本主义生产方式发展最为典型的国家，这种情况决定了英国重商主义的发展也最为充分。至17世纪初，英国的重商主义著作在西欧占据了显著地位。早期代表人物有约翰·海尔斯和威廉·斯塔福德，晚期重商主义的代表人物是托马斯·孟。法国重商主义起

始于 16 世纪末和 17 世纪初，虽在理论上无甚建树，却在实践上以国家经济政策和法令的面目出现。法国早期重商主义的代表人物是孟克列钦，晚期重商主义的代表人物是格尔培尔。

重商主义最早产生于意大利，之后相继风行于英国、西班牙、葡萄牙等国，自 16 世纪以后，法国、德国、奥地利也随之出现了具有一定经济理论成就而且对后来古典经济学诞生和发展有某种影响的重商主义代表人物及其著述。但真正对古典经济学有影响力的还是英国的重商主义。

意大利的重商主义者有伽斯巴罗·斯加卢菲（Scaruffi，1515—1594 年）和贝纳多·达旺查蒂（Darahzati，1529—1606 年），其基本经济观点主要集中在 1582 年发表的《论货币》一书中。安东尼奥·塞拉（Serra）是意大利晚期重商主义代表，其代表作是 1613 年发表的《略论可以使无矿之国金银充裕的原因》一文。重商主义者早期的著作论及货物交换是各国之间分工和民族内部分工的必然结果，而货币具有易于分割和储存的性质，因而适于用做交换的媒介。晚期的文章则通过对整个经济结构的一般分析来说明国际收支的状况，抨击了禁止本国资金流出以使国内资金充裕的观点，主张现金出口自由，以扩大贸易，并且把发展工业与对外贸易相联系。他提出了一个国家工商业兴旺、财政充裕的五个条件：人民素质高，农产品有剩余，行业多样化，优越的地理位置和有管理能力的政府，其中政府的管理能力最为重要。他的思想已蕴含着政府干涉主义的影子。法国的重商主义者有安东尼·德·蒙克雷田（Artoine de Montchretien，1575—1621 年），他第一个提出了政治经济学的概念，他在代表作《献给国王和王太后的政治经济学》中，提出了由早期重商主义向晚期重商主义转变的经济思想，一方面认识到自由竞争和追逐利润是推动经济活动的动力，一方面

又要政府干预。他认为商业是国家活动的基础，却有重农倾向
（歧视外商）；强调国家干预经济活动，重商轻工；重视货币，
除货币外，一律限制进口，并支持用货币数量对价格进行解
释。

坦巴蒂斯特·柯尔贝尔（Tean Bptiste Colberl，1619—1683
年）作为法国财政大臣推行了一系列的重商主义政策，是法国
重商主义的晚期代表①。柯尔贝尔主义的特点是采取诸多办法发
展国内出口的手工业，尤其是官办工场，并以牺牲农业来发展出
口工业与商业，即为了发展对外贸易，通过降低农产品价格来降
低出口商品的成本。这就是为什么法国出现自由放任的重农学派
和法国古典经济学一开始就具有重农色彩的原因，因为重农学派
是为农业鸣不平的。

德国和奥地利的重商主义兴起和发展于 18 世纪下半叶，名
目为"官房学派"（Kameralim），是如何管理和增加国民财富的
学问，后被李斯特发展为国民经济学和历史学派。塞肯道夫
（Veit Ludwig Seckendorff，1626—1692 年）是官房学的创立者，
其代表作是《论诸侯国》和《基督教国家》。值得一提的是，在
《基督教国家》一书中提出了可视为马尔萨斯先驱者的观点：
"在一般情况下，每个地区的人口只能是从其资源所获生活资料
来供养的人口……否则，就会出现生活短缺，每个人妨害其他
人。"② 这一观点同以后的重商主义者提倡增加人口的见解是相
左的。

---

① 对于柯尔贝尔主义的认识，中国教科书多持否定态度。如果从法国当时的经
济水平衡量，柯尔贝尔主义应该是经济民族主义，与后来的李斯特的历史主义是一
致的。

② 晏智杰：《亚当·斯密以前的经济学》，北京大学出版社 1996 年版，第 65
页。

菲力普·马海姆·霍尼克（Philip Willzelm，1638—1712 年）也是德国早期官房学派的代表，1684 年他匿名发表的《奥地利富强论》中提出的国民经济学九大通则，为奥地利的富强提出了一套行之有效的经济改革措施，核心是尽可能依靠本国资源达到富强，金银的贮藏较之物品的丰富对于国家的意义相形见绌。在重商主义发展史上，《奥地利富强论》和英国的托马斯·孟的《英国得自对外贸易的财富》享有同等地位。

晚期的官房学派的主要贡献在于将之引入大学课程并使之成为一门独立的学科。格哈特（D. E. Gerhard）于 1713 年发表《国家学说概论》，并在勒拿大学讲授。1727 年哈勒大学首先设立了经济学讲席，聘请格森（Simor Peter Gasser，1676—1745 年）主持，讲授其《政治经济学与官房学概论》（1729 年出版）。这比在重商主义的先行国家英、法等国要早得多。正是在这一意义上，德、奥是后来居上的。迪特玛（Justus Crstoph Ditbmar，1677—1737 年）作为法兰克福大学历史学教授于 1727 年与格森一起任哈勒大学官房学教授，并对经济学、政治学和官房学做了区分。他们更是超越了重商主义而倾向于工业和贸易自由，对自由贸易的比较优势做了阐述。他还提出了国家干预经济活动的条件性和国家合理干预经济活动的概念。苏斯米尔斯（Tohann Peter Sussmilch，1707—1767 年）则是研究人口的理论家，但他对人口的认识是远低于塞肯道夫的。

英国是在理论上对重商主义贡献最大的国家，也是重商主义的典型形态。它融经济思想与经济政策于一炉，将贸易差额论或重工主义渗透其中，体现了从早期重金主义向晚期重工主义的阶段转变。

英国早期重商主义的代表有威廉·斯塔福德（William Sefford，1554—1612 年）、马林斯（Gerard de Malynes）；晚期重商主义的代表是米塞尔顿（Edaqrd Misselden）和托马斯·孟（Thomas Man，1571—1641 年）。斯塔福德于 1581 年发表《关于英国公共福利的对话》，他反对金银出口（属金银财富论），把贮存金银视为国际贸易的指导原则，反对出口商业原料，力主输出制成品。他批判当时流行的货币名目论，涉及货币价值与商品价值的内在联系。马林斯是重金主义者，也是外贸垄断的支持者。他把 1600 年英国经济生活的混乱（外贸下降及伴随的贵金属外流）和衰退的主因归于英国外汇政策的失误与管理失误，进而认为政府应在借贷、外汇、货物进出口三方面予以干预。他致力于外汇经营权的政府化，取缔私人外汇经营，确保硬币注入、国内货币充裕和较低的利息率，保证大多数人的利益。其代表作有《论英国公共福利衰败的原因》（1601 年）、《英国的观点》（1603 年）和《英国公有财产的弊害》（1622 年）。

米塞尔顿和托马斯·孟是英国晚期重商主义的代表。二者对于以马林斯为代表的重金主义倾向做了尖锐批判，提出了"贸易差额论"。米塞尔顿首创"贸易平衡"一词，认为输出金银与否并不重要，重要的是出超大于入超，存在贸易差额。其代表作是《自由贸易》（1622 年）和《贸易差额》①（1623 年）。托马斯·孟在其名著《英国得自对外贸易的财富》（1630 年，于 1664 年他去世后出版）中，详尽论述了贸易差额论，使之获得了较为系统的理论形态。

如果说《论贸易》使孟成为东印度公司的辩护者的话，那么在他去世后才出版的第二部著作（1664 年）则奠定了其作为一个重要的早期经济学思想家的地位。这就是《英国得自对外

---

① 斯密指出："托马斯·孟的书"的题目不但在英国而且在其他国家商业的政治经济学中成了一个基本的公理。它为英国的反荷政策提供了有力的思想武器。

贸易的财富》（*England's Treasure by Foreign Trade*）。该书以其广阔深远的观点闻名于世。在书中，孟采取了将国家看成是一个整体的立场。他综览贸易全局，而不是仅仅考虑东印度公司的贸易，他证明了只要获得贸易顺差即可增加国民财富。孟还研究了导致一国贸易顺差的种种因素。最后，孟就改善国家贸易地位的问题为英国的统治阶层提供了一系列可行性建议。

贸易余额仅指一国出口额与进口额之间的差额。当一国产生贸易顺差时，就意味着它的出口超过了进口。外销的商品超过从国外购进的商品时，必将获得国外进口商支付的报酬。17 世纪的支付手段主要是贵金属——金、银，因此贸易顺差能够促进一国积累财富，实现富裕。与之相反，国内贸易不能为整个英国创造财富，因为一个人得到的贵金属正是其他人所失去的。孟在书中写到，要想保持贸易顺差，英国须进一步自给自足，并且减少对进口商品的需求。国民还必须更加节俭，以使更多的商品能够出口。孟特别轻视和不赞成对奢侈品的消费。这些也是资本原始积累时期之国家的共同政策，古今中西，概莫能外。

当上述贸易顺差导致国内货币供给上升时，随之而来的潜在危险就是国民的购买力也许会受到刺激。这将造成国内商品价格上涨并最终导致出口损失，因为国产商品价格太昂贵，无法销往国外。不过孟阐释说，这些后果是很容易避免的。为了确保从国外流入的货币能够使一国真正受益，必须将所有新得来的资金进行再投资。再投资能够在将来创造出更多的出口商品。在这里，孟肯定了资本投资的重要性，并将正的贸易余额看成是积累生产性资本的途径。除了解释贸易顺差的好处之外，孟还阐述了刺激贸易顺差的手段。首先是价格政策，孟想让出口商品在"最佳价位"出口，那就是指能带来最丰厚收入和财富的价格。如果英国在国际贸易的某些领域拥有垄断或近似垄断的地位，其商品

經濟學名著翻譯叢書第六十六種

重商主義論

Thomas Mun   著

周 憲 文   譯

臺灣銀行經濟研究室編印

图3—3   台湾出版的中文本
重商主义名著之一

就可以按高价出售，这是对垄断利润最早的提法。但是当国外竞争激烈时，英国商品的价格就应该尽可能地低。这将促使英国占据更多的出口份额而赶走外国竞争者，这是最早的规模利润。孟建议，当外国竞争者消失的时候，可以提高商品价格，但不能高到诱使竞争者返回市场的程度。

其次，孟阐明，国际市场对优质产品的需求更为旺盛，这些商品能为英国带来更大的出口额。接着，他就英国政府怎样帮助改进产品质量做了解释：孟希望政府规范厂商，并建立贸易委员会（其行使的功能类似于美国贸易部），以便在有关贸易和工业活动法令方面为政府出谋划策。规范英国生产厂商的法令应非常严格，从而确保英国生产出优质产品。

最后，孟论述了如何利用国家的税收政策来激发贸易顺差。他指出，一些厂商可能会违背国家利益而进口奢侈品。在这种情况下，国家政策必须协调处理个人利益与国家利益之间的关系。孟企图通过税制实现该目标。出口关税水平应降低，因为它会损及英国商品的外销。对于那些进口后将复出口的商品应降低进口关税，而对那些将被英国公民消费的商品则应提高进口关税。孟认为消费税和销售税是无害的。尽管这两种税提高了食品与衣物的价格，但是孟相信它们将导致工资上涨从而被转移到消费者身上。虽然孟对此未做任何解释，但"最低生活工资理论"（sub-sistencetheory of wages）可能已在他的脑海中成形。

当生活必需品价格上涨拉动工资上涨时，英国工人阶级的生活水平依旧，消费税由富人承担。富人们要想避免支付消费税，只有两个选择——更加持久、勤劳地工作，或者减少对奢侈品的消费。孟认为，无论哪种选择都将使国家受益。

可是，孟并不赞成国家积累税收收入以用于过度的支出。税收予以保留，用于国家危急之时（如战争），这样才能有效发挥作用。同时国家不应聚敛过多的税收收入而造成资本供给不足。因此孟提出的折中办法是，国家每年积累的超出支出的税收盈余应相当于每年的贸易顺差。

孟和重商主义在18世纪和19世纪招致了其他经济学家的尖锐批评。大卫·休谟（David Hume，1711—1776年）阐述了贸易失衡如何自动地恢复自身平衡。弗朗索瓦·魁奈和亚当·斯密（Adam Smith）均猛烈抨击重商主义者，宣称减少政府对贸易的限制将刺激国内生产。最后，大卫·李嘉图（David Ricardo）举出了关于自由贸易的颇具有说服力的案例。所有这些反对重商主义者的观点深得大多数经济学家的人心。

托马斯·孟的思想可以做以下概括：

1. 金银是财富，但物质财富与货币财富同等重要。提出贸易差额论，反对货币差额论。货币的重要性不在于贮藏，而在于把它投入到对外贸易中去。"货币产生贸易，贸易增多货币"①，他对早期重商主义禁止货币输出的政策持异议，认为贮藏过多货币会导致物价上涨，出口货物的成本价格上升，从而失去竞争

---

① ［英］托马斯·孟：《英国得自对外贸易的财富》，袁南宇译，商务印书馆1965年版，第74页。

力，不利于出口贸易。

2. 反对货币名目主义思想，货币是价值尺度，应保持货币稳定。

3. 国家的最大财富是众多有技能且勤奋工作的民众，这是劳动价值论思想的萌芽，也是重工主义的萌芽。最早提出了无形收入（非商品性收入，实质上是现代第三产业的内容），鼓励发展旅游业增加外汇收入。国家必须积极干预经济生活，实行贸易保护主义。

4. 重出口的产业政策，低消费高积累低工资.（廉价劳动力）的资本积累政策，国家支持的大商业资本的垄断政策。

小　结

重商主义可以做如下归纳：

1. 社会财富观：金银等作为货币是国家财富的重要形式，富裕与否以金银的多少为标准，是唯一尺度，也是一切经济活动的目的。这一观点的代表是哥伦布，他深信，"黄金能把人的灵魂带到天堂"。

2. 财富源泉观：流通创造财富，对外贸易（出口大于进口的贸易顺差）与金银矿开采积累财富，对外掠夺增加财富。

3. 外贸性质观：对外贸易理论的核心是追求顺差，他们认为世界的资源是一定的、有限的，通过对外贸易获取金银是一种损人利己的"零和游戏"。

4. 国家干预经济观：国家通过法律形式实行贸易保护主义，鼓励出口，限制进口。

5. 增加人口有利于生产的人口观：限制人口外流，管制食物价格，低消费，劳动力成本低，有利于出口竞争。

6. 劳动是创造财富不可缺少的因素，晚期重商主义倾向发展工业，增加劳动产品。

7. 民穷国富论：民众处于低工资可以减少工资成本，低工资低消费有利于产品的国际竞争；国富非一国私人财富总和，而是政权及商业资产阶级拥有的货币财富。

重商主义有早期和晚期之分。早期被称为重金主义，持货币差额论，即绝对禁止贵金属外流。晚期被称为重工主义，持贸易差额论，主张减少对货币流动的限制，由管理金银进出口变为管制货物进出口，力主奖出限入以得到金银流入的目的。二者可以通过表 3—1 进行区别。

表 3—1   重商主义的阶段特点示意表

名称	时间	目的	方法
早期重商主义	15—16 世纪	累积货币	管理金银进出口
晚期重商主义	16 世纪下半叶 17 世纪中叶	累积货币	管理货物进出口

重商主义的时代虽然离我们已两个多世纪，但是在人类的生活中却不时地出现重商主义的阴影，尤其是其人口观和国富民穷的观点，在一些发展中国家还颇有市场。

重商主义似乎离我们很遥远，但是当今国际贸易中产生的一系列矛盾使我们又看到了重商主义的影子。一度鼓吹自由贸易的发达国家都不同程度成了贸易保护主义者，特别是对农业和传统产业的保护，其中的道理值得深思。

第 四 章

异 端 迭 出
—— 自由市场经济的思想曙光

一 前古典经济思想的分歧:和而不同

西欧最先进入市场经济的国家是英国，17 世纪下半叶，英国的农业变成了商品性农业，工场手工业成了英国工业生产的主要形式。资本主义农业的发展与资本主义的商业及对外贸易形成了良性循环；对外贸易几乎遍及全球，对外贸易与殖民地掠夺互相支持，积累了巨额资本，进一步形成了国内市场与国际市场的互动。但是由于资本主义生产力是自发地从封建主义体制内部形成的，其发展的速度与规模同封建体制越来越不适应。经济政策上的政府干预，重商主义、苛捐杂税、专卖、垄断、关卡、行会法规等都极大地限制了资本主义生产力的发展，资产阶级自身力量的增强必然要求在政治上确立其地位，为生产力的发展建立体制平台，以理顺同日薄西山的封建主义的关系。于是出现了1647—1648 年的"光荣革命"，建立了君主立宪制的资产阶级共和国。这表明在上层建筑领域，社会转型已基本完成，但在经济思想上，这一转型还远未完成。这就要求经济思想有必要从重商主义转到重工主义，从封建国家的经济干涉主义转到按市场规则的自由放任和自由竞争，从流通为主转为以生产为中心。而西方经济思想正是按照这一轨迹完成了从批判重商主义到古典政治经济学的转变。在这一转变中，经历了两个阶段：第一个阶段是前古典经济学阶段（1662—1766 年），即由批判重商主义向古典学派过渡的阶段，并提出了前古典经济学的主流和非主流的一些基本观点和古典经济学的简单的粗略框架。第二个阶段是以亚当·斯密为代表的古典经济学时期（1776—1844 年）。作为英国古典经济学的先驱者有威廉·配第、诺思、孟德维尔、休谟、洛克、斯图亚特、坎蒂隆和边沁，其中同时对主流古典学派和非主流古典学派影响都很大的是休谟和边沁，对于这一点本人的分析不同于传统教科书。

在这里我们应该注意到，在形成前古典经济学思想的过程中，同样存在着主流经济思想和非主流经济思想的同源不同流的情况，这就是劳动价值论和效用价值论的区别。前者的代表人物是配第、洛克、诺思、坎蒂隆，后者的体现者是加里安尼（意）和伯努力、孔狄亚克和边沁，居于中间状态的是休谟、孟德维尔和斯图亚特。

二 学术精深、敛财一流的经济学家配第

威廉·配第（William Petty，1623—1687 年）出生于英国拉姆齐的裁缝之家，少年时因家道中落而出去谋生，先后当过船员、教师、水兵、抄录员和钻石工。他虽只正规读过两年小学，但靠不断自学和在正规学校的交替学习，完成了中学（耶稣会学校）、大学（荷兰、法国）和英国牛津大学的博士学位的学业（1648 年），于 26 岁成为牛津大学医学博士，次年被聘为解剖学教授。配第坎坷的经历加上天才的禀赋，使其成为多才多艺的

图4—1　威廉·配第

人。有趣的是，他虽获医学博士学位，却并非以医学泰斗而闻名于世，而是以将统计学应用于经济学而声名显赫，成为统计学的创始人，同时他也是将数学方法用于经济学研究的首发其端者。

配第之天才不仅表现在学识上，更体现在生活中。他是一个知识分子型的善于利用社会转型机会的暴富者。他利用曾任亨利·克伦威尔的医生与秘书以及国家土地分配总监的机会，先后两次不择手段搞到了27万英亩土地，成为当时少数巨富者。他生性风流，至少有一个私生子，这也成为他被后世学者指责为"以权谋私，人格低下"的理由。

威廉·配第的主要著作是《赋税论》（1662年）、《政治算术》（1690年）、《爱尔兰的政治解剖》（1691年）、《货币略论》（1695年）等。他对西方经济思想的影响，主要集中于两个方面，一是方法，二是概念的框架与分析。

配第深受17世纪英国著名哲学家、现代实验科学创始人弗朗西斯·培根（1561—1626年）和托马斯·霍布斯（1588—1676年）的影响，摒弃当时盛行的主观性较强的以定性、描述为主的研究方法，代之以"用数学、重量和尺度来表达自己想说的问题"，"借以考察在自然中有可见的根据之原因"。这显然是以真实的数据统计来证明和得出结论的定量的、客观的研究方法。它注重从客观中观察、分析和归纳，这在当时唯经典和对"圣经"的演绎的背景下是一种独创，对以后古典经济学的研究方法的转变有振聋发聩的作用。以配第为主建立的皇家学会标志着从旧方法到新方法的过程转变的决定性一步。他用数学和统计资料在经济现象的描述中深入探讨其中的内在规律，从而使政治经济学从重商主义对流通过程的表层描述转为研究生产内部的必然联系，这种"政治解剖"方式提出了诸多开创性的概念和分析。有人论及配第提倡英国追逐贸易顺差而将之列入重商主义者残余的名单，这其实是一种误解。配第的贸易顺差说是为了增加就业而非积累货币，他认识到自由贸易的诸多好处，但他并不主张以国际贸易作为刺激经济增长的唯一手段。相形之下，他认为公共财政、政府支出及税收政策较之贸易政策和贸易顺差更为重要。仅此而言，他是充分就业和公共财政政策的先驱者。

配第的经济思想转向了重工主义，形成了古典经济学的雏形和粗略框架。

他奠定了劳动价值论的基础，其名言"土地是财富之母，劳动是财富之父"成了经济学的早期经典。他认识到土地价值及其与地租的关系，提出了"级差地租"的概念。

他认为三种因素影响一国的财富增长：劳动生产率、生产性人数与赋税政策。劳动生产率取决于分工的水平和规模。科学发明是提高生产率的因素。他提出了货币的商品性（一般等价物），具有价值尺度、交换手段及储藏价值的三重功能；指出货币数量和流通速度的正比例关系，形成了货币理论的初步布局。

他提出了"自然价格、政治价格和市场价格"的三元价格观点。他在分配理论中提出工资应该同劳动力的价值相等，剩余是产品超过必需的生产资料的数量，地租[1]和利息由剩余构成，

---

① 配第是首先对"盈余"做出定义的经济学家，他最先以盈余为基础解释地租，所以地租理论的首创者应是配第而非重农学派的魁奈。

进而展示了当时社会的三大阶级（工人、地主、资本家）之间的矛盾关系。

从涉及的概念看，古典政治经济学以后所分析的大部分内容，如劳动、价值、货币、剩余、地租、利息、赋税、技术与劳动的关系等，配第皆有相当的见解。甚至对于人口，他也提出了人口增长与生产性人口增长的统一是财富增长的途径。尤其是配第关于国民财富取决于人口状况的统计假设——财富越多导致人口增长越快，反证出以后马尔萨斯人口论的立足点是正确的。

如何评价配第也是一个有趣的问题。后世的经济学家都肯定其学术地位，但鄙视其人格。值得注意的是，马克思对配第的学问评价很高，称之为"最有天才创见的经济学研究者"和"现代政治经济学之父"[①]。这似乎有爱屋及乌之嫌，因为马克思的看法主要是基于配第提出了"劳动价值论"，而非其他，这一点在对李嘉图的评价中有更明显的类似表现。至于说配第是"轻浮的、掠夺成性的、毫无气节的冒险家"则有失偏颇。一是当时的政局不稳，统治者走马灯似的更换，政客和学者大多朝秦暮楚；二是在向资本主义过渡的初期，利用法律空子巧取豪夺、浑水摸鱼是少数人暴富的基本手段；至于婚外情，也只能归为风流才子类，属于个人隐私，也没有什么可以"轻浮"责备的。著名经济史家熊彼特的评价较为中肯，"……虽然他因为多才多艺而有所失，但他在经济学史上仍不失为伟大的人物之一"。[②]

---

① 《马克思恩格斯全集》第23卷，人民出版社1975年版，第302页。
② ［美］熊彼特：《经济分析史》第1卷，朱泱等译，商务印书馆1991年版，第317页。

三 写打油诗出名的卓越思想家孟德维尔

伯纳德·孟德维尔（Bernald Mandervill，1670—1733 年）生于荷兰鹿特丹，1691 年获得莱特大学医学博士学位，后移民英国。他与配第相同之处在于其成名亦非其所学，乃是以政治诗人扬名于世①。他于 1714 年出版了打油诗形式的《蜜蜂的寓言或个人劣行即公共利益》，提出了对经济学（包括古典经济学的主流派和非主流派）思想有重大影响的四个重要观点（这些观点对 18 世纪乃至对 20 世纪的经济思想影响深远）：

1. 自由竞争是保持市场平衡的最佳选择。

2. 分工可以提高劳动生产率，是增加社会财富的最好办法。

3. 个人劣行（消费）即社会福利。

4. 有效需求不足导致经济衰退。

个人节俭和厉行储蓄在 18 世纪初是一种宗教精神，孟德维尔则从商品经济的趋势中看到了消费在经济发展中的巨大作用，认为这种社会公认的美德对资本主义发展是有害的；与之相反，积极消费这种被当时社会认为是劣行的事，他认为是促进公共福利所必需的。

在该诗中，孟德维尔首先描绘了文化的进步是罪恶而非道德规范的结果，进步源于人们对个人利益的渴望，对舒适生活的追求。勤劳、节俭和对他人的关爱并没有此种功能。经济增长与繁荣取决于个人自私动机的实现，对私欲的限制只能局限在保持公

①　1705 年，孟德维尔发表了寓言诗《怨声载道的蜂房或骗子变为君子》，1714 年改名为《蜜蜂的寓言》再版，1723 年又改名为《关于社会的本质和论慈善与慈善学校》再版，造成了轰动，引来了一片讨伐之声。

正的范围（公平竞争）。逐利的罪恶刺激人们追求收入最大化，从而增加了整个社会的财富。

> 这个罪恶呀，使人们富有创造力[1]，
> 伴随着时代的前进与产业的发展，
> 给人们的生活带来了方便，
> 人们拥有了真正的快乐、舒适与休闲，
> 总之，最穷者也让过去的富人妒羡，
> 应有尽有，何必思念从前。

这一劣行即社会福利的思想让政府及道德卫士们十分不安，这与他们竭力维护的虚伪的善行是社会发展的动力之观点[2]背道而驰，于是把他的作品列为禁书。但是与时俱进的思想是难以禁锢的，孟德维尔崇尚的自私动机与诺思、休谟的经济自动调节理论共同奠定了影响极为深远的经济自由主义理论的基础。

在该书中，他描绘了一个因厉行储蓄和节约而导致原本富裕的社会陷入衰退窘境：

> 寅吃卯粮的生活方式，[3]
> 不再流行，难有过去的光荣。
> 被闲置一旁的是车商的招聘，

---

① 晏智杰主编：《西方经济学说史教程》，北京大学出版社 2002 年版，第 67 页。

② 个人节俭和厉行储蓄在 18 世纪是一种宗教精神，备受推崇。那个时代把积极消费追求享受看做是罪恶的劣行，即便在现代，计划经济亦持类似观点。孟德维尔敏锐看到了消费在扩大生产、促进繁荣中的主要作用，这是超越时代的。

③ 晏智杰主编：《西方经济学史教程》，北京大学出版社 2002 年版，第 68 页。

以步代车是新的生活时尚。
成批的骏马被推向市场，
高楼大厦成了抵债的筹码。
包装的费用视为诈骗，
那是为了满足人们的虚荣。
海外驻军是没事找事，
外国人的感受和尊重，
又何必在乎，
更何况战争带来的荣誉。
至于为国家而战，
那只不过是为正义和自由，
必须支付的代价。

对于个人的节衣缩食，孟德维尔将高贵的艾洛克作为代表，
他写道：

精减她昂贵的购物菜单，
常年穿着过时的耐用衣衫。

结果如何呢？

现在看看那个光荣的蜂房，并且注意
诚实和贸易如何结合在一起：
奢侈浪费的表现已经走开，它迅速变为稀少，
并且看起来有着非常不同的面貌；因为走开的不仅是奢侈浪费，
而且还有它每年的大量花费；
然而，依之为生的大量人群，

每天被迫做着相同的事情，

在绝望时转移到其他行业干活，

所以行业同样有过多的库存。

土地和住宅的价格下降，

奇迹般的宫殿的墙，

像底比斯城的墙那样，只有在戏剧中才能树起

听任这种情况继续下去……

建筑业受到很大的毁损；

工匠们不被雇用，

画师不因其作品而闻名，石匠和雕工也没有他们的名声。

因此，"寓意"是：

但凭德行不能使国家生活之路

处于昌盛状态。能够

恢复到黄金时代的，惟有自由，

对待诚实和对待橡子都应使用这个同一范畴。

上述观点的理论根据是：①

由于被某些人称之为储蓄的这种谨慎节约的行为是私人增加财富的最肯定的办法，所以有些人就设想，不论一国生产能力是小还是大，如果普遍用（这些人认为是现实可行的）相同的方法，那么，整个国家会得到相同的结果。例如，如果英国人像其某些邻国的人那样节约，那么，他们可以比现在远为富有。我认

---

① 　晏智杰主编：《西方经济学史教程》，北京大学出版社 2002 年版，第 68 页。

为，这一点是错误的。

孟德维尔的结论相反：

使一国处于我们称之为繁荣的康乐状态之道就是向每一个人提供就业机会，即广泛就业，为了实现这一目的，政府应该：第一，促进尽可能多的不同类型的制造业、技术业和手工艺业，多到人类的智慧可以发明的程度。第二，奖励农业和渔业及其各种分支行业，从而迫使整个地球和人各尽其力。正是这种政策，而不是微不足道的对奢侈和挥霍的限制，才能使国家达到伟大和幸福的目标。因为，不论金和银的价值是上升还是下降，一切社会所享受之物总是取决于土地的果实和人的劳动；二者结合在一起，相对于秘鲁的金和玻利维亚的银而言，是一种更加肯定，更加难以枯竭和更加真实的财富。①

孟德维尔的上述观点直接影响了西方经济思想史上三位伟大的人物。难以否认的是，亚当·斯密关于分工的优越性的思想受孟德维尔的影响。至于马尔萨斯和西斯蒙第的有效需求不足和经济危机学说，更是和孟德维尔有理论渊源关系。而凯恩斯主义和孟德维尔的关系，那是十分明显的。有学者认为"斯密思想中无比重要的自由解放的含义也全然不是来自孟德维尔的思想，他并非自由主义者"。②这正说明了孟德维尔的与众不同之处。我们看到了他对经济自由主义的向往，而在他回答批

---

① 晏智杰主编：《西方经济学史教程》，北京大学出版社 2002 年版，第 68 页。
② ［美］亨利·威廉·斯皮格尔：《经济思想的成长》，晏智杰等译，中国社会科学出版社 1999 年版，第 195 页。

评的《致昂迪的信》中，孟德维尔提出了似乎与自由主义者大相径庭的观点，"熟练政治家巧妙的管理"对于将私人劣行变为公共利益是不可或缺的。这就预示着孟德维尔不仅提出了有效需求不足，而且肯定政府适当干预的必要性。我认为这是一个孟德维尔悖论，反映出经济自由主义与政府干预的适度性之间的内在关系。这一悖论的意义直到 20 世纪 50 年代才显示出来，足见其思想的超越时代和无与伦比的深邃。

　　孟德维尔的思想超前，使之在其后的以节俭和积累为信条的两个多世纪中备受谴责和非难，被宣布为伤风败俗的邪恶之道而声名狼藉。直到 20 世纪 30 年代西方经济陷入大萧条，有效需求不足成为市场经济发展的桎梏时，倡导国家干预，实行充分就业，解决有效需求不足的凯恩斯主义应运而生，这一状况才基本改观。正是基于上述方面，孟德维尔才是亚当·斯密之前最有影响的经济思想家。

四　善于抽象思维的经济学门外汉诺思

图 4—2　诺思

　　达德利·诺思爵士（Dudley North，1641—1691 年）是英国主要的经济自由主义者。

　　诺思对于前古典经济学的主要贡献在于最早提出了反对重商主义的自由贸易宣言和社会发展的动力是人的欲望而非节俭的思想。他未受过传统的正规教育而能做到高度抽象和思想超前是难能可贵的。

　　1670 年，他的著作《关于贸易的

演讲集》（*Discourses upon Trade*）匿名出版。他在该书中主张自由贸易，反对重商主义"贸易顺差最好"的主张。他对自由贸易原则做了明确阐释，对强调本国有利益的重商主义政策做了谨慎的抨击，他认为，自由贸易是一个双赢的格局，可以提高专业化，促进分工的细化，从而使财富增加。管制政策对贸易的限制减少了贸易量，导致财富减少。他认为贸易方面的国家干涉主义政策，是企图"用篱笆挡住布谷鸟"。诺思本人集大商业资本家、大地主和财政部官员于一身，故其著作有较大影响。书中比较突出的有下述几点：

（1）财富与货币论。是生产而非流通是财富的来源。"谁也不会因为货币、金银等形式将其全部财产留在身边而变富，相反，倒会由此而变穷。只有财产正在增长的人才是最富的人，不论其财产是农场的土地，还是放出去生息的货币，还是投入商业的货物。"[1]

（2）自由贸易论。诺思对配第的劳动致富论颇为赞赏，致富的途径在于贸易自由。"阻碍贸易的法律，不论是关于对外或是对内贸易，也不论是关于货币或其他商品，都不是使一个民族富裕，使货币或资本充裕之要素。但是如果获得和平，如果维持公正的司法制度，航行不被阻挠，勤勉得到嘉奖，根据财富与品质在政府中就业，那么国家的资本将会增加，金银将会丰富，获利将更加容易，货币不会缺乏。"[2] 这一观点比休谟早半个世纪，应该被视为最早的自由贸易宣言。

（3）利息论。他将利息与地租并列，以后者的合理性说明

---

　　① ［英］达德利·诺思：《贸易论》，吴衡康译，商务印书馆 1982 年版，第 109页。

　　② 同上书，第 119 页。

前者的合理性。主张利息自由，从借贷资本而非货币的观点看待利息。商业繁荣，资本增加，利息率下降，而这一过程是不可逆的。马克思称诺思为第一个正确理解利息的人。[①]

（4）社会动力论。人们荒唐的欲望是社会发展的动力，节俭会导致贫穷。诺思的这一观点由孟德维尔在 13 年以后以极端的语言和浪漫的形式加以表述："私人的罪恶——公众的利益。"二者有没有直接联系不得而知，但从时间序列上，诺思应是孟德维尔思想的启蒙者。

五　把心理学引入经济学的休谟

诺思的观点得到了哲学家、历史学家和经济学家大卫·休谟[②]的共鸣。休谟把货币数量论引入国际贸易的分析之中，认为经济运行的自动机制会导致贸易顺差的消失，出口顺差形成黄金白银内流，货币供给增加，出口价格上升；这样相应会使出口降低，最终达到进出口平衡。从而，用重商主义政策，既保持贸易平衡又保持黄金白银入超是一个悖论，重商主义政策不起任何作用。

休谟认为世界贸易量是可变的，对外贸易不是一场经济战争，邻居的繁荣会使其邻近者获益更多。

重要的是，休谟在驳斥重商主义顺差论时，于 1752 年提出了"价格与现金（铸币）流动机制"（price specie-flow mechanism）理论，揭示了国际资本体制下通过市场的力量（物价的变动）对

---

①　《马克思恩格斯全集》第 26 卷 I，人民出版社 1975 年版，第 395 页。

②　休谟是经验主义的鼻祖，其《人性论》（1739—1740）的副标题是"一个将推理的实验方法引入道德主体的尝试"。在当时"experimental ＝ empirical"。他既反对重商主义，也反对重农主义。

国际收支失衡的自动调节作用。(参见图4—3)

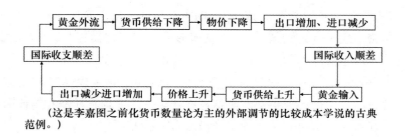

(这是李嘉图之前化货币数量论为主的外部调节的比较成本学说的古典范例。)

图4—3 价格与现金(铸币)流动机制图

休谟1752年出版的《政治论丛》的经济学论文,涉及货币、贸易、利息、赋税等问题,这是经济思想史上自由放任主义反对重商主义的一次论战的产物,有学者称之为"经济思想史上的里程碑"。休谟是早期货币数量论的重要代表人物,货币没有内在价值,只是单纯的价值符号,"一切东西的价格取决于商品和货币之间的比例关系……商品增加价格就便宜;货币增加,商品就涨价,反之亦然"①。对于利息,他提出了自己的见解:劳动与商品的储备决定着利息的高低。借贷的需求大,满足贷款资金少,经营商业的利润高,这三个因素是高利息形成的原因。利息不单纯是货币数量的函数,低利息是财富富裕的结果而非其原因,利息是一国经济的"晴雨表"。休谟对利息的这一见解被李嘉图、马尔萨斯等所接受,成为可贷资金利息说的先驱。

休谟还提出了征收消费税(间接税)以代替人头税和直接税的观点。

---

① [英]休谟:"论货币",《休谟经济论文选》,陈玮译,商务印书馆1984年版,第36页。

相对于经济思想而言，可能休谟最有影响的还是其《人性论》（1739—1740 年）。亚当·斯密在格拉斯哥大学就学时曾为《人性论》撰写提要，成为休谟的学生和朋友，受休谟的影响，斯密写成了《道德情操论》，从而形成了"斯密悖论"之一。

对经济思想的流变而言，休谟的影响归纳如下：

（1）人性论。休谟认为个人私有财产不是重农学派所认可的自然权利的功利主义，而是现有社会条件下具有社会有用性的功利主义。指出私有制的必然性与必要性，人性是以"自私"和"贪欲"为主的，而满足人的欲望的物质是稀缺的，这一思想对斯密的人性观有直接影响。他肯定了孟德维尔的善恶观的基本倾向，并明确提出了个人善恶与社会效果的统一。

（2）劳动价值论和效用价值论的二元混合价值观。休谟认为人是在行动、愉快和空闲三者的混合中寻求欲望满足的。工作本身也满足了人们行动的愿望。"在人们头脑中再没有一试身手和被雇劳作的渴望与需求更为持久和不知满足了，这一欲望似乎是绝大多数人冲动与追求的基础。""世界一切事物均由劳动所购得，而我们的冲动是劳动的唯一原因。"[①]从上述观点中我们可以看出，社会有用性是被视为压倒一切的标准，休谟给予经济活动以心理学源泉的解释且与劳动价值观是共存的。而且后者是依附于前者的。可以说，休谟的这一观点先是影响了古典经济学的形成，后又影响了新古典经济学的诞生。

（3）利息论。利息来源于利润，高利息是工商业不发达所致，竞争可以降低利息率。

（4）赋税论。适当的赋税有利于刺激生产，有益于社会。

---

① ［美］亨利·威廉·斯皮格尔：《经济思想的成长》，晏智杰等译，中国社会科学出版社 1999 年版，第 179 页。

（5）自由贸易论。提倡国际的自由贸易（1741 年），他批判了国际贸易是损人利己或至少无利可图的重商主义观点，尤其是他的"邻富而己强"及自由贸易的格言更是影响深远。他指出："与这种充满敌意的狭隘观点相反，我敢断言，一般地说，任何一个国家的商业发展与财富增长，非但无损于，而且有助于所有邻国的商业发展和财富增长；再说，要是所有的邻邦皆处于愚昧、懒惰和原始状态，那么一个国家的工商业就行而不远、无从发展了。"①"我直言不讳地承认，不但作为人的一员，我要为德国、西班牙、意大利甚至法国的商业繁荣而祈祷，而且作为一个英国国民，我也要为他们祈祷。"② 休谟的这种自信和高瞻远瞩，较之重商主义者，是难以比拟的。

（6）对于国际经济学的贡献。他提出经济机会转移规律，制造商们"逐渐变换其地盘，离开那些已经富裕的国家和地区，涌向相对落后的国家和地区，等他们将这些拥有便宜劳动力与供给品的地区变为富庶之地以后，会因同样的原因再次转移"③。这里，休谟实际上提出了以后的全球和区域经济力量重心和产业梯次转移理论。这已为其后几个世纪的国际经济的实践所证明。

在休谟的诸多观点中，特别值得一提的是他对以后出现的共产主义原则的历史主义看法：从主观价值观出发，休谟认为财产分配不平等是存在的。完全平等从理论上看似乎"十分有用"，偏离完全平等，"我们从穷人那里夺走的满足要多于加给富人的满足"。但争取完全平等为社会成本所不容，因为它将摧毁节俭与勤勉并导致普遍的贫困。更为严重的是，与之俱来的政治后果也将

---

① 《休谟经济论文选》，陈玮译，商务印书馆 1984 年版，第 69—92 页。

② 同上。

③ ［美］亨利·威廉·斯皮格尔：《经济思想的成长》，晏智杰等译，中国社会科学出版社 1999 年版，第 181 页。

是灾难性的暴政或无政府主义。如果政府强化完全平等，就是暴政，如果财产的平均化导致政治权力基础的损毁，就形成无政府主义，二者还会形成恶性循环。休谟的这一思想是极为深刻的，但遗憾的是其后没有引起人们的重视，反而在 20 世纪陷入更大的悲剧实验之中，在发展中国家造成了严重后果。

六　自由主义哲学家约翰·洛克对经济思想的巨大贡献

图 4—4　洛克

洛克（John Locke，1632—1704 年）是英国著名的学者，毕业于牛津大学，并在该校任教（1660—1662 年），集哲学家和经济学家于一身，曾担任过贸易与殖民地大臣，亦是英格兰银行（1694 年）的创立者与股东之一。他对英国、法国和意大利的经济学皆有较大影响。其经济学著作主要有：《政府二论》（1690 年）（*Two Treatises on Government*）、《论降低利息和提高货币价值的后果》（1691 年）。洛克对经济学做出了巨大贡献，其中有三个是哲学上的，但对经济自由主义影响甚大，另两个则是直接关于经济的。哲学上的分别是："个人对私有财产所有权"的论证；政府在经济活动中的角色；经济运行的方法假设。在《政府二论》中，他提出了政治自由主义的思想（天赋自由和自由放任），从而影响了其后的经济自由主义形式。他的主要经济思想是把劳动和劳动创造财富的观点与私人财产的所有权相统一，提出了财产制度的思想，成为政治自由主义思想的里程碑。洛克指出："人们来到世间，上帝赋予的权利都是平等的（天赋人权）……而每个人都有属于自己的财产。有身体就有劳动力，有双手就可以劳作，这恰恰是属于他自己的。他改变自然物状态，将自己的劳动置入其中，自己也加入某物，使某物属于自己，因而形成了他的财产。"①这一观点对于 17 世纪的英国在财富观念上的推动是巨大的。当时商业迅速发展与禁锢人心的封建意识形态及其制度发生了矛盾。当时的社会舆论普遍认为，地球是上帝赐予的，一切自然资源应由人类共享，而私有财产权是排他性的，所以私有权观点很难让人接受。

　　洛克的关于劳动创造价值与对私有财产保护相统一的思想被其后的经济自由主义者就劳动、财富和财产之间的相互关系，做了进一步分析而发扬光大。他们认为，对私有财产的保护是国家经济增长的首要前提，舍此，工作的积极性和财富的增长就是一句空话。R. 福斯菲尔德指出："这个原理可以通过英国和土耳其的贫困变化予以展示，自由主义者指出，在古代，土耳其是世界上最富有的帝国，拥有发达的城市、繁荣的农业、巨额出口和闻名世界的工厂；但是，政府专制、暴戾，横征暴敛，毫无公正地攫取财富，行贿受贿成为司法与行政的运行机制，这种状况导致了繁荣的终结。由于政府的强取豪夺，人们不愿意工作，不愿意生产，不愿意进行资本积累，于是土耳其一天天贫困下去。与之相反，英国实行了对私有财产的法律保护，保护了个人创造财富和积累财富的动机，从而使其成了快乐和繁荣的国家，财富不断

---

　　① ［英］洛克：《政府论》（下篇），叶启芳、瞿菊农译，商务印书馆 1964 年版，第 27 页。

增长。公正司法而非任意胡为，契约神圣，在法律和习俗许可的范围内，个人收入可用于任何他自己选择的用途，没有合理的补偿，任何财产都不可挪为公用。"①

在《政府二论》中，洛克将政府的角色定义为股份公司，其股东是一国民众，政府首脑只是 CEO 而已，民众置身于政府的管理之下并由此得到政府对其生活、自由和土地的保护。所有的公民都希望生活在一个有个人自由和个人财产得到保护的文明的社会里。所以几乎所有的人都愿意接受政府的管理，而管理者应尽职尽责地履行保护公民利益。这就是政府之所以存在的原因。个人愿意将其权力上交给共同的管理者和管理者尽力保护公众的利益是相辅相成的，舍此，公民有权力推翻不负责任的统治，以另外可以维护社会公正秩序和社会准则的管理者取而代之。发达国家的普选制度从一定意义上体现了这一精神。而用暴力手段实现政权更替应为不得已而为之，但如果这种方式普遍化则意味着民众的权利被剥夺。既然政府是个人对法律和规则的决策的产物，那么政府就应因对自然规律的要求而被视为合理的。

同样，如何建立经济学方法论的体系，洛克也针对当时人们所认可的观念。当时流行的观念是，传统的宗教思想要求人都是利他的，视利己为邪恶。追求个人的物质利益是可耻的。洛克认为人都是理想的利己个体，对经济刺激会做出理性的反应，会以一定的反应方式来行事，从而就会产生像物理、化学上的那样的

---

① ［美］丹尼尔·R. 福斯菲尔德：《经济学家的时代》，杨培雷等译，上海财经大学出版社 2003 年版，第 31—32 页。

萨缪尔·冯·普芬道夫（1632—1694 年）的"天赋权利"观点影响了洛克，在洛克的《政府二论》中，天赋权利的观点得到了充分发展。它反映在 17 世纪英国的《权利法案》、18 世纪美国的各州宪法以及美国宪法前 10 个修正案和法国的《人权宣言》中。

规律，人们的经济决策也会是理性的。这就是以后亚当·斯密的理性经济人假设的哲学先导。

至于在经济学方面，他的首要贡献就在于提出自然利率的思想，认为由市场自然规律决定的利率水平比由政府法令颁布的利率水平更为合理，高利贷法（usury laws）只是将商业利润在借贷双方中重新分配，对国家经济整体毫无益处。在此，洛克认为降低和提高利率对经济增长无益固然是不对的，但其反对政府控制利率而由市场供求决定的思想却是正确的。此外，他针对托马斯·格雷欣（Thomas Gresham）爵士[①]提出的"劣币驱逐良币律"的"格雷欣法则"（17 世纪英国所有硬币都由贵金属铸造，人们便将铸币的边缘加以切割成小片，加以熔化，再作为金银出售，于是整币越来越少），指出在政府有意减少铸币中的贵金属含量这一趋势中，减少单位硬币中的贵金属含量，就等于增加硬币发行，会导致物价上涨，硬币贬值。这使他成为货币数量论的先驱。

洛克在劳动价值论（《政府二论》）和供求论（《论降低利息和提高货币价值的后果》）之间难以求得平衡，这样既影响了他同时代的资产阶级，也影响了较晚时代的社会主义者。这在统一的价值观丧失之后属于正常现象。

七 历史相对主义的人口思想的先驱詹姆斯·斯图亚特

在前古典经济思想家之中，詹姆斯·斯图亚特（Sir James Stewart，1712—1780 年）是一个不可不提的人物。虽然有经济思想史著作将此人的贡献放在政治经济学体系的建立上（继孟克列

---

① 金融家与商人，创建伦敦皇家证券交易所。

图4—5　詹姆斯·斯图亚特

钦之后首次以"政治经济学原理研究"作为书名，该书几乎包括了当时尚在形成过程中的经济学所有领域），尤其是他发现了货币的各种基本形式的规定性和货币流通的一般规律，① 但笔者认为，斯图亚特在经济思想史上的重要性也许并不在此，而是在人口论上。斯图亚特是最早提出人口增长与食物供给的关系的学者。对于人口问题的研究，斯图亚特比马尔萨斯更早认识到人口增长与食物供给的关系："生殖力仿佛是压着重物的弹簧，其作用力总是同压力的减小成正比；食物若在一段时间内维持恒量（不增或不减），生殖数便会尽可能高；食物若减少，这一弹簧便会因压力过大而失去弹性。人口数至少将同过量的负担成比例减少。另一方面，如果食物增加，此弹簧……将开始依压力减轻的程度起作用；人们饮食改善了，人口数便会增加，随之，食物将又会趋于短缺。"② 这里斯图亚特已经明确地提出了食物与人口之间的比例关系问题。他是从需求和消费两个方面来研究人口增长与食物供给的关系的，尽管他没能像马尔萨斯那样明确提出人口将以几何级数增长、食物将以算术级数增长的论点，但他触及了人口增长的本质问题。他就人口规模的适度性提出的两个标准——最多的剩余产品和充分就业的一致，至今仍有意义。最佳的人口数必然要以能够获取最多剩余产品这个条件为转移，能为全国提供食物的人口是最佳的，与保证每人充分就业

① 《马克思恩格斯全集》第46卷（下），人民出版社1975年版，第144—145页。
② 晏智杰：《亚当·斯密以前的经济学》，北京大学出版社1996年版，第319页。

相一致的人口数量是最佳的。但这样他就提出了一个悖论，一方面他主张采取限制结婚、鼓励向外移民和增加就业收入等措施限制人口增加；另一方面他主张采取鼓励结婚和改进卫生保健条件等措施鼓励人口增加。如何解决这一矛盾，斯图亚特也陷入了窘境之中。这一悖论也许正是引起马尔萨斯提出"两种级数差"的理论背景。

詹姆斯·斯图亚特作为英国经济学家，他的主要著作是《政治经济学原理研究》（1767 年），该书标志着古典经济学体系框架的初步形成。全书（共 5 篇）几乎包括了当时尚在形成过程中的政治经济学所有领域：第一篇"人口与农业"，涉及分工理论；第二篇"商业与工业"和第三篇"货币与铸币"涉及货币、资本、价值、利润等理论；第四篇"信用与债务"和第五篇"赋税"论及财政金融问题。也就是说，斯图亚特初步组成了古典经济学的松散体系。亚当·斯密能建立完整的古典经济学体系是与斯图亚特的研究框架分不开的，这是其一。其二，斯图亚特的思维方法表现出历史主义的特征，即理论的阐述同大量的历史经验的阐述相交错。这对以后李斯特的研究方法有一定影响。其三，斯图亚特是最早提出人口增长与食物供给的关系的学者，他对人口规模的适度性提出了两条标准，最多的剩余产品和充分就业的一致，这也在一定程度上影响了马尔萨斯。

八 是金子总会发光
——暴富暴卒的坎蒂隆

在 18 世纪的经济学家之中，最具宿命与悲剧色彩的莫过于重农主义的先驱坎蒂隆了。他英年早逝，暴富暴卒，其著作问世也是坎坷曲折。

图4—6　《商业性质概论》

理查德·坎蒂隆（Richard Cantilon，1680—1734年）的家族是爱尔兰的名门，也是斯图亚特王朝的忠实臣仆。坎蒂隆本人于1716年定居巴黎，是一位有商业投机才能的银行家兼商业资本家（酒类与丝绸业），他对当时经济运行的实际问题有亲身体会和深切的了解，这点不仅表现在其著作《商业性质概论》（*Essay on the Nature of Commerce*）里，也体现在他的生财之道中。如果说他生于1680—1690年之间（或生于1697年而卒于1734年），那么他只活了40余岁。在这短短的一生中，他合法敛财达2000万利弗尔，这在当时是一笔巨额财富。在约翰·罗体系执政时期，他被迫买了罗氏公司的股票。后来他预见到该体系难以维持，并于该体系破产前夕（1719—1720年）将买进的罗氏公司的股票卖出或转为不动产，数天内赚了几百万利弗尔。为此他遭到起诉，罪名是知内幕而自肥。他虽然极为富有却无福消受，1734年5月14日他死于被其解雇的厨师约瑟夫·德尼耶的一把火，其住宅与他及代表作《商业性质概论》的英文稿皆化为灰烬，可谓死于非命，尸骨无存。但也有学者认为这是坎蒂隆的脱身之计和障眼法。

从学术思想的承续性而言，坎蒂隆是配第思想的受益者，其《商业性质概论》是带有浓厚重农主义色彩的配第思想的扩充产物。1755年该书法文手稿在米拉波（重农学派的代表人物之一）手中保存16年之后在巴黎以法文出版。《概论》分为三部分，共 35 章，第一部分 17 章，类似于导论，研究财富的定义与源泉，价值与市场价格、地租、工资等政治经济学的一般理论问题；第二部分 10 章，主要讨论价格、利息与货币；第三部分 8 章，考察对外贸易，涉及外汇、银行与信用。从上述结构中，展现了一幅配第思想的系统化和扩大了的图景，是对以前各种论述的总汇。

关于价值的来源，他提出，任何东西的内在价值都可用在其生产中所使用的土地数量及劳动的数量来度量，很显然，这是以土地为基础的双重价值论。同时，他认为在公平的、充分竞争的社会中，市场价格是围绕其内在价值波动的。这已近似价值规律的认识，是前古典价值理论的一个进步。

对于工资理论，他接受了配第关于工资应等于最低限度生活资料的价值的说法。与之不同的是，他把最低限度生活资料以农产品的概念来代替，即一个普通劳动者的劳动价值，应该等于维持其生活所需要的土地产品的两倍，手工业者则等于他们所消费的土地产品的两倍。他的计件工资是计时工资的转化形式的观点也引人注目，斯密的工资理论就有坎蒂隆的影子。

对于货币理论，坎蒂隆同样加入了土地与劳动的因素。他认为金银（国际硬币）并非货币名目论者认为的只有想象价值，而是有其真实的内在价值，即生产金银所耗费的土地与劳动的数量，二者是成比例的。

坎蒂隆是早期货币数量论的较完整的代表，或古典货币理论的奠基者，他论述了流通中的货币量增加会引起商品价格上涨的机制，但二者并不具有严格的比例关系，他的上述观点对货币数量论的发展有重要影响。坎蒂隆的《商业性质概论》是重农主义的理论源泉，也是第一部较系统地从宏观角度分析经济问题的著作。该书虽然比《国富论》早诞生 27 年，但其超前的观点往往不被同时代的人们所理解，斯密的光芒遮盖了他，以至被埋没了一个多世纪，直到 1881 年，杰文斯偶然发现了这本书，才使之得以重见天日。杰文斯对该书进行"炒作"，说该书"影响了亚当·斯密"，是"关于经济学的第一篇论文"、"政治经济学的摇篮"、"经济学的百科全书"等，使之重放异彩，以至版本迭出（1755 年法文版、1767 年意大利文版、1931 年英文版）。如何评价坎蒂隆以及视之为鼻祖的重农学派，是一个颇有争议的问题。

在传统的经济史著作中，法国的前古典经济思想是备受推崇的，认为由于法国革命较之英国革命更平民化，因而其思想就更彻底，经济思想也不例外，其实这是一种误解。仅从英法两国古典经济学产生的历史背景和由此决定的两国古典经济学的特点对比来看，就会发现法国古典经济学与英国的差距。17 世纪的英国在政治、经济、思想方面都具有渐进的自然演进性质，资本主义工商业和商品化农业有了很大发展，资本主义生产方式的工场手工业已居主导地位；一部分贵族已自然转化为资产阶级，大部分贵族已融入资本主义的生活方式，17 世纪的"光荣革命"使资产阶级在政治上取得了统治地位。法国的资产阶级革命比英国晚了 150 余年，经济、社会发展皆晚于英国，封建生产方式仍占主导地位，工场手工业远未普及；小农经济广泛存在，封建农业在整个国民经济中占优势；资产阶级还处在资本原始积累的前期，未能成为一支独立的力量，封建君主专制仍是法国的基本性质。在这种差异下，两国的早期古典政治经济学出现了以下差异：

1. 二者与重商主义关系的联系性质不同。英国的前古典政治经济学是在重商主义的渐变中形成的，而法国的前古典政治经济学是在坚决反对重商主义的批判过程中产生的。前者或多或少地带有重商主义的影子或尾巴，后者则带有浓厚的重农主义色彩。从历史演进来看，重农主义较之重商主义更不合时宜，是一种历史的倒退。

2. 二者研究的主导产业不同。英国前古典政治经济学理论研究的主导产业是工业，而法国前古典政治经济学关注的是农业。

3. 二者的产生动机不同。英国前古典政治经济学的产生是为了适应经济的进一步发展，法国前古典政治经济学则是为了挽救盛行的柯尔贝尔主义下的法国衰败的经济。

很显然，无论从背景的差异还是从经济理论的内容差异来看，法国的前古典政治经济学除了有重农主义的特征外，在研究的广泛性与深度上，其理论的先进性皆不能与英国的相比。虽然在法国杰出的代表坎蒂隆和魁奈的评价方面，前者深受杰文斯、希克斯和门罗等经济学家赏识，其代表作《商业性质概论》被誉为《国富论》以前最重要的经济学著作，经济史家埃里克·罗尔也指出《商业性质概论》是《国富论》问世以前关于经济原理的最系统的著作①，并且受到马克思的推崇，"重农主义体系是对资本主义生产的第一个系统理解"②，但这皆不能改变法国前古典政治经济学在英国古典政治经济学面前相形见绌的状况。对此，要从学术本身和时间序列及理论的实际影响上来分开看待。

仅从学术上评价，英法两国的前古典政治经济学是两个相对独立的系统，似乎没有哪个更先进之分。就政治经济学的理

① ［英］埃里克·罗尔：《经济思想史》，陆元诚译，商务印书馆1981年版，第120—121页。

② 《马克思恩格斯全集》第24卷，人民出版社1975年版，第399页。

论和实践问题进行较系统的全面论述而言，在英国的前古典政
治经济学家中，就有配第、斯图亚特对古典政治经济学的体系
进行过较广泛的论述。坎蒂隆的《商业性质概论》包括三个部
分。第一部分（17 章）论述实物经济，即所谓的财富（定义
与源泉）以及经济活动在农庄、集镇、城市和都市条件下的社
会背景，涉及以物质财富生产为基础的社会经济的横向境况，
亦即人类社会经济发展的不同阶段和层次、社会分工的发展、
人口划分的经济依据、价值和价格诸内容。第二部分（10 章）
论述货币经济，论及价格、货币流通规律和利息的决定。第三
部分（8 章）论述国际贸易，涉及外汇、银行与信用。有经济
思想史著作认为"这样广泛的论题是此前大量的文献不可相比
的"，这种评价失之偏颇，因为这些论题在配第的著作中也有
相应的研究。坎蒂隆在这些方面的论述并没有走出配第的范
围，二者不同之处在于坎蒂隆的论述在方法论上（抽象法和归
纳法自然融合）略胜一筹，在论述的表现形式上更充实生动。

　　从时间序列上看，《赋税论》与《商业性质概论》相比早了
近一个世纪，这是我们评价二者时必须加以注意的。

　　笔者认为，坎蒂隆的与众不同之处在于他概括了 13 世纪经
济学家关于竞争市场的理想，提出了类似于现代经济学的一般均
衡概念的观点。正是在这一观点上，他受到了杰文斯等人的赏
识，应了那句"是金子总会发光"的箴言。他的基本观点是：
在自由竞争市场体系中，交易者的理性私利可以达到价格和交易
量的协调与均衡，人类的理性可以使经济秩序化。用 R. 福斯菲
尔德的话说，坎蒂隆有意识地模仿牛顿的物理定律，以人类的理
性和市场竞争来代替物理学上的引力，创设了自然均衡的理论。

　　在对其后经济思想的影响方面，坎蒂隆的《商业性质概论》
也不能和《赋税论》相比。即便是在国际贸易问题上，休谟的

简洁陈述也比坎蒂隆的理念有更大的影响力。正如福斯菲尔德指出的"该书 1755 年才在法国出版，1931 年才有英译本。这本书在当时并没有影响①"。直到 1881 年受到杰文斯的关注开始，该书才引起人们的重视。之所以如此，斯皮格尔认为，部分原因是因为 18 世纪后期像斯密、魁奈这类灯塔式的人物出现，他们的光辉遮住了其他人的光辉。由此可见，在经济思想史上，《商业性质概论》在当时以及其后的 20 多年中，都没有产生重大影响。这一点与有些经济史著作的评价有很大的不同。

坎蒂隆的思想可做如下概括：

1. 经济是一个相关的体系或货币与商品的循环流动。他分析了生产交换的循环过程，地区之间、行业之间的资源流动由市场需求决定，货币流动将不同经济部门联系起来。

2. 企业家的冒险精神对于生产的良性循环和经济繁荣必不可少。

3. 货币对经济的影响是不确定的，这就是所谓的"坎蒂隆效应"（Cantilon Effect）。他提出了"物价上涨→出口乏力→贸易逆差→国外物价低→进口增加→货币外流→国内生产停滞"的"硬币流动机制"（Specie flow mechanism）。

九 中国的月亮比欧洲的圆
——重农主义与魁奈

对于重农学派，休谟的态度最有意思。一方面，他结识了许多重农主义者，尤其同杜尔阁有友好的书信往来；另一方面，他厌恶

---

① ［美］丹尼尔·R. 福斯菲尔德：《经济学家的时代》，杨培雷等译，上海财经大学出版社 2003 年版，第 30 页。

图4—7 弗朗索瓦·魁奈

他们的形而上学、理性主义和教条主义（"一群空想而傲慢的人"）。

重农主义就是法国的古典经济学，其代表人物是弗朗索瓦·魁奈（1694—1774年），与配第和孟德维尔一样，以医学为专业，是一代名医。他是在晚年着手研究经济问题的，并先后发表了《租地农场主论》、《谷物论》、《人口论》和《赋税论》（1757年），1758年发表了著名的《经济表》。

魁奈的思想全部体现在《经济表》中，受哈维人体血液循环论的启发，该表将经济看成是一个不断循环的有机体。他站在医生的立场上，为经济增长做出正确诊断，他通过现实模型和理论模型的对比，认为一个好的政策将会刺激经济增长。从《经济表》（图4—8）中可以引出四项基本政策：

《经济表》的全部流通过程包括五次交换行为：

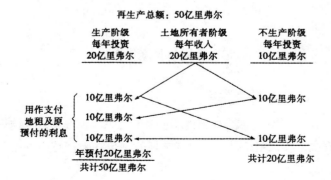

图4—8 魁奈经济表

（1）政府只应对土地征税，对农业、制造业免税。

（2）法国的农业应重新调整，通过近代化提高规模效率，以英国为榜样培养农业资本家。

（3）储蓄货币会中断货币与商品的循环过程，减少需求会导致国家产业下降，出现经济萧条。

（4）国际间的自由贸易会刺激对法国农产品的需求。

魁奈提出了"节俭是贫困之母"的观点，这与孟德维尔的消费促进社会繁荣一致。

重农学派另一个代表人物是安·罗伯特·雅克·杜尔阁（1727—1781 年）。如果说魁奈是重农学派的思想魁首，那么杜尔阁就是首席执行官。他弃神职而从政，先后任州长（1716年）、海军大臣和财政大臣（1774 年），在执政中努力实践重农学派的理论，诸如谷物在国内的自由贸易、酒类的自由贸易、以赋代徭役、特权阶层纳税款等。可以说，对自由秩序、自由放任、农业优先、单一税等重农主义的基本理论和主张，杜尔阁都是赞同和力行的。实际上，杜尔阁的真正贡献在于第一次提出了收入递减原理和可变要素的增量运用①。

重农学派有两个与众不同之处：一是有认为中国的月亮比欧洲的圆的"中国情节"；另一个是"挂羊头，卖狗肉"，而且内心深处仍有"羊肉情节"。

重农学派的代表人物魁奈和杜尔阁都是中国文化和中国政治制度的崇拜者，与当时法国甚至欧洲大陆的中国文化热的背景大有关系。17—18 世纪，正是欧洲人好奇和冒险的高峰期，当时的中国正在明清之际，一派繁荣和太平盛世的假象。随着马可·

---

① 18 世纪 60 年代后期，杜尔阁提出收益递减原理比英国经济学推导出这一原理早 50 年，至于可变要素的增量运用，则预示着距边际原理更近。

波罗游记和以利玛窦为代表的耶稣会教士将中国文化传入欧洲，神秘加距离产生的美感，使欧洲的上流社会对中国文化趋之若鹜。[①] 魁奈作为宫廷御医在凡尔赛宫达 15 年之久，与魁奈交往甚密的上流名人蓬巴杜夫人又是一个中国文物迷，这些对于魁奈都有巨大的潜移默化作用。魁奈在该学派的刊物上撰文盛赞中国文化，推崇孔子学说，并以"欧洲的孔子"自诩。在《中华帝国的专制制度》一书中，更是将中国视为开明专制制度的典范与理想模式，并与之结合首次阐明了重农学派的政治和经济理论，从而给重农学派造成了"中国的月亮比欧洲的圆"的印象。杜尔阁的中国情节较之魁奈有所不同。他对中国的了解缘于曾在中国游历的普瓦弗尔所著《一个哲学家的旅行》一书对中国的介绍，和两个中国留法学生（来自北京的高雷思和杨德望）的叙述，当两人业满准备回国时，杜尔阁以政府部长的身份热情挽

---

① 东学西渐：18 世纪左右，中国成为欧洲关注乃至学习的目标。中国的哲学思想成为欧洲知识界反封建和反宗教专制的利器，法国启蒙运动最重要的思想家伏尔泰极力推崇中国文化，以中国文化来抨击欧洲宗教的黑暗和专制。百科全书派最重要的思想家狄德罗曾这样评价中国："中国民族，其历史的悠久，文化、艺术、智慧、政治、哲学的趣味，无不在所有民族之上。"重农学派的始祖魁奈，因自信是孔子学说的继承人，被称为"欧洲的孔子"。

中国文化和哲学对德国近代哲学思想发展的影响，也明显可见。莱布尼茨是承认中国文化促进西方发展的第一个人。莱氏弟子、哲学家沃尔夫因极力赞美儒学，轻视基督教，结果被驱逐出国境。费希特、谢林、黑格尔等也都直接或间接受到中国文化和哲学的影响。德国最伟大的作家歌德对中国文化也极力推崇，他大量阅读来自中国的著作，学中国诗的体裁做诗，学写中国字。

当年欧洲的这股"中国热"，给欧洲人带来的影响涉及方方面面，许多欧洲人尤其是当时的上流社会，都以学习中国风格为荣。法语中甚至有一个专有名词 Chinoiserie 来形容这股学习中国文化的浪潮，意思就是"中国风"或"中国热"。在今天欧洲各地，仍然有许多建筑显示出这股中国热的烙印。德国波茨坦无忧宫里的中式茶亭，英国的述园宝塔，瑞典、丹麦的中式凉亭，维也纳的美丽泉宫里的中国房间以及许许多多的瓷器、家具用品和大量中国风格的绘画，都让人感受到当年"中国热"的情形。

留他们再住一年。为了让自己和法国朝野对中国的农业政策及重农思想有更切实地了解，杜尔阁准备写一部书，题目是《中国问题集》，为此他专门为两名留学生拟订了回国重点研究的调研提纲，其中包括四部分 52 个问题，委托两人在研究本国经济状况及经济制度的基础上予以回答。而杜尔阁的代表作《财富的形成和分配的考察》就是为了使中国学生便于

图 4—9　蓬巴杜夫人

图 4—10　魁奈关于中国的专著

理解上述提纲而写的序论。重农学派的指导思想也正体现在该序中。

西方经济思想史的教科书一般皆认为，重农学派是打着封建招牌的资产阶级经济学派，是"挂羊头卖狗肉"（即马克思说的重农主义体系的矛盾），似乎内心没有"羊肉"情节。我认为这一看法有失偏颇。从魁奈和杜尔阁的中国情节就足以说明，重农学派在内心里对封建专制制度并不那么反感，他们关心的只是如何让重农和社会中自然秩序达到统一与和

谐。仅希望经济上改革开放，政治上是什么形式并不重要。从某种意义上可以说，重农学派更希望以一种开明君主制来主导其重农主义的自然秩序。所以从内心深处说，重农主义者仍然是有某种"羊肉情节"的。

　　归纳起来，重农主义有下述思想：以自然秩序为其思想体系的基础，重农之意是指自然规律，重农主义的希腊文原意是"自然秩序"。这是一种不以人的意志为转移的客观规律，是具有普遍性的完美且永恒不变的原则。人为的社会秩序与此一致，便是健康社会；反之，则是病态社会。重农主义者通过自然秩序把天赋人权（人身自由与私有财产）[①] 和自由放任提到了健康社会主要标志的高度，以反对法国落后于时代的柯尔培尔主义为代表的法国重商主义和法国封建的处于病态的人为秩序。这对斯密构筑自由主义经济体系影响甚大，也许这是斯密一度想把《国富论》献给魁奈的原因。重农学派对经济思想的主要贡献，仅此而已。但这并不能掩盖重农学派理论自身的矛盾。之所以这样说，是由于重农学派一方面宣称坚持自由放任的原则，同时又坚信君主专制制度作为最好的政府形式所具有的德性。此外，对农业的强调恰好是在一个已见到工业革命曙光的年代里。这两对矛盾决定了重农主义的反时代的性质及短暂的命运。马克思虽然对重农学派，尤其是对魁奈的《经济表》甚为重视，也只是由于该派对一个阶级全部生产剩余的强调，引发了他对剩余价值学说的灵感。他所忽略了的总量均衡成了凯恩斯主义的发酵剂。

---

　　① 重农学派认为保护私有财产是现实秩序的最重要功能，是个人自由水平的测量仪。

十 见微知著

——非主流的经济思想

除了休谟以历史主义的劳动价值论和主观价值论为基础的经济思想与前古典经济思想有差别以外，还有几位思想家的经济思想更为超前和阳春白雪。他们的思想因各种客观条件的限制而未能发出应有的光辉，但是从经济思想的流变角度均难以否认其历史地位，他们分别是巴本、伯努力、加里安尼。

十一 把数学正式引入经济思想的第一人
丹尼尔·伯努力

瑞士数学家丹尼尔·伯努力（1700—1782 年）于 1738 年第一次把微积分和解析几何运用于后来被视为数理经济学领域的问题，即"圣彼得堡悖论"①，并导致了开创性进展。该悖论是指一个机会的数学价值与人给它的较低价值不同。

正当严格意义上的经济学处于低潮时，当时伟大的数学家们在一个现在认为是纯粹的数理经济学的领域里取得了开创性的进展，不过那时没有人把它们同经济学联系起来。就这样，把微积分和解析几何第一次应用于现在看做是经济学问题的一个问题，是瑞士数学家丹尼尔·伯努力连同他解决"圣彼得堡悖论"一起做出的——因为伯努力把自己的著作送到了圣彼得堡科学院，

---

① "圣彼得堡悖论"是指伯努力把自己的著作送到了圣彼得堡科学院；与此同时，他也提出了"一个机会的数学价值与人们通常给它的较低价值不一致"的问题。后来以此而闻名于世。

后来以此名为人所知。这个悖论是指一个机会的数学价值与人们通常给它的较低价值不一致。例如，一个赌徒只支付买入场券参加一个游戏的情况，在第一次抛掷中，如果一枚铸币的正面朝上，他就获得 1 美元，第二次如此就是 2 美元，第三次如此 4 美元，第四次 8 美元，如果第 n 次抛掷如此，就是 2^{n-1} 美元——尽管他期望的数学价值是无限大的。另一个例子是一张为一无所得和赢得两万元各提供 50% 机会的彩票。伯努力认为，根据概率理论，这张彩票可值 1 万元，可如果是一个穷人，最好还是卖掉它，换 9000 元，而一个富人在这个价格买下它或许是明智的。

伯努力因此引进了效用这个主观因素做价值的一个决定因素，它"依赖于人进行估价的特殊条件"，只有把这种每人特殊情况特别是他的财富考虑在内，才能解决"圣彼得堡悖论"这样的问题。可是他走得更远，既阐述了边际效用概念，也阐述了递减原理。他说："无疑，取得一千杜卡特对穷人比对富人更有意义，尽管他们取得的数量相同。"他进一步假定"不断以无限小的增量增加的个人财富有一个感觉不到的微小增长"，他认为非常有可能，财富的任何增长"总是导致效用反比于已经拥有的商品数量增长"。这样一来，如果 x 是一个人的财富，y 是它的效用，b 是常数，那么

$$dy = b \,(dx/x) \ \text{或} \ dy/dx = b/x$$

这个等式左侧是边际效用。

如图 4—11，获得效用 Po 要求 BP 财富增量。这个机会只值 BP，因为 BP 是伴随效用减少 Po 的财富损失，那就是，与取得财富的效用相等的损失财富的负效用。

它是说明现在认为属于经济科学领域问题的最早图例。随着财富的增加这个曲线的斜率递减。不过，伯努力显然认识到当数量极小时，该曲线可被看做是一条直线，也就是说边际效用不变，这个思想同马歇尔的下述假定是吻合的：在涉及消费者只花

很小一部分收入的商品的需求曲线的场合，货币边际效用不变。

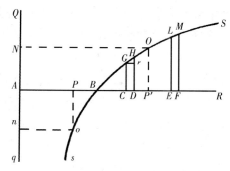

AR 表示财富，AQ 表示效用，Aq 表示负效用。AB 是最初拥有的财富数量，而 BC、BD 等是财富的增量。曲线 sBS 显示了财富变化和效用变化之间的关系。

图 4—11　财富（收入）的效用曲线

伯努力的著作还有对博弈、保险和累进税理论的其他重要应用，其中有些是伯努力自己指出的。但是 19 世纪 70 年代以前的经济学家几乎根本不知道他的发现对他们的科学所具有的重大意义，甚至杰文斯也只是在二手材料中见到它们，并显然独立于伯努力取得了他自己的类似的效用理论。较早的经济学家忽视伯努力著作的一个原因是他的论文开始是用拉丁文发表的，直到 1896 年才有一个德文译本，1954 年才有英译本。在经济科学的创立阶段，许多经济学家都是拉丁文学者，但是他们很少关心数学；当他们开始关心数学时，很多人已经不精通拉丁文了。这种阴差阳错导致了对伯努力的忽视。

十二　功利主义—效用价值论的倡导者杰米里·边沁

杰米里·边沁是英国著名的哲学家和法学家，这似乎与经济思想的演变没有直接联系，但是，作为一位思想家，其哲学思想对其后的经济学家的影响可能比经济学者之间的影响更为强大和持久。

边沁出身律师世家，就学于牛津大学，1769 年获律师资格后却从未从事过这一行。他所热衷的是社会改革，先后提出了"生育控制"、"成年人（妇女）的选举权"、"模范监狱"改造运动。这些改良主义建议使边沁声名鹊起，成为"哲学激进者"的组织领袖。对于经济思想的直接贡献是他在《为高利贷辩护》（*Defence of Usury*）（1784 年）中针对中世纪以来法律是否应限制利率的争论（利率是否符合道德标准）而做出的理论解答。他指出五点理由：

1. 贷款无利息将会使贫困人口无钱可贷，更加贫困；
2. 反高利贷法会使需资本之经商者无贷款来源；
3. 穷人借不到钱，迫于生计铤而走险，破坏社会安定；
4. 禁止高利贷会导致贷款黑市，进一步损害需贷款者；
5. 导致人们因法律失效而蔑视法律，从而给社会和经济以双重负面影响。

边沁的反对政府控制利率的思想对斯密很有启发，后者放弃了原来提倡通过设置最高利率来达到调控目的的观点，从而使斯密在这一问题上回到自由放任原则。

边沁于 1780 年发表的《道德与变法原理》一书是他对经济学新思考的一大贡献，他提出了功利主义的基本思想：人类的每一个行为都是为了快乐，人类的行为和道德评价是以快乐和痛苦为标准的。这是效用价值论的先声，明显偏离了严谨古典学派的价值观，开创了经济思想的新方向。

自然让人类处于两个统治者的控制之下，即痛苦和快乐，只有它们才能暗示人们应该或不应该做什么。一方面，它们是正确与错误的标准；另一方面，它们是因果关系的链条。

很显然，边沁对价值的判断是以主观感性和功利主义为基础的。享乐主义的精打细算（选择行为和成本收益分析）是决定人类行为的原则，经济行为的自私是自然的和理性的。在这一原则下，才能实现社会福利的最大化。

十三　主观价值论的先驱斐迪南多·加里安尼

斐迪南多·加里安尼（1728—1787 年）曾任意大利驻巴黎大使，于 1770 年在《关于商业的对话》中从历史相对主义角度批评了重农主义的教条的理性主义（具有普遍意义的一成不变的原则）。加里安尼的贡献在于其价值理论上。①

加里安尼的价值理论的重点在于使用价值的主观价值论。古典学派常常提及使用价值但又几乎立刻将之抛弃，去发展一种建立在劳动基础之上的交换价值理论。加里安尼的程序有所不同。他先是充分且详细地发展了使用价值理论，然后从中导出交换价值。

斯皮格尔指出，加里安尼的历史意识使得他不将价值看做商品固有的属性，而是看做具有随人的交换偏好而发生变化的特点。他承认社会力量的有力作用，并强调风尚作为人的欲望的决定因素的作用以及对价值大小的影响。他也意识到后来凡勃伦所称的"嫉妒性比较"的意义以及现在人们所熟知的展示效应。"在人类满足了与动物相同的及与对个体和种群的保存相关的各种欲望之后，再也不存在比向他人展示优越与差异更为强烈的暴力情绪了。……满足这一功能的商品有很高的价值。"在加里安尼的价值分析中，价值是人的观念与外在商品之间主观联系的产物。这里，物品的效用与稀缺性已成为价值的决定因素。效用被定义为"商

---

① 加里安尼于 1751 年发表了《货币论》，20 年后发表了《关于商业的对话》。他受维科提出的历史循环论"神的时代—英雄时代—凡人时代"的影响，这一历史相对主义影响导致加里安尼对主观价值论的发现。

品能使我们愉快的特性"。对这些情绪（冲动）的满足就是愉悦。对愉悦的占有就是幸福。因此，任何可带来愉悦的商品都是有用的。人们存在着某些基本的情绪（冲动）或欲望，如对食品、饮料及睡眠的需求。一旦这些欲望得以满足，其他欲望或冲动将以同样强烈的程度出现。在必需与不再有用之间没有明确的界线。"人有这样的本性：当一个欲望得以满足后，另一个欲望以同样的强度得以感受。他由此发现自己总处于永恒的运动中，永远不能达到完全的满足。"加里安尼暗示了一组基本原则，这些原则以一种充分完善的形式构成了 19 世纪 70 年代以来出现的现代主观价值理论的一部分。他通晓替代效应，"价格下降之商品将得到较多利用"。在一般意义上他已意识到后来人所共知的边际效用递减规律。"一个饱食过后之人会认为面包是效用最低的。他会转而寻求其他需要的满足"。中国的俗语"饱暖思淫欲"对此做了高度概括。他总是不遗余力地强调效用的主观性与相对性，以及根据商品效用的大小进行排序的主观性和相对性。

　　加里安尼的价值理论并没有发展成为一个完善成熟的价格理论，这一工作后来被杜尔阁所尝试但仍未完成。杜尔阁在价值的主观性问题上与加里安尼持同样观点并称许过加里安尼的书。几十年以前，约翰·劳①已经研究过主观价值理论。而在《国富

──────────

　　① 约翰·劳是"经济学骗子"。1700 年出版《建立贸易委员会的建议与理由》，曾在苏格兰建议成立土地银行未能成功，后在巴黎利用路易十四去世财政赤字严重的机会，在其密友奥尔良公爵摄政期间，于 1716 年成立通用银行，策划"密西西比计划"而一时暴富，后因过度发行纸币而破产。劳曾于 1720 年出任法国财政部长，其 1705 年写的《货币与贸易研究：国家货币供给的建议》反映出他认识到货币对经济的刺激作用，是现代银行信用制度的预言家。但也正是约翰·劳的货币实验败坏了货币与信用的名声，他使得那个时代及稍后进步的人们（坎蒂隆、休谟、重农学派、斯密、桑顿、李嘉图）都看轻了货币的重要性，坚持认为劳动和自然资源是财富的基础，在一定程度上阻碍了经济理论的进步。

论》出版的同一年即 1776 年，法国哲学家孔迪亚克又发表过这一学说，并将其建立在效用的基础上。因此，至少有四位作家在 18 世纪中叶发展过主观价值理论。这一事实再次印证了这样的规律，即新的科学洞见总是并行出现的。然而，对这些作者的观点，应者寥寥。劳的思想因他在财务运作上的失败而信誉不佳；杜尔阁的价值理论并未构成其《沉思录》的一部分，而是零散地以无足轻重的短文形式出现。杜尔阁与孔迪亚克发现了重农学派的错误，但重农学派衰落本身却抵消了他们的影响。加里安尼《货币论》第二版出版于 1780 年，并在 19 世纪间被数度重印，但总无翻译稿出现，这使其主要影响仅局限在意大利范围内。因此，当亚当·斯密求助于洛克主义传统并发展出劳动价值论时，主观价值理论的降生被推迟了 100 年之久。

亚当·斯密的《国富论》没有包含任何加里安尼影响的痕迹。二者的唯一关联是他们都与休谟有联系。当休谟于 1763 年受命任巴黎的外交职位时，经常出没于加里安尼很乐意去的"哲学家"和"经济学家"的圈子。

小　　结

经济思想的存在与发展同样遵循供求决定的规律。以劳动价值论为主体的成本价值论之所以被斯密发展为古典经济学，从而成为经济思想的主流，而主观价值论只有在古典经济学辉煌一时后才能粉墨登场，是由于社会条件的制约和人们知识水平的限定使然。但是，是金子总会发光的，前古典非主流的经济思想到了新的经济发展时期终于脱颖而出，发展成为新古典经济体系而独领风骚就是证明。

第 五 章

旭 日 东 升

—— 亚 当 · 斯 密 及 其 《 国 富 论 》

一　斯密:书痴、友迷与孝子

　　古典经济学的诞生标志是亚当·斯密的《国富论》（1776年）的出版。从 1764 年到 1776 年，他从构思到完成《国富论》，花了 12 年的时间。其间，他远离尘世，度日经年，苦思冥想，可谓十年磨一剑。他的经济人假说奠定了现代经济学的基础，他的"看不见的手"揭示了自由市场经济运行的真谛，他的绝对优势理论开国际贸易理论之先河。《国富论》开创了一个真正的经济学时代。其后引发了诸如萨依的"三位一体"学说、李嘉图的比较优势思想和劳动价值论、马尔萨斯的需求不足论与人口论等，这些都形成了各自的流派，但追根溯源，无不来源于亚当·斯密。而正是亚当·斯密的思想体系中存在的"悖论"给后世留下了诸多的谜。

图 5—1　亚当·斯密

　　1723 年 6 月 5 日，亚当·斯密诞生于苏格兰的柯卡尔迪小镇，在此完成了小学课业后，于 1737 年进入格拉斯哥大学，学习拉丁语、数学、古希腊经典著作和道德哲学。1740 年进入当时的贵族学院——牛津大学，1746 年毕业回到故乡赋闲。1748 年成为爱丁堡大学的英国文学史讲师。1750 年开始讲授经济学课程。第二年回母校讲授伦理学和道德哲学。1759 年他的首部专著《道德情操论》问世，从而奠定了他一流学者的学术地位，也为其后顺利出版大作《国富论》建立了平台。

斯密之所以能成为古典经济学的鼻祖，与三大因素是分不开的：社会背景，天赋与博览群书，良师与益友。

从社会背景而言，他成年时，英国的资产阶级已取得政权，工场手工业已是经济生活的主要形式。1759 年出版《道德情操论》之时，正是英国工业革命开始之际（1760 年），人性的弱点在这一时期已经明显展示出来，经济生活的矛盾特征已初现端倪。在哲学领域，牛顿的自然哲学已开始居于统治地位，这一哲学也影响到人文科学，伯利沙夫兹就提出了把个人美德与公共利益统一起来的思想，即利益和谐的观点，尤其是对私利的追求会有益于社会的观点，并且将之归纳进 18 世纪英国哲学的主流，这从方法论上影响了斯密。对于经济问题的研究已有大量的文献（前古典政治经济学）可供他参考，无论从实际生活的矛盾还是从理论上的可能，都为他写作《国富论》创造了基本条件。

斯密的天赋和博览群书，是他能完成巨著的第二个要素。从家境而言，斯密并非豪门出身，在一个仅有 1500 人的小镇中，也不会有什么富豪和望族。何况斯密又是一个遗腹子，父亲早逝，由寡母带大，家境也好不到哪儿去。但他却能一步步进入高等教育的殿堂，以优异的成绩获得奖学金进入牛津大学，这就说明斯密天生聪慧，是一个天才。要想成功，仅有天才还不够，必须加上勤奋才有可能。斯密正是一位博览群书的勤奋的实践者。就藏书而言，据斯密本人于1781年亲笔编写的目录与注释，共有1100本书，计2200卷（该目录于1920年被东京大学买走，1951年在东京出版）。但这只是他的楼上藏书。1894年詹姆斯·博纳编了一个书目，1932年博纳又对之进行了修订和补充。据这两个目录共列出斯密藏书2800卷。数量如此之巨，在当时已十分突出。他广博的知识与博览群书是密不可分的。

第三个因素是良师与益友。正如梁小民教授在"亚当·斯密的书与友"①一文中所说的："如果仅仅是读死书，大概斯密也就不是今天的斯密了。人的思想是在读书中获得的，更是在与别人交流和思想碰撞中产生的。他的许多思想与知识正来自于朋友的交流。"

斯密的良师是格拉斯哥大学教授弗朗西斯·哈奇逊②、罗伯特·西姆森、亚历山大·邓洛普，三位学者从不同的领域共同对斯密的思想产生重大影响。邓洛普的希腊语教学使斯密在语言上受益匪浅，使之能轻松阅读和熟悉古希腊的文献；西姆森的数学课为斯密奠定了良好的数学基础，从而为以后的经济学分析提供了重要的逻辑分析工具；而哈奇逊的自由主义思想影响了斯密的一生，使之将自由主义思想贯穿于经济思想的始终。哈奇逊提出的"道德牛顿主义"不仅强调仁慈而且也强调功利作为解释社会不同利益相互和谐的原则，从而为斯密"看不见的手"提供了另一个模型。可以说，哈奇逊早于边沁得出了著名的功利主义公式，"最好的行为是会给大多数人带来最大幸福的行为"。这

---

① 梁小民：《话经济学人》，中国社会科学出版社2004年版，第31页。
② 哈奇逊受萨缪尔·冯·普芬道夫（1632—1694年）的观点影响较大，普芬道夫提出的天赋自由，洛克作为名言"天赋权利"流传于世，而他提出的"有用性和稀缺性是经济价值的决定因素"，被斯密忽略，接受了洛克的劳动价值论。

就是斯密称颂他是"绝不会被忘掉的哈奇逊博士"的原因。

至于友人，那就更多，任职爱丁堡大学时的密友有法律界名流凯姆斯勋爵（亨利·霍姆）、经济学者詹姆斯·奥斯瓦尔德、诗人汉密尔顿、富商安德鲁·科克隆等。尤其值得一提的是1739 年，他结识了著名哲学家大卫·休谟，拜读了其名著《人性论》，从而休谟既成了他的老师，也成了他的朋友，对他的思想影响甚大。1761 年他结识了谢尔本，使他对自由贸易有了更深的认识。在自由主义和经济思想方面，1764 年陪巴克勒公爵的法国之行收益颇丰。他先后结识了大学者詹姆斯、麦克唐纳（爵士）、法国名流伏尔泰、霍尔巴赫、爱尔维修等。而同重农学派的魁奈、杜尔阁的交往，可能对他的《国富论》思想颇有启发，否则，斯密不会想到把《国富论》献给魁奈。对此可以佐证的是斯密旅法返回苏格兰时，带了四大箱书，其中主要是经济学著作，仅保险金就交了 200 英镑，这在当时是一大笔钱。有人指出，斯密关于"看不见的手"的思想实际上受重农学派自然秩序论的影响，这不无道理。

斯密是个遗腹子，在他出生之前几个月父亲就去世了，只剩下孤儿寡母。斯密与母亲的关系是极为感人的，即便以古代中国"以孝治国"的标准而言，也称得上是孝子了。为了侍奉母亲，他终身未娶，在他一生的大部分岁月中，母子相依为命。在他母亲去世后仅 6 年，斯密也紧随而去。不过从中国传统的"不孝有三，无后为大"的标准衡量，斯密是否为孝子，也成了一个"谜"。

二　"斯密悖论"与"水晶之谜"

斯密思想的理论贡献集中于以下几点：

1. 自由放任的经济自由主义体制最能促进经济发展与财富增加。

2. 劳动分工依赖于市场的大小，或劳动分工的水平（二者相互促进）。

3. 市场竞争（"看不见的手"）在分配资源时能将社会福利最大化。

4. 生产成本价值论（包括劳动价值论，劳动是生产成本的主要方面）。

5. 作为自由贸易理论基础的绝对优势理论。

在上述几点中，除了经济自由主义、充分竞争和绝对优势论少有诟病者外，对余下的两点多有歧见。

斯密的全部思想集中体现在两个悖论之中，其一是他的"双重价值论"——既承认劳动价值论又兼顾成本价值论的矛盾。其二是他的《道德情操论》和《国富论》的矛盾。在中国国内诸多版本的经济学说史教程中都认为，前者从人类的同情心出发来研究道德世界，后者从人们的利己心出发来观察经济世界。[①]

笔者认为，对于这两个悖论只有从当时的历史背景进行具体的分析，才能达到清楚的理解。

先来看第一个悖论，究竟是劳动价值一元论，还是劳动价值—成本价值二元论？斯密理论的立足点到底是劳动价值论还是生产费用价值论呢？马克思在继承李嘉图的劳动价值论时对此有过定论，斯密是双重价值论者。中国的经济理论界唯"马"首是瞻，自然长期坚持斯密是"二元价值观"者。虽然蔡继明先

---

① 陈孟熙主编：《经济学说史教程》，中国人民大学出版社1992年版，第132页。

生对此有异议，认为是生产费用价值的一元论，但除了许成安先生等响应外，应者寥寥。为了避免相同的重复论述，笔者将其观点的主要部分予以摘录：[①]

　　诚然，斯密在《国富论》的不同地方分别说过价值决定的两种思想：一方面，所谓的"价值是由耗费的劳动量来衡量"之说，意味着价值源泉是人类的劳动；另一方面，所谓的"价值是由购买或支配的劳动量决定"，意味着价值的源泉不仅包括人类劳动在内，还包括非劳动要素在内。然而，需要我们研究和深入思考的是，为什么斯密在得出"购买劳动决定价值量"的同时，还得出"耗费的劳动量是价值决定的唯一因素"呢？据笔者分析，主要原因有二：首先，从本源上看，劳动是一切财富的本源。"劳动是第一性价格，是最初用以购买一切货物的代价。世间一切财富，原来都是用劳动购买而不是用金银购买的。"其次，从社会的历史发展进程来看，"在资本累积和土地私有尚未发生以前的初期野蛮社会"，劳动是财富制造过程中唯一需要付出的"代价"，至于非劳动要素则可以无代价地或无偿地加以使用。如在斯密所举"捕杀海狸和鹿"的例子中，人们为了获得这两种产品只需要付出自己的劳动，至于捕杀"海狸和鹿"所需要的工具则属于捕杀者自己所拥有，或者说依靠自己来制造。虽然从理论上讲，"海狸和鹿"的价格中应该包括捕杀者的劳动所得工资、捕杀工具的所得利润等部分，但是在现实中，由于捕杀者并不是通过市场的方式购得各种捕杀工具，在劳动者的心目中，也就没有必要将其收入人为地细分为不同的部

---

　　① 许成安："斯密的价值理论并非'双重价值论'"，《经济学消息报》2006年9月22日。

图5—2　斯密时代的手工场

分。自然地，斯密也就认为"在资本累积和土地私有尚未发生以前的初期野蛮社会，获取各种物品所需要的劳动量之间的比例，似乎是各种物品相互交换的唯一标准"。进一步地说，斯密得出"耗费的劳动量决定商品的价值"、"价值量唯一地由劳动付出量决定"的结论是有前提的，这即在"进步社会"之前或者说在非"文明国家""劳动的全部生产物都属于劳动者自己。一种物品通常应可购换或支配的劳动量，只由取得或生产这物品一般所需要的劳动量来决定"。但是，社会一旦进入文明时代，即"资本一经在个别人手中积聚起来……与货币、劳动或其他货物交换的完全制造品的价格，除了足够支付原材料的价格和劳动工资外，还须剩有一部分，给予企业家，作为他把资本投在这企业而得的利润"，这样，"在这种状态下，劳动的全部生产物，未必都属于劳动者，大都须与雇用他的资本所有者共分"。

综上分析，笔者认为斯密的价值理论并不矛盾，斯密的价值理论其实是唯一的，即他主张由"购得劳动量"决定价值，这种购得劳动量在"野蛮社会"就是生产者所实际耗费的劳动量，在"文明国家"则是包括各种生产费用在内。

　　当然，笔者认为斯密的价值理论在总体上不矛盾，并不意味着斯密的价值理论中不存在任何缺陷。实际上，按照现代市场经济观念来分析，斯密的理论中至少存在如下不足：一是他没有考虑到需求因素在价值决定中的重要作用。在《国富论》中，斯密虽然提出了"水与金刚石的价值悖论"，但是却没能提出形成"价值悖论"的原因解释。二是他依据财富的物质性而提出的生产性劳动和非生产性劳动的划分，与现代市场经济下的财富观是不吻合的。三是他虽然正确地认识到了价值的源泉在于购买或支配的劳动，但是由于其文字表述上的混乱与不严谨，导致了人们对他的价值理论产生了较大的误解。

　　对于许成安的观点，笔者是基本赞同的。但提到斯密价值理论中的缺陷问题，笔者另有看法，其原因在于我们不能脱离亚当·斯密所处的时代对他的制约去考虑问题。换个角度来思考，斯密写作《国富论》是从1764年开始的，当时所有引起工业

图5—3　瓦特发明蒸汽机

革命的发明皆未问世。从1705年专门的引擎出现，1733年约翰·K的飞梭成功，1767年哈格里夫的改良纺织机和1771年亚克兰的水力纺织机问世，到1778年瓦特发明蒸汽机，其间只有纺织机和蒸汽机是在《国富论》快杀青时出现的，其运用于工业革命还有一个过程。换言之，机械化代替工场手工业的过程，斯密在写作

时尚未看到，他所看到的分工是工场手工业的分工，他看到的财富创造还主要是依靠工场手工业工人的劳动强度及熟练程度。在这一背景下，斯密认为主要是劳动创造价值是符合当时的生产条件的，也是可以理解的。但即便如此，斯密也从经济生活的正常循环出发，把资本和土地作为生产成本的一部分加以考虑。因为没有资本和土地，光有劳动是无法保证农业经济与手工业经济的循环与发展的。从这个意义上说，斯密是生产费用价值论的一元价值论者。

对于需求因素在价值决定中的作用，也是应该把当时的状况考虑进去的。斯密处在一个市场经济发展初期的时代，是供不应求的卖方市场，供给占主导地位，正是在这一意义上，萨依提出"供给会自动创造需求"的论断（萨依定律）绝不是偶然的。

即便对于"价值之谜"，笔者和斯密的理解也是有区别的，笔者提出的"价值之谜"是斯密理论表述所产生的悖论。而斯密自己还提出过"水晶之谜"。对于斯密而言，他只有这一个是谜。水是生活必需品，对人的价值极高，但价格很低；钻石是奢侈品，并非生存所必需，对人的价值并不高，但价格很高。这种矛盾现象，斯密提出来了，但没有做出解释。这里笔者着重指出的是，从斯密的时代及其理论准备而言，他只能提出以劳动价值论为中心的生产成本价值论，他用客观价值论已经能够说明他那个时代的主要矛盾。可贵的是，对价值性质的问题，他并没有说自己发现的是终极真理。"水晶之谜"的提出，说明了斯密对此的客观态度。正是对这一问题的提出引发了近一个世纪以后的供求价值与边际效用价值论的诞生。仅此而言，斯密对于新古典经济学的催生作用是不可否定的。当然也有学者认为斯密的劳动价值论推迟了主观价值论的降生。

对于斯密以是否生产物质产品来划分生产劳动和非生产劳动

更是与上面所述相联系。既然是市场经济初期的卖方市场时期，以供给为主，那么流通问题、管理问题和人力资本的培养问题等就不可能提上议事日程，而现代市场经济围绕需求的社会服务系统就不可能正常存在，非物质生产的第三产业居于可有可无的地位，这从世界发达国家产业结构转换的指标上充分显示出来。在这种条件下去要求斯密的产业观同现代市场经济相吻合，是否是"关羽战秦琼"？需要指出的是，马克思主义关于生产劳动和非生产劳动的区分正是照搬了斯密的观点，这似乎有刻舟求剑之嫌。而社会主义经济在产业划分上也正是以这一有历史局限性的理论为指导的。与其责备斯密，不如反省传统社会主义经济的产业指导原则。

　　现在分析第二个悖论，即《国富论》中的利己原则和《道德情操论》中的利他原则的矛盾问题。自19世纪中叶德国历史学派的经济学家提出这个问题以后就一直争执不断，熊彼特和罗尔认为这一悖论不存在，历史学派和卢森贝则认为斯密的思想体系中存在利己与利他的不一致性。还有学者认为这一矛盾只是一种表面现象，而并非实际上存在的矛盾，利己正是通过"看不见的手"达到利他的目的。

　　对于这一悖论的解释，梁小民的一段论述颇有启发性：

　　我想对这个问题的解释要从斯密的身份与当时社会科学的状况开始。斯密是道德哲学教授，道德哲学是当时对社会科学的总称，包括了经济学在内的许多学科。斯密讲授的道德哲学包括神学、伦理学和政治学。政治学中又包括了政治经济学。斯密最初的计划是写一部有关道德哲学全部内容的著作，揭示作为自然的人和作为社会的人的本性及其生活的终极目标。但斯密没有完成这个庞大的计划，只写出了有关伦理学的《道德情操论》和有关政治经济学的《国富论》。由于斯密临终前烧毁了他的全部手稿，我们无法了解他这个庞大体系的框架，以及已写出的这两部书之间的内在联系。这就留下了这个谜。

理解这个谜的关键是斯密社会问题的出发点。斯密深受其好友大卫·休谟人性论的影响，并把人性作为他研究的出发点。斯密的研究是要以人性为基础构建一个符合人性的社会秩序，即重农学派所说的"自然秩序"。人性中既有动物的一面，又有天使的一面。从前者出发，人是利己的；从后者出发，人是有同情心和利他的。一个符合人性的社会应该承认人利己行为的合理性，由此出发来建立自然秩序。这就是《国富论》中论述的由价格调节的市场经济秩序。但人又有同情心，这就要求人要适当抑制自己的利己本性，社会也应该有道德规范，人应该有利他精神。"道德情操"一词指人判断克制私利的能力。《道德情操论》一书正是论述人如何在社会中控制自己的私欲和行为，使社会是一个有道德的社会。完整地理解斯密的思想应同时重视斯密在这两部书中所表达的观点。

斯密之谜在某种程度上反映了市场经济的内在矛盾。市场经济承认人利己行为的合理性，但也需要道德与正义。私欲与道德、利己与利他是市场经济的内在矛盾。从这种意义上说，斯密之谜并不是斯密的失误，而是这种矛盾的反映，是斯密思想的深刻之处。利己与利他的矛盾存在于任何一个市场经济社会中，也是这种经济产生许多问题的根源。

市场机制如何协调这种不一致性呢？斯密也给了我们一些思路。一是发挥"看不见的手"的作用，让价格把利己行为引导向有利于整个社会，即实现利他。市场机制是统一利己与利他的保证。把利己与利他对立起来，认为只有毫不利己才能利他是一种形而上学的观点。二是建立社会道德和法律制约机制。《道德情操论》论述道德规范问题：从《亚当·斯密关于法律、警察、岁入及军备的演讲》（英国经济学家坎南根据斯密一个学生的笔记整理出版）来看，斯密还要写一本"说明法律和政治一般原理"的书。这本书应该是讲立法规范的。所以，应该说，斯密之谜反映了市场经济的内在矛盾，而且可以在市场机制基础上用道德与立法来解决。只不过斯密没有来得及把这些思想全讲出来而已。

　　梁小民的说法不失为对这一悖论的一种合理解释。那么是否还有更接近历史的说法呢？笔者认为从时间序列和对他最有影响的人物所作用的时间段来做对应性分析更有说服力。

　　斯密最先受到影响是在格拉斯哥大学，即著名哲学教授弗朗西斯·哈奇逊，时间是在 1737—1740 年间，也就是斯密 14—17 岁之间。哈奇逊的自由主义思想和为"最大多数人的最大幸福"的功利主义观念影响了斯密世界观的形成，可以断定，这种思想对斯密的思想框架有决定性影响。但是，这一时期，斯密还没有对自由主义经济学产生深刻的理性认识，只有对哈奇逊观点的模糊认同。

图 5—4　《国富论》

1739 年斯密结识了亦师亦友的青年哲学家大卫·休谟，休谟的名著《人性论》当时对斯密的影响甚至超过了哈奇逊。之所以这样说，是因为从时间上看，斯密酝酿写《道德情操论》是在 1751 年回母校教授伦理学后开始的，这是他授课的讲义的一部分。1759 年，该书出版。也就是说，英国资本主义发展中一系列社会矛盾已经引起了斯密的认真关注，而休谟的人性论思想影响和启发了他，同时伦理学和道德哲学的讲课又促进了他对道德情操意义的研究。正是在 1740 年至 1754 年之间，他就道德情操问题对苏格兰资本主义社会发展的必要性的意义有了理性的认识和充分的把握。而此时，他的经济自由主义思想还没有成熟，充其量只形成了一些朦胧的观点。当时他才 30 多岁，能写出《道德情操论》，其中休谟的思想影响是一个巨大因素。

有经济学说史教程指出，18 世纪 50 年代初期，斯密的经济自由主义思想就已经提出来了，即斯密在格拉斯哥大学讲课期间，曾在本校一个学会上公开发表坚持实行经济自由主义的主张。那么，既然如此，斯密为何在 25 年之后才发表《国富论》呢？只能说斯密的经济思想还远没有成熟。即便从 1759 年发表《道德情操论》到 1776 年，也有 17 年时间。由此可以得出结论，斯密在写《道德情操论》时，的确是把人性论作为研究的出发点，希望人用道德自律来达到社会的和谐。这时候斯密还是一个理想主义者。

1764 年，斯密陪同布莱克公爵到欧洲大陆游历达 3 年之久。在访法期间结识了重农学派创始人魁奈和代表人物杜尔阁并着手起草《国富论》初稿。这绝不是偶然的，它说明正是同重农学派代表人物的思想交流促进了他自由主义经济思想的成熟。① 从年龄来看，50 多岁的斯密，已是一个洞察世事、深思熟虑的人，头脑中所储存的不仅有书本学问和抽象思想，而且也有得自观察的丰富的素材。对于如何解决市场经济的内在矛盾，取得利己和利他的统一，斯密已经从乞灵于个人道德修养上升到了利用

---

① 斯密在论及重农学派时指出，重农学派认为国家财富是由再生产的可消费货物构成，并且使其最大增长的唯一有效办法是完全自然、自由的体制。这一观点对他有很大影响。

"看不见的手"，通过利己而达到利他的目的。充分竞争、价格
调节的市场机制是统一利己和利他的保证。社会的自然秩序应该
是，"一个符合人性的社会要承认人利己行为的合理性，把利己
和利他对立起来，认为只有毫不利己才能利他是一种理想主义的
形而上学"。至此，斯密已经成为一个现实主义者了。正是在这
一意义上可以说，斯密从写作《道德情操论》到发表《国富论》
的过程，是他对资本主义市场经济内在矛盾的认识从一个幼稚的
理想主义者变为一个成熟的现实主义者的过程，或称之为经济决
定论者的过程。这是一个思想的飞跃。可以断定，自从斯密完成
了《国富论》以后，对于《道德情操论》所提出来的以内省的
克己解决利己的想法也完全让位于以外在的"看不见的手"的
思想。有学者指出，斯密在承认市场机制的同时，还希望建立社
会道德与法律制约机制。似乎斯密是一个既求助于内省，也求助
于市场机制和法律机制的人。其实这是一种误解。《国富论》的
发表，证明斯密是一个彻底的经济自由主义者。谈到法律机制，
这不仅不能作为斯密对自由市场竞争机制需要补充的理由，相
反，它充分表现了斯密对于如何完善市场竞争机制的深刻认识：
创造一个适宜充分竞争的法制环境，是政府的主要责任，而这也
是他给予政府发挥作用的唯一领域。从英国经济学家坎南整理一
个斯密学生的笔记出版的《亚当·斯密关于法律、警察、岁入
及军备的演讲》（另一名为《法学讲义》）来看，斯密原本确有
意写一本有关立法规范和政府作用的书。但是我们还应该注意
到，即使是这一思想，斯密也没有贯彻到底，这从他多次要求友
人焚烧手稿一事充分反映出来。在斯密任海关总监时，斯密同两
位友人（其一是近代化学祖师 J. 布莱克）长期在周日晚于爱
丁堡的Travern 聚餐，他去世前数月曾要求两位友人将其全部手
稿——"除少部分值得出版的"——烧毁。这种请求其实已重

复多次，均为友人所拒，到斯密逝世前一周，他以"快邮"通知两位友人到其居所焚烧手稿。十六卷手稿付之一炬，而这些手稿恰恰是他大学时的讲义，当年有位学生原原本本记录下来了。经济学家坎南整理出版的正是这一份记录稿。焚烧这些手稿成了斯密的夙愿，这是令人费解的。一般而言，学者对于未出版的手稿都是极为珍惜的。按斯密做学问的严谨态度来看，他极力焚毁书稿只有两种可能，一是这些手稿还不够完整，不能反映他原来成体系的思想，二是这些手稿已完全无存在的必要，留下来甚至会造成人们对他的主体思想或《国富论》的误解并引起思想混乱。笔者认为主要是后者。无论是哪一种可能，都只能说明斯密对其《国富论》是欣赏有加的，他已经通过"看不见的手"理论（其中内含"制度刚性"）克服了利己和利他的矛盾，达到了经济一元决定论而非道德—经济二元协调论的境界，他可以瞑目了。至于是否还需要在法律方面提醒政府有所作为，已经不重要了，因为法律制度是市场经济应有之义，其发展过程就是法律制度不断完善的过程，是"看不见的手"指导规则的制度化，故称市场经济为法制经济和契约经济。这就是斯密坚持焚毁手稿的原因，从而也可以佐证斯密对于《国富论》的满意之情。

小 结

在亚当·斯密的《国富论》中，自由放任原理成为一个思想体系的基石，并且扎根于一种宽容开通的哲学思想之中，这种哲学思想也构成了《国富论》的一个基本部分。自由放任原理、竞争和劳动价值论，是经济学古典学派学说的主要特征。这一学派由斯密、萨依、马尔萨斯、李嘉图和穆勒组成。总体上说，这一经济学史上的第二个学派在 1776 年《国富论》出版后的 100

年间处于主导地位。但并非所有古典经济学家在所有细节上都遵循斯密确立的模式，比如，自然法、天赋权利和牛顿式的自然秩序让位给了其他的先入之见，有些作者立足于更加强调效用原理作为自由放任的基础，有些作者不那么愿意把在竞争之中按照社会达尔文主义的方式进行斗争以及适者生存看做是个人的一种自我实现。在方法问题上，与斯密相比，别的学者可能变得更加抽象、教条和脱离实际。斯密很有限制地使用貌似具有普遍适用性的"经济法则"一词，他的经验研究的癖好和历史感使他能够容许自由放任有更多的例外。

19 世纪，古典学派遇到了三次挑战，第一次来自历史学派，第二次来自社会主义者，第三次来自 19 世纪 70 年代的边际效用经济学。尽管古典学派在历史学派经济学家和社会主义者的攻击下坚持下来，但是第三次进攻使它的价值理论瓦解了。在 20 世纪，凯恩斯对于自由放任的挑战向古典经济学的真正基础的合理性提出了质疑。凯恩斯习惯于把所有前凯恩斯的经济学统称为古典经济学，这并非完全没有道理。在他的作品中，一种称号会从一种褒奖转换为一种责骂，曾经应该是表示优秀的名称现在却预示着过时。

但是，对凯恩斯而言是过时的东西在两世纪前却是革命性的，古典经济学的主张与经济学思想的更早的潮流形成明显的对比。中世纪的学者倾向于依赖善行施舍作为解决经济问题的一种手段，他们推崇追求国家利益，并且在其中发现了权势和繁荣的线索。重农主义者继而充分利用农业的重建作为消灭稀缺与贫困的手段。古典经济学则认为，上面这些解决办法都是错误的。中世纪学者呼吁善行，改革者呼吁信仰，而古典经济学两者都不需要，他们关心的是此生而非来世。斯密透彻地阐释了自由放任这一天赋自由的体系的必要性，并视之为给一国带来财富的最好的手段。在这样一种体系之中，个人可以追逐自身的私人利益，但是，不管其本意如何，一种天佑神助般的秩序会趋于把对私利的追求转变为一种促进社会利益的手段。①

斯密自由放任的经济思想经过一个半世纪的风雨洗礼，今天仍然散发着魅力，供给学派进入经济思想的主流即是明证，新古典经济学正方兴未艾。新的国际经济关系是走向斯密还是远离斯密？一贯标榜经济自由主义，曾经青睐自由贸易的发达国家现在又变着法搞贸易保护主义，重新祭起重商主义的法宝，着实让人一头雾水。而发展中国家是选择疏离斯密还是亲近斯密，这也许又是一个谜。

对于古典学派的历史命运，只能从发展的眼光来看待，时代的局限性对于任何人都是存在的，连智者也不例外。有极少的天才远见，之所以在天才的时代无人理睬，是因为那个时代对其没有需求。也许，尊重历史、与时俱进才是人们应该做的。

---

① ［美］亨利·威廉·斯皮格尔：《经济思想的成长》，晏智杰等译，中国社会科学出版社 1999 年版，第 209 页。

第六章

花有几样红
——各领风骚的古典经济学家

在亚当·斯密之后，古典经济学进入了全盛时期，群星灿烂，思想迭出。其代表人物既有引领主流的萨依和李嘉图，也有执非主流之牛耳的马尔萨斯和西斯蒙第，还有完成古典经济理论之综合的约翰·穆勒。萨依把斯密的以供给为基础的自由市场理论发扬光大和更加简约化；李嘉图推广《国富论》中抽象的演绎法，使之成为经济学主要的研究方法，同时将斯密的劳动价值论置于更加重要的地位；马尔萨斯独树一帜，以人口原理从另一面支持了斯密的《国富论》，并为其后的工资理论奠定了基础。除了发展斯密的古典理论外，他们都在各自的著述中提出了对其后的经济理论有相当影响的观点。例如，马尔萨斯和西斯蒙第几乎同时对萨依定律（供给会自动创造需求）提出了质疑，颇有预见性地指出了自由市场经济会存在有效需求不足，进而发生经济危机的可能性。这一观点到 20 世纪 30 年代才为人们所认识。萨依则系统阐述了效用价值论，对企业家职能性质进行界定，前者构成现代微观经济学价格理论的基础，后者成为现代企业家理论的重要源头。

一　被后世误批的经济学奇才马尔萨斯

托马斯·马尔萨斯（1766—1834 年）出生于英国的乡绅之家，祖父辈曾供职于宫廷与军队。马尔萨斯学习和毕业于剑桥大学耶稣学院（神学与哲学），先在剑桥从事研究，后任乡村牧师（1796 年），两年后，匿名发表了《人口论》，1803 年以实名出版《人口原理》（第 2 版）而闻名于世。1805 年任东印度学院的历史与政治经济学教授。此间，他发表了数篇对经济学有一定影响的著作：《政治经济学原理》（1820 年）、《地租的性质与发展的研究》（1815 年）、《价值尺度》（1823 年）。

（一）　马尔萨斯的《人口论》：先驱与背景

正如在第一章中所阐述的，任何理论的形成都有其自身发展的逻辑和社会需求，马尔萨斯的《人口论》也不例外。人口必须一直保持在生存水平以下是马尔萨斯的先驱们所长期观察到的。早在1588 年，意大利人吉奥凡尼·博特罗就在《城市的伟大》一书（1606 年译成英文）中指出了人的生殖能力与找到生活资料的能力的不协调。法国哲学家、启蒙运动的怀疑论的早期代表皮埃尔·培

图 6—1　马尔萨斯

尔在《历史批判辞典》（1697 年）中曾提到，在医学方面，生育控制在 16 世纪是常识而在 17 世纪则广为流传。孟德维尔提出了罪恶限制人口增长的观点，他甚至认为外科医生与吸毒者皆属于

限制人口增长的因素。坎蒂隆极端地指出，若非受到生活资料的限制，人类的繁殖与仓鼠无异。斯图亚特更为形象，把人口增长比作一根压着砝码（代表对生活资料需求）的弹簧，只要生活资料允许，人口必然迅猛增长。配第、本杰明·富兰克林（曾任美国总统）甚至对人口翻一番所需时间作了估计。意大利人吉玛利亚·奥尔特斯在其著作《关于人口的思考》（1743 年）中也表达了按几何级数增长的人口和生活资料的增长之间的矛盾。他甚至断言，30 亿人是全球人口增长的极限。罗伯特·华莱士在《人类不同的前景》（1753年）中悲观地表示，理想的有秩序的社会始终受到人口压力的威胁。上述这些先驱者的观点启发了马尔萨斯，斯皮格尔甚至认为，马尔萨斯的人口论"正是对许多思想潮流的巧妙系统的组合，对一个重要问题的戏剧化"。[①] 也就是说，从理论形成的自身逻辑而言，马尔萨斯的《人口论》出台已具有"瓜熟蒂落"的性质。

从《人口论》的社会需求来看，马尔萨斯的理论出笼也含有"水到渠成"的意味。马尔萨斯的青年时代，是法国大革命发生并产生重大影响的时期。法国革命对以路易十四为代表的封建王朝以毁灭性打击，这对渐进式改革的君主立宪制的英国社会冲击极大。这种外来冲击正好发生在英国工业革命与城市化如火如荼进行的社会转型时期，社会矛盾激化，社会的整体富裕与贫困人口增加互相矛盾；人口迅速向城市转移与城市的发展不相适应；大量的农村人口不适应工业化，农村纺织业的全面破产和城市纺织业的全面兴起造成了大量失业人口；完成了资本原始积累的资产阶级同广大工人贫富差距进一步拉大，工人生活条件恶劣，他们对工业化和城市化的不满情绪与日俱增。法国革命对于这种激化

---

① 〔美〕亨利·威廉·斯皮格尔：《经济思想的成长》，晏智杰等译，中国社会科学出版社 1999 年版，第 240 页。

的矛盾犹如火上浇油，许多人对法国大革命支持并向往。[①] 内外矛盾的互相激荡引发了英国民众示威，激进的知识阶层也没闲着，其代表人物，《常识》（1776 年）的作者托马斯·潘恩在《人权论》中攻击君主立宪并提议进行激进的改革。英国社会何去何从？是以法兰西革命为榜样，自毁君主立宪制度，还是坚持渐进的改革，以法律和秩序为基准促进社会繁荣？ 在这一基本问题之下，首先要弄清楚英国社会的主要矛盾是由基本制度重大缺陷还是由其他原因引起，即此矛盾的实质是什么，如何解决。这引发了人们的思考，也成了当时的热点问题。

　　面对社会基本矛盾问题，先有一些激进的著作问世，把矛头指向私有制和政府，倡导激进的革命。除潘恩以外，其中的代表作是英国的威廉·葛德文（Godwin William，1756—1836 年）出版的《政治正义论》（1793 年）和法国的马里·让·孔多塞（1743—1794年）发表的《人类理性发展的历史观察概论》（1794 年）。前者是伏尔泰的"粉丝"，一位理性至上者和无政府主义者，后者则信仰代议制政府。葛德文认为，人口压力对于理性所引导进入的现存社会没有任何威胁，对人口增长持乐观态度，认为贫困的产生不在于人口增长过快，而在于政府的非理性存在及土地垄断等制度所致。人口永远保持在生存手段的水平之下，这是人类社会中的一个原理。在人口压力起作用的地方，不是自然界的问题，而是不良制度的结果。这可能是最早的在人口问题上同以后的马克思主义者极为相似的观点。孔多塞在数学和哲学上有引人注目的成就，是一位思想超前的社会学家。[②] 他对人类前途很乐观，认为科学进步将改变人类生活

─────────────

　　① 这种情况在雅各宾专政的恐怖统治（1793—1794 年）后才有较大改变，人们对狂热的暴力革命产生了恐惧，转而支持保守和渐进。
　　② 孔多塞的思想反映了启蒙时代的基本方面，他之后的时代实现了他的许多观点：废奴、公民自由、妇女解放、政教分离、多层次的公共教育等。

的面貌，人口的压力不是问题。知识的成长能开发出养活比以往更大数量的人口的新方法。①

（二）马尔萨斯《人口论》的主旨：减人增效、加速积累

由于法国革命引起的政治上的争论，本质上是如何对待贫困的问题，马尔萨斯便从人口与贫困的关系提出了解决之道。引起他选择切入点的是葛德文的《一个研究者论教育道德和文学》，即针对这一文章中的观点以及葛德文、孔多塞的社会未来可完善性的观点。

马尔萨斯对此不以为然，他认为斯密自由放任的思想是促进社会进步的明灯，但是即便如此，一个国家也会面临对于社会福利的各种严重障碍，人口的自由放任造成的巨大压力便是其中之一。

他认为，在人口问题上，葛德文的哲学是唯理性的，以空想代替现实，以推测取代经验。他自己的哲学是尊重现实、尊重历史、尊重经验的。在现实主义哲学指引下，马尔萨斯认为，从土地肥力递减角度和人的情欲的不可抗拒性出发，贫困问题应是一个道德问题，产生于两个基本前提：第一，"食品是人类生存的必需品"；第二，"两性之间的情欲是必需的，且始终保持着亢奋状态"。这用中国古代思想家孟子的话来说，就是"食色性也"。二者合起来产生了一个基本原则，即"人口的增长大于人们可能拥有的生活资料的增长"。同时，他还以英国和美国的数据为例，提出了美国人口每25年翻一番的几何级数与英国土地生产物只能以算术级数增长的两种级数的巨大差异问题。这就构成了一个多世纪后发展经济学中的"马尔萨斯陷阱"。由此推论

---

① 孔多塞的乐观人口思想具有历史进步的性质的一面，欧洲社会的发展证明了他的预见；但他"理性的成长将会阻止人口在世界上增加到它不能支持的数目"的观点没有得到占人口多数的发展中国家的响应，人口问题在他逝世两个世纪以后反而越来越严重了。

出，贫困的原因在于贫困人口本身太多，形成了一种贫困的人口的数量与贫困的生活质量的恶性循环。根据历史的经验，马尔萨斯指出，抑制人口增长有两种方式：其一是积极的抑制，即战争、瘟疫、自然灾害造成人口减少；其二是预防性（道德性）抑制，即人们预计到各种情况而自愿地晚生育、少生育甚至不生育。但对于道德限制的可能性，他很不乐观。换言之，他把抑制人口的方式重点放到了非道德的积极抑制上。①

（三）一个金币的两面：《国富论》与《人口论》

在诸多对马尔萨斯《人口论》的评论中，对其与斯密所倡导的自力更生的自由放任的经济学的关系所论甚少，这不能不说是一个缺憾。《国富论》和《人口论》的关系被忽略，实际上是一个认识角度的问题。斯密的《国富论》偏重于通过经济增长发展，提高供给来促进国家的富裕，是从正面增加价值的战略考虑；而马尔萨斯是通过抑制人口减少无效消费来使财富的积累成为可能，是从反面减少财富消耗的宏观意见。二者犹如一个硬币的两面。斯密的方向是食物—人口，以增加财富满足需求；马尔萨斯的方向是人口—食物，以控制人口达到满足需求的目标，二者是殊途同归的。从根本上说，马尔萨斯的《人口论》是对《国富论》的另类诠释和补充。有一种观点以马尔萨斯主张控制人口（而非人口的自由放任）来作为与斯密相悖的结论，是一

---

① 归纳起来，马尔萨斯在《人口原理》中提出了人口发展的四个观点：1. 两个"级数"：人口增长为几何级数，食物增长按算术级数。2. 两个"公理"：食物为人类生存所必需；两性间的情欲是必然的，且几乎会保持现状。3. 三个命题：人口数为生活资料所限制；人口增长的必然性；抑制人口增长使之与生活资料相平衡的力量可归结为道德的节制罪恶和贫困，符合生存竞争的自然规律。4. 两种抑制：积极抑制（自然抑制），过早结束人的生命；预防抑制，指晚婚晚育、不结婚、不生育。

种不知其所以然的表现。从这一意义上，在斯密之后真正（而非表面上）坚持和发扬斯密的《国富论》的价值观点的，应首先归于马尔萨斯而非他人。

马尔萨斯第一次明确论证了控制人口增长对于财富积累的重大作用，把人口问题纳入了经济学范畴，这也是马尔萨斯之所以成为人口经济学鼻祖的原因。从更深的意义上说，计划生育在理论上应从马尔萨斯开始。

（四）《人口论》的影响：西方不亮东方亮

首先，马尔萨斯的《人口论》影响了人类计划生育的过程，这一进程是从弗朗西斯·普雷斯开始的。1822 年，普雷斯在《人口原理的说明与论证》中提出来。这位 15 个孩子的父亲可能对自己的生育数量有了一定的困惑才有了探究这一问题的兴趣。他通过李嘉图借到了 1817 年第 5 版的马尔萨斯《人口原理》，细心研究了它并深深受到了震撼。但他并不认同马尔萨斯完全把贫穷归于人口压力的意见。他认同激进主义者把贫穷归于制度和政策，但对葛德文在人口问题上的乐观主义持否定态度。同时他对马尔萨斯的第三种抑制（道德的自制）的有效性没有信心。他转而推荐另一种预防性抑制——避孕法。马尔萨斯从宗教的角度认为这是一种邪恶的方法，他毕竟于 1798 年加入英国的僧籍并担任过小镇牧师。

普雷斯控制生育的思想对穆勒有决定性影响，1808 年，正是穆勒把《人口原理的说明与论证》交给李嘉图推荐给出版商的。1818 年，他在《殖民地》一文和 1821 年的《政治经济学原理》中都推荐了生育控制。有趣的是，穆勒是唯一因散发普雷斯的控制生育的传单而被捕的经济学家。

斯皮格尔评论道："19 世纪英美等国出现的控制生育运动，

来自普雷斯的书，更多地是来自他及其追随者不倦的宣传活动，尽管控制生育的实践可以追溯到古代，但是有组织的宣传和相关信息的传播直到19世纪才发展起来。在19世纪60年代，宣传控制生育者开始被叫做马尔萨斯主义者，在19世纪80年代叫做新马尔萨斯主义者。就马尔萨斯不赞成避孕的宗教观点而言，这些或许是错误的名称，但正是他敲响了使其他人兴奋地赞成控制生育的警钟。"（斯皮格尔，1971年）

其次，马尔萨斯的《人口论》影响了进化论的发现。动物学家和植物学家仍从马尔萨斯的决定论的无情作用中，找到了自己的理论模型。达尔文和 A. R. 华莱士各自分别独立地得出了进化论，二者都表示马尔萨斯的《人口论》对他们的发现有巨大的启迪作用，对他们理论形成有决定性影响。据说达尔文是想把《物种起源》（亦称《进化论》）献给马尔萨斯的。[①] 略加考察，是人把人从动物界形而上学地彻底分开，完全否认了人的动物性及其与自然的关系。

据达尔文回忆，1836年，他完成了乘坐"间谍号"的旅行返回英国后，苦恼于"收集了大量材料但没有任何理论"，他观察了人怎样通过人工选择成功地繁殖动植物，正在摸索一种进化理论来说明自然选择。1838年10月，他偶然"为了消遣的目的翻看了马尔萨斯的《人口论》"，自然选择的理论油然而生。马尔萨斯关于生存竞争和几何级数的观点，能够说明动植物的进

---

① 关于此事，达尔文在《自传》中曾做过明确的表述。他写道："1838年8月，即我开始有系统的调查工作之后15个月，我阅读马尔萨斯的《人口论》以资消遣，同时由于长期观察动植物的习惯，当然不难认识随处可见的生存竞争的事实，于是我恍然大悟：在这种环境下，有利的变化势必保存下来，而不利的则归于消灭。这样的结果便是新物种的形成。这时，我终于得到了一个可以作为工作根据的学说。"（达尔文：《物种起源》，谢蕴贞译，科学出版社1955年版，第405页）

化，物竞天择，适者生存。随着达尔文主义的兴起，再次把这些思想应用到人的社会和经济生活的竞争之中，出现了社会达尔文主义，于是，这个循环又完全回到了马尔萨斯。（如图6—2）

马尔萨斯人口原理（社会与经济）→ 马尔萨斯主义 → 达尔文《进化论》

（动植物）达尔文主义 → 社会达尔文主义马尔萨斯（社会、经济）

图6—2　《人口论》与《进化论》

最后，马尔萨斯的人口论为工资理论的发展奠定了基础。不考虑科技水平的提高，在劳动生产率既定的前提下，工资的水平同劳动力的供给水平呈反方向运动，即 P＝工资／劳动力，这就是马尔萨斯在工资与劳动力的关系上要告诉世人的。福斯菲尔德指出："尽管这种观点带有悲观主义色彩，但它为经济增长指出了一条希望之路。经济扩张可以增加食物供给，后者可以使经济进一步增长所需之劳动力数量得以增加。马尔萨斯表明的是，劳动力规模并不是经济扩张的障碍，劳动资源将随经济的增长而扩大。这一进程需要资本的投入来启动。"[①]　在这里，资本是关键性因素。

（五）三角关系：《人口论》—《进化论》—《资本论》

如何评价马尔萨斯的人口论，近两百年来，也是见仁见智、莫衷一是。其中最有趣的莫过于马尔萨斯、达尔文和马克思三者之间的关系了。达尔文想把《进化论》献给马尔萨斯，因为正是《人口论》深刻影响了《进化论》的形成；而马克思把《资

---

① ［美］丹尼尔·R. 福斯菲尔德：《经济学家的时代》，杨培雷等译，上海财经大学出版社 2003 年版，第 60 页。

本论》献给了达尔文①，却对社会达尔文主义深恶痛绝。同时，这个问题产生在欧洲，但欧洲却没有出现人口问题的恶魔，对其评价的真正影响都发生在亚洲、非洲，这是马尔萨斯做梦都不曾想过的。

对马尔萨斯《人口论》的思想的评价，归结起来有三种倾向：肯定、修正和否定。

对历史上一个理论的评价，不能仅仅从当时的历史条件、受欢迎的程度及对当时的影响为立足点，也不能仅仅从理论的论据本身所涉及的范围及其缺陷为基础，更不能从宗教教义与道德的角度来评判，而是要以该理论对社会发展所起的警示、指导作用来认识，这是一个历史唯物主义的基本原则，否则，理论伟大与否就无从判别。

在马尔萨斯《人口论》问世之前，潘恩与葛德文都认为资本主义全面形成时期贫困与两极分化等社会问题恶化是因为社会制度的重大缺陷与政策失误的结果。在《人口论》问世后，先有欧文的社会主义学说，后有马克思、恩格斯对《人口论》的批判，都认为人口过剩是资本主义自身的产物，也是其制度存在的需要。② 只要资本主义制度一天不消灭，那么人口过剩与贫困和罪恶的存在是必然的。只有进行社会主义革命，消灭了资本主

---

① 马克思还主动与达尔文建立联系，他把《资本论》德文第二版寄给达尔文。达尔文也为此给马克思写了一封热情洋溢的信。信的内容是："亲爱的先生！承您盛情将您关于资本的伟大著作寄给我，十分感谢。我衷心希望对政治经济学的那些深刻而又重要的问题能有更好的了解，以便对您的馈赠当之无愧。尽管我们的研究领域迥然不同，我仍然认为我们两人都渴望扩大自己的知识，而这归根到底无疑会有助于人类的幸福。"（《博物》1980 年第 2 期）

② 《马克思恩格斯全集》第 26 卷，人民出版社 1973 年版，第 122 页；第 23 卷，第 692、699 页。

义，人口问题才能迎刃而解，贫困与罪恶才能随之消失。[①]

从这种批判性观点认识马尔萨斯及其《人口论》，马尔萨斯就是资本主义的辩护士，《人口论》是对工人阶级及劳动者仇视的产物。那么，马尔萨斯就是一个心地恶毒的资产阶级御用文人。

马克思和列宁的这一观点对其追随者和崇拜者的政策有着极其深远的影响，对于这种政策而言，马克思主义意识形态占主导地位的国家对控制生育的敌视态度，是理所当然的（斯皮格尔，1971 年）。

对《人口论》持修正态度集中在 19 世纪 20—30 年代，代表人物是纳索·西尼尔、W. F. 劳埃德（牛津新设立的德拉蒙德政治经济学讲座的早期主持人）、理查德·琼斯（马尔萨斯在哈利伯雷讲座的继承者），他们修改了马尔萨斯的理论，提出三种抑制并非是无所不包的。西尼尔认为，"对附加的舒适品、便利品的品位"，这在一个进步的社会中是劳动阶级共享的。这应该加在三种抑制之上。琼斯提出了和西尼尔类似的"中性抑制"，即满足生存需要之外的"次等需要"，并且提出了类似以后的经济学家提出的"恩格尔系数"的概念，对"次等需要"的追求会对生育率起抑制作用。劳埃德提出，赶超其他人的愿望会引导人们在生育问题上的谨慎。这同样是一种抑制。

凯恩斯在 1919 年《和平的经济后果》一文中则指出，如果说 18 世纪以前马尔萨斯放出一个魔鬼是为了对付一个虚假的人口过剩的假象，那么，现在我们又把它放开了。他在 1922 年提供了一幅"马尔萨斯岛"的照片，并配有解说："诺森伯兰海岸

[①]　《列宁全集》，人民出版社 1984 年版，第 414 页。

之外的岛屿上的这些海鸥并肩站在其卵上，覆盖了全岛。如果多生一个蛋，就会有另一个卵滚进海里。通过这种精巧的社会风俗，人口能够保持在一个稳定的状态。……（在那些至少那个时代要给我们带来一个答案的问题中）世界上最有趣的问题是，经过短期的恢复，物质上的进步是否会重新开始？或者另一方面，19世纪那个宏伟的插曲是否会过去？"（斯皮格尔，1971年）。事实证明，凯恩斯的上述观点并非空穴来风或杞人忧天。人类从19世纪中叶的10亿人到1920年的20亿再到20世纪末的60亿人，150年中，人口增加了5倍[①]，人口增长的速度是大大加快了，而资本积累和人口增长之间的矛盾，这一"马尔萨斯陷阱"的存在愈来愈明显了。发达资本主义国家人口的缓慢增长与东方社会主义国家人口的过快增长，形成了鲜明对比，它以事实否定了人口增长的制度性对应的论断（如果肯定东方社会主义性质的话）。人口过剩与社会制度的性质并没有对应的关系，而只与社会的发展阶段及文明程度有密切联系。欧洲和北美地区在工业化的进程中成功地处理了经济发展与人口增长之间的关系，富裕的速度和社会的进步越来越快。[②] 二次大战以后，亚洲、非洲、拉丁美洲的人口过快增长又是难以否定的客观事实，贫困和人口过剩的恶性循环使马尔萨斯的人口陷阱理论显得越来越重要。正是在这个意义上，马尔萨斯的名字不再代表他的"臭名昭著"的理论，而是已经成为警告世界人口爆炸的象征。

---

　　① 仅从1920年到1981年的61年间增加了25亿，相当于1950年以前200年间世界人口的总和。

　　② 美国《财富》双周刊2006年11月13日一期文章"凯尔特虎不再咆哮了？"指出，爱尔兰在一代人的时间里从欧洲的边缘穷国变为欧盟第二富国（人均GDP），主要归功于人口控制因素。1985年的抚养率为2.3/人，20世纪80年代末出生生率下降，2000年降至欧盟平均水平。由此可见，即便是发达国家也有人口问题，何况发展中国家。

（图6—3）当中国和印度的崛起初见端倪之时，有人认为不断增长人口是一个大国崛起的重要因素，从另一个方面为放松计划生育提供支持。笔者认为，这种观点对于中国来说是极为有害的，要想成为世界强国，必要的国土面积和相应数量的人口形成国内外市场和人力资本储备是必要的，但绝非人口越多越好。从历史经验来看，也许中国拥有5—7亿人是最佳的人口数量。随着社会现代化水平的提高，人口质量和结构优化更为重要。

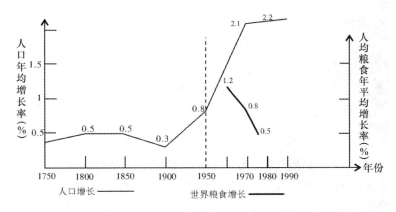

图6—3　世界人口增长率（以亚洲为例）与粮食增长率对比图

资料来源：林富德编：《世界人口与经济的发展》，中国人民大学出版社1980年版，第13页。

注：①在亚洲、非洲、拉丁美洲中，亚洲人口增长率是最低的，故选入图示。
　　与图示年段对应的非洲人口年均增长率分别是0.02、0.07、0.4、1、2.3、2.7。
　　与图示年段对应的拉丁美洲人口年均增长率分别是0.8、0.9、1.3、1.6、2.8、2.7。
②世界人均粮食产量从1950年开始，共3个时间段：1950—1960，1960—1970，1970—1980。
③从图示看出人均粮食的增长率远远赶不上人口年均增长率。

（六）现实与代价——出生浪潮与银发浪潮的更替

对于马尔萨斯的人口思想，反应最激烈的国家莫过于中国

图6—4　马尔萨斯一直是中国经济学界批判的对象，这是众多批判著作中的一本

了。20世纪50年代中期，北京大学校长、著名经济学家马寅初先生根据对中国农村的实际调查，得出了中国人口增长过快，资源（尤其是土地）压力过大，不利于经济发展的结论，并写出了《新人口论》警示国人。出乎意料的是，新执政的领袖却反其道而行之，认为中国是人越多越好，并且仿效苏联要奖励多生孩子的"英雄母亲"。为了领袖的"金口玉言"，马寅初便成了被恶魔化的马尔萨斯的代言人，痛加批判，全民共伐之。其结果是批了一个"马"，多生5亿人。上个世纪70年代中期，在人口的巨大压力面前，不得不把严格控制人口、实行计划生育作为基本国策，而这又造成今天中国提前成为人口老龄化大国。历史真是开了个大玩笑，在人口问题上的重大失误，造成现在中国社会诸多矛盾的激化和压力，这个巨大包袱，可能要继续背上半个多世纪。

（七）为第三产业辩护：马尔萨斯的有效需求不足理论

马尔萨斯在经济理论的贡献历来为人们所忽视，评价很低。"马尔萨斯的经济理论完全是应时之作，而且是依靠他的前人（主要是亚当·斯密）和同时代人（主要是李嘉图）的著作来

'讨生活的'。"①

"马尔萨斯愿意有资产阶级生产，只要这一生产不是革命的，不形成历史发展的因素，而只是为'旧'社会造成更广阔、更方便的物质基础。"

事实是否如此呢？答案是否定的，仅以《人口论》对《国富论》别具一格的继承和发展，就对这一种评价给了否定的回答。而就马尔萨斯指出的有效需求不足的危机论而言，是对斯密的价值实现理论的重要补充，从而使之更加完善。马尔萨斯对自由竞争的市场经济发展的内在机制的深刻洞察力早已超过了他同时代的其他古典经济学家，他对经济学流变的影响也非其他古典经济学家可比。

为非生产性消费辩护，在第三产业存在的必要性方面，马尔萨斯也有独到见解。在商品的实现方面，马尔萨斯说，一些有才能的学者，如萨伊、詹姆斯·穆勒、李嘉图等都认为只存在某些特殊商品的过剩，或叫做局部过剩，一般商品过剩则不存在。他们认为商品总是与商品交换的，其中的一半商品将为另一半商品提供市场。生产就是需求的唯一来源，一种商品的供给过多，不过说明另一些商品供应不足，只要调整另一些商品的供给，就不会出现一般商品生产过剩。马尔萨斯认为这种说法是毫无根据的，因为商品不都是和商品交换的，很多商品还和生产性劳动或私人服务交换。在这些交换之间未必是平衡的，于是资本主义社会就存在着一般商品生产过剩的可能性，原因是有效需求不足。马尔萨斯看到了商品生产与商品消费之间应有一定的比例关系，只有二者相适应，商品的全部实现才有可能。如何使生产出来的商品都能销售出去，并能收回必要的生产费用，这就是问题的关

---

①　晏智杰主编：《西方经济学说史教程》，北京大学出版社 2002 年版，第 158 页。

键。在马尔萨斯看来，在资本主义社会中要使所有商品顺利实现，在于提高社会的有效需求。

在资本主义社会，有效需求或有效消费是由以下几种人提供的。劳动者的消费只限于工资，如果工资下降或劳动者失业，有效需求将减少。资产阶级的有效需求由他们的生活需求和将收入用于资本积累来决定，此外他们不会消费得更多。马尔萨斯认为资本家一生的重大目的是节约和积累资本，他们不会把全部收入都消费掉，因为这不符合大多数资本家的习惯。① 只有一批非生产性的消费者才能提供巨大的有效需求。马尔萨斯认为，在资本主义的商品实现中，非生产性消费者必须占有一定的地位，他们只消费、不生产，他们提供的有效需求是必不可少的。他们之中包括地主、国家官吏、军队、司法、卫生、牧师及教育人员等，这些靠地租以及赋税维持生活的人给社会提供了巨大的有效消费。他们中间的一些人还雇用了大批仆役，增加了社会的有效需求。所以，马尔萨斯说："一批非生产性消费者的特殊作用在于保持产品与消费的平衡，使全国民众辛勤劳动的成果获得最大的交换价值，从而促进财富的增长。"② 为此，他主张非生产性消费者应该经常维持在最适应于生产力的这样一个水平上，以便保证社会产品的实现。马尔萨斯感到了资本主义社会生产与消费存在矛盾，并提出了资本主义有发生生产过剩危机的可能性。需要注意的是，马尔萨斯认为非生产性消费者给社会提供了巨大的有效消费，促进了财富的增长，这为国家机器运转的必要性和第三产业的存在提供了理论支持。

---

① 马克思认为资本的本质就是资本家阶级的本质，那就是资本的增值。马尔萨斯把节约和积累资本视为大多数资本家的习惯，二者在形式上颇有异曲同工的效果。

② 陈孟熙主编：《政治经济学教程》，中国人民大学出版社 2003 年版，第 196 页。

　　马尔萨斯有效需求不足的理论①（1820 年）的实际意义，直到 1929 年美国经济危机发生后才逐渐被世人所认识，可以说，马尔萨斯是凯恩斯宏观经济理论的最早启蒙者，因为他表达了总产出决定的问题以及对于总需求充分性的关注（劳德代尔和西斯蒙第也表示了这种关注）。对此，凯恩斯曾高度评价，在《通论》中承认他的理论源于马尔萨斯。如果说《人口论》强调的是供给的不充分，这种不充分主要是由人口过剩造成的无效需求所致，那么《政治经济学原理》等则强调需求的不充分，而且在《人口论》中解决供给不充分是通过减少无效需求来实现的。从表现上看，这种转换似乎是矛盾的，实际上，正是这一似乎相悖的转换蕴藏着马尔萨斯理论的高明和伟大之处。无论从《人口论》还是从他的经济学理论来评价，马尔萨斯都是一流的经济学家，他对经济理论的贡献仅次于亚当·斯密。

二　从斯密的"粉丝"到诘难者：西斯蒙第

（一）斯密的"粉丝"：《论商业财富》

　　西蒙·德·西斯蒙第（Simonde de Sismondi，1773—1842 年），是意大利望族佛罗伦萨西斯蒙第家族的后裔，居于瑞士，为躲避法国大革命而由法国逃至英国，辗转至瑞士、法国、意大利，多次入狱。1800 年重回日内瓦，先后从事政治与研究工作，其代表作有《论商业财富》（1803 年）、《政治经济学新原理》（1819 年）。1838 年，他入选法国社会政治科学院，此时，他已是法国著名的经济学

---

　　①　马尔萨斯的经济学著作是《政治经济学原理》（1820 年）、《政治经济学讲义》（1827 年）。

家和历史学家。从出版《论商业财富》到
《政治经济学新原理》，西斯蒙第由亚当·
斯密的"粉丝"（忠实信徒）变为其学术反
对派的过程，表现出了西斯蒙第经济思想的
深刻变化。在经济学专著《论商业财富》
中，他详尽地介绍了斯密的经济学说，提倡
自由贸易与自由竞争。与此同时，他也提出
了不同于斯密的观点，即总需求问题：一个
给定年度的产出取决于前一年的投资，产出
水平达不到雇佣所有劳动者的水平。这已是
今天称之为宏观经济学的问题。他以图表和

图6—5　西斯蒙第

数学公式论证上述观点，此外，还包括了早期的将物品的国际交换
归因于要素禀赋差异和要素价格的思想，指出了20世纪H—O理论
的发展方向。这一思想比李嘉图的《政治经济学及赋税原理》（1817
年）要早13年。然而他的论述方法和观点的非时代性导致当时的知
识层对其新观点的忽略。他的这一独创性思想的重要性，在19世纪
早期鲜为人知，也无人欣赏。《论商业财富》甚至连一本也卖不出
去，他的书与同年萨依的《政治经济学精要》连出五版形成鲜明对
照。直到100年后，凯恩斯才发现这本书，认识到其价值，如获至
宝。

　　西斯蒙第在经济思想史上的地位，主要是由其《政治经济学新
原理》决定的，而且该书的出版，与他高度的历史感是密不可分的
（他是一流的历史学家）。这就决定了西斯蒙第的一系列新观点与古
典经济学的差异。在《政治经济学新原理》一书中，他提出了几个
有影响的观点。

　　1. 反对恶性竞争和提倡国家干预的观点。

　　他认为私人利益和社会利益的天然同一性是一种幻象，个人利益的无节制的后果经常与公共利益相冲突，国家应对危及社会利益的个人经济行为、垄断行为予以限制和干涉，尤其应制定竞争的规则，这是社会保持稳定的需要。但是在当时斯密和萨依占主导地位的情况以及消费服从于供给的条件下，决定了他的这一思想不可能受到重视。他的以"看得见的手"（政府在经济事务中的积极作用）和"看不见的手"相结合的思想，反映出远见卓识。

2. 提出了资本主义初期工业化的阶级分化后果。

在工业化之前，存在着商业资本家、贵族、大土地所有者、自耕农和手工业者几个阶级，其中处于社会上层的是贵族、地主和商业资本家，处于中层的是部分自耕农和手工业者。这是社会结构稳定的基础。工业化和自由竞争加速了阶级分化的进程。"中产阶级完全消灭了，社会上除了资本家及其雇佣者外，没有其他阶级存在的余地。我们看到了一个前所未有的阶级——无产阶级——的迅速成长。"[1] "在人类的行列中，出现了无产阶级——一个古老名称的新兴阶级。"[2] 无产阶级的概念是西斯蒙第首创的。他认为是所有权与工作分开以及机器（技术进步）的综合因素造成的。依据他的观点以图6—6来表示：

图6—6　工人阶级生活状况趋势图

---

① 晏智杰主编：《西方经济学说史教程》，北京大学出版社2002年版，第207页。

② 同上。

这样是一种恶性循环。这一循环在拿破仑战争（1815 年）之后（军火生产、战争物资需求急剧减少、军人复员、劳动力市场供给突然增加）的经济衰退中日益明显和严重（比 1803 年萨依发表《政治经济学概论》时严重得多）。这一实际情况也是为什么西斯蒙第提出了社会改革的建议①（为社会主义者客观上提供了精神食粮）的原因。100 年后，第二国际和西欧社会民主党人正是沿着西斯蒙第的改革思路推进了现代福利社会的进程。

3. 生产与消费的关系：消费至上与收入决定论。

生产应取决于消费而不是反之（斯密、萨依、李嘉图是生产至上论者），他认为，人与生俱来的需要应得到满足，劳动能力为其满足需求提供了条件（财富之源），需求为生产指明了方向，消费是生产的动力也是目的，生产应服从于消费。需求应先于供给，供给应服从于需求，进而，生产应该适合社会收入，这应该成为资本主义正常发展的基本原则。在这里，西斯蒙第已经发现了资本主义商品运动中生产与消费的矛盾地位问题。

（二）《政治经济学新原理》：消费不足与经济危机理论

西斯蒙第的《政治经济学新原理》写作之时，正经历了法国资本主义的第一次经济危机②。即拿破仑战争后的经济萧条。战争期间，高额的战争支出和征兵刺激经济达到了经济扩张和充分就业。1815 年战争结束后军队裁员，政府支出与私人投资下降，战后的经济衰退导致了比过去更加严重的贫困。失业率

---

① 包括改革分配制度，以形成中产阶级，促进社会经济稳定；有保障的年工资制度，把疾病、失业和养老补贴纳入其中；法定的定时工作制，设定工资下限，从而结成雇主与雇工的利益共同体。

② 这一危机与 100 年后的一战及二战后的经济状况相似，这对于以供给为主线的自由资本主义而言是一种特殊情况，没有普遍意义，所以为社会所忽视。

急剧增加，工资水平下降，经济波动甚至停滞达 40 年之久，史称饥饿的 40 年。① 这一情况促使人们对萨依定律的真实性进行反省，西斯蒙第正是在这种背景下提出了不同于萨依定律的新观点："看不见的手"的机制（市场调节机制）是高成本和不完善的。他提出了用均衡收入理论解决战后经济波动问题。对此，他提出了两个观点：（1）投资易于波动和消费相对稳定的矛盾。经济形势好，投资加速，产品急剧增加，但消费只能保持与前期相等的水平，商品不能在获利的价格水平上销售，产出和就业必然下降，从而出现不同时期的生产过剩和生产不足。（2）财富分配方式的缺陷。即财富逐渐集中于少数人手中，大部分人收入不足，只占有较少财富，这样少数人的大部分收入只有小部分用于消费，大部分人因为收入不足而导致消费不足，二者合起来可能使消费与生产严重不平衡；加上上年的收入是今年的购买力，这一时差因素就为商业的周期性不平衡奠定了基础，这就存在经济危机的可能性。西斯蒙第的经济危机理论②几乎与马尔萨斯同时提出，且在细节上更有逻辑力量和说服力，应该是西方经济思想史上非主流派的一大贡献。

　　使人迷惑的是，西斯蒙第关于分配方式的缺陷与中国社会转型期的现象如此相似，这是性质的类同，还是表象的巧合，值得研究。

---

　　①　19 世纪前期，英法两国皆遇到这一情况。在英国，本杰明·迪斯艾里的作品反映了这一时期贫富分化状况，查尔斯·狄更斯在《艰难时世》中反思了商业道德，托马斯·胡迪写的《衬衫之歌》反映了纺织女工的悲惨生活。
　　②　资本投资在一定时期内会超过消费能力的观点，英国重农学家威廉·斯宾斯（1783—1860 年）于 1807—1818 年在出版的两本小册子中也展示过。二者都对工业化不再迷信。虽然二者是从对新兴的资本主义社会进行攻击的立场提出来的，但其客观性和前瞻性是难以否定的。

三　先"热"后"冷"的经济学家萨依

（一）被经济学说史家"冷处理"的人物

图 6—7　萨依

萨依的经济思想是斯密思想的光大和简约化。除此之外，他还提出了效用价值论，促进了边际效用价值论的形成，并且影响到微观经济学的价格理论。但萨依是法国人，当时法国的国情也影响到他的理论。萨依同马尔萨斯理论遭遇的共同之处是皆被经济史学界非议。不同之处是形式上的差异，马尔萨斯被批判，受到的是"热处理"，而萨依被漠视，受到的是"冷处理"。

让·巴蒂斯特·萨依（1767—1832 年）是法国一个从事纺织业的新教家庭的后代，有着银行业、保险、新闻编辑和企业家经历的商人。曾留学英国，阅读过斯密的《国富论》。在实践中受到英国工业革命的影响和在理论上受斯密的影响，他走入了政治经济学的研究领域。1803 年，他发表了《政治经济学概论》，因书中自由思想和独立见解而丢掉了政府高官的职位。在这一代表作中，他高度精练和形式化了斯密的理论，使之成为欧洲、北美最重要的斯密思想的传递者。

（二）政治经济学的研究对象和"三分法"

政治经济学的研究对象是阐明财富是怎样生产、分配和消费的。① 所以政治经济学是研究生产、分配和消费的科学，从而将之划分为上述三个部分。这是在经济思想史上第一次明确政治经济学的概念，为后来的西方经济学家所采用。

（三） 三元价值论和三层次的劳动结构

萨依从经济生活的实际出发，对价值的存在做出了自己的判断，认为价值是效用价值、生产费用和供求三者共同决定的。正是在这个古典经济学将发生重大转折的问题上，李嘉图对萨依的效用价值问题曾提出批评。②

在对劳动价值论的分析中，萨依又把劳动划分为三类：（1）理论类：知识的创造；（2）应用类：管理者（工业企业家、农场主、商人）的劳动；（3）执行类：工人的劳动。他认为科学家的研究工作"使企业从他们所保管和增进的知识得到巨大利益"③，而他们的报酬和劳动是不相称和不公平的，因此他主张脑力劳动者的工资应该高于一般的体力劳动者。也就是说，萨依在1817年就已经认识到科学家和管理者的劳动不仅是高于体力劳动的，而且是统领后者的。萨依对企业管理者职能素质和收入性质的界定是企业家理论发展中的重要一环，对现代企业家理论有重要影响，这是难能可贵的。劳动的三层次结构说明萨依对劳动性质和劳动结构的理解，远比19世纪的其他经济思想家及追随者要全面和深刻，而且随着社会的发展，证明知识的创造和管理者的劳动在劳动中的地位愈加重要。

---

① ［法］萨依：《政治经济学概论》，陈福生等译，商务印书馆1963年版，第15页。

② 同上书，第370页。

③ 同上。

（四）生产三要素论和"斯密的教条"

萨依对斯密的分配思想作了高度概括：把土地、劳动和资本归结为生产的三要素，认为这三者共同创造了价值，生产三要素理论成为现代经济学"生产理论"的核心；提出了后来马克思讥讽为"斯密教条"的"三位一体"的分配公式，即土地—地租、资本—利息、劳动—工资；证明各阶级各得其所。这不仅是收入分配理论的较早阐述，而且构成市场经济分配理论的基本内容。从萨依提出"三位一体"公式以来，市场经济一直按照这一公式进行着分配，久盛不衰，反映出萨依对市场经济分配机制的本质理解。

（五）萨依定律

萨依的时代出现了经济衰退、商品销路不畅、劳动就业不充分、供求脱节等情况，要求政府加以干涉和保护的呼声顿起。这一呼声在经济思想上得到了反映，萨依、李嘉图、马尔萨斯和西斯蒙第之间，就经济危机问题进行了论战。马尔萨斯认为只有三种消费者（地主、牧师和官吏）的存在，才能提供有效需求，保证资本家取得利润，避免生产过剩危机发生。萨依对此并不认同。他针对性地提出，问题不在于需求，而在于生产，"生产给产品创造需求"[①]，"一种产品一经产出，从那时刻起就给价值与它相等的其他产品开辟了销路"[②]，"如果对生产不加干涉，一种生产很少会超过其他生产，一种产品很少会便宜到与其他产品

---

①　［法］萨依：《政治经济学概论》，陈福生等译，商务印书馆 1963 年版，第 142 页。

②　同上书，第 144 页。

价格不相称的程度"①。这就是被后来的经济学家总结为"供给
自动创造需求"的影响深远的"萨依定律"。这一定律受到李嘉
图及其学派的首肯，马尔萨斯、西斯蒙第、劳德代尔（后来成
为供给学派的理论先导）等则反对。一直到 1929 年（约 126 年
后），人们才真正认识到萨依定律的历史局限性。但是人们不能
不承认，萨依对斯密思想做了高度概括——"供给自动创造需
求"，从而对斯密思想的传播起了广告作用。这也成了 20 世纪
70 年代后兴起的供给学派的唯一理论来源。就萨依所处的时代
而言，萨依定律有科学性，但是忽视具体背景，把萨依定律绝对
化是违背事物本来面目的。因为他还就经济停滞和工人失业加剧
提出了缓解办法，"公共支出，进行公共设施的工程建设"。这
实际是考虑了在均衡状态下对商品的总需求等于总供给。若把萨
依定律理解为需求与供给是相互依赖的，那这和以后的凯恩斯的
定律——一个人的收入是另一个人的支出就是相互重叠的。是否
如此，那就见仁见智了。

（六）为萨依正名

萨依是经济思想史上"先热后冷"的最有争议的经济学家
之一。

在 19 世纪，萨依是最受尊敬的经济学家，李嘉图认为萨依
的功绩"大于所有其他大陆著作家的全部功绩"。在他有生之
年，《政治经济学概论》被出版了三次并被译成多种文字，后又
被列为欧美经济学教科书，为世界各名校使用，哈佛大学用到
1850 年，达特茅斯大学用到 1870 年。曾任美国总统的杰弗逊和

---

① ［法］萨依：《政治经济学概论》，陈福生等译，商务印书馆 1963 年版，第
145 页。

麦迪逊都曾担保说，美国欢迎萨依到美国避难，并评价萨依的《政治经济学概论》比《国富论》更加简洁和合理。弗吉尼亚大学还虚位以待。

但是到了 19 世纪末和 20 世纪，情况有了很大改变，萨依在经济思想史上是被鄙视和被冷漠的典型之一，另一个典型就是马尔萨斯，前者被"冷处理"，后者被"热处理"。不但非主流经济学家对之嗤之以鼻，如马克思责其"庸俗"，李斯特贬其"无知"，熊彼特谓其"浅薄"，就是主流经济学的思想史著中，也是鲜有赞誉和正视者。华中师范大学的赵峰教授认为，经济思想史著作家们在评述历史上经济学家的贡献时，对萨依的吝啬表现出惊人的一致，就此他做过一个统计：在埃德蒙·惠特克近 500 页的《经济思想流派》中，介绍萨依生平和思想的仅有 2 页；斯坦利·L. 布鲁的《经济思想史》留给萨依的也只有 2 页；亨利·威廉·斯皮格尔的《经济思想的成长》（*The Growth of Economic Thought*）给萨依的是 7 页，而留给约翰·斯图亚特·穆勒的是 25 页，留给马尔萨斯的是 17 页；小罗伯特·B. 埃克伦德和罗伯特·F. 黑伯特做得更绝，在 500 页的经济思想史巨著《经济理论和方法史》中，对萨依冷漠到了极点，连专题介绍也没有。虽然在经济思想史中，经济学家的专题页数不能绝对反映其地位，但一般而言，其重要性还是有相对的考评意义的。上述统计的确说明了经济思想史界对萨依的冷漠态度。之所以如此，有以下原因：

1. 人们只注意到了萨依是斯密思想的宣传者和布道者，似乎布道者只能鹦鹉学舌而已，没有什么创见。由于前有斯密，后有李嘉图，把萨依的光芒掩盖起来了。与之相比，宣传凯恩斯思想的阿尔文·汉森就幸运多了，在威廉·布雷特和罗杰·L. 兰赛姆所著《经济学家的学术思想》中，全书共 305 页，给汉森的专题为 27 页。而加尔布雷斯对汉森的评价更高，认为他仅次于凯恩斯。

2. 萨依的许多观点虽然新颖，但未能以专题表现出来，往往淡化处之，被边缘化。相形之下，他更注重对斯密思想的精练和表达，自己把自己的新思想置于巨人的阴影之下，不知是萨依有意为之，还是他没有真正认识到自己曾经边缘化的观点的重要意义。斯密的思想之所以在大陆得到有效传播，除了前有《道德情操论》的铺垫，更与后来萨依简单而明快的广告宣传及不遗余力地布道推广关系密切。

3. 对萨依的思想的评价主要发生在 20 世纪。在社会主义与资本主义的对峙当中，他的思想都不时髦。在主流经济学方面，他的供给创造需求的萨依定律遭到了 30 年代西方经济危机的实际挑战，在理论上受到了凯恩斯的批判。用需求决定论去代替供给决定论，凯恩斯正是在批判萨依定律的基础上建立了凯恩斯主义经济学。在非主流经济学方面，马克思主义经济学对萨依总结出的"斯密教条"，即三位一体论的分配理论大加挞伐，认为三位一体的分配掩盖和否认了土地和资本对劳动的剥削。这两大问题上的争论造成萨依的理论似乎一无是处，除了错误以外什么都没有的印象，所以主流派和非主流派都不看好他。

尽管诸多经济史学家冷漠萨依，但金子依然是金子，供给学派的存在就证明了萨依思想的存在价值，这颇有点"不畏浮云遮望眼，只缘身在最高层"的思想境界。

四　被过誉的经济学天才李嘉图

古典经济学家普遍地给李嘉图及其代表作以高度评价。在西方经济思想史上，主流派与非主流派对这种评价的倾向和性质是有较大区别的。主流派着眼于《政治经济学及赋税原理》中对

图6—8　李嘉图

资本积累在经济增长中的地位及影响资本积累的主要因素的分析。非主流派则重点考虑价值形成中的劳动价值论在价值论中的核心作用。前者以李嘉图的同时代人、经济学家麦克库洛赫①为代表，他在给李嘉图的信中赞许道："您的著作问世时，人们认为它竟敢怀疑斯密的某项学说，简直是叛逆之罪。然而，亦步亦趋地彻底相信《国富论》陈述的一切都是正确的这种风气，现今已改变了不少。"② 福斯菲尔德指出，"大卫·李嘉图是关于资本积累的最早阐释者……他提出了一个经济理论模型，主导了经济学家的思想达50年之久，对那个时代产生了极大的影响"。③ 亨利·威廉·斯皮格尔则以"李嘉图经济学，为自由主义加冕"为标题，进行了长达25页的高度评价。④ 后者以萨缪尔·贝利（1791—1870年）和马克思为代表，马克思对《政治经济学及赋税原理》的前两章给予了高度评价，"劳动价

---

① 约翰·拉姆齐·麦克库洛赫（1789—1864年），苏格兰经济学家，接受的是法学教育，是李嘉图的崇拜者，教科书《政治经济学原理》（1825年）是他的代表作。1845年还出版了第一部经济书目专著《政治经济学文献》，编辑了篇幅浩瀚的商业、地理和统计资料，他是从事此工作的第一人。他对经济学思想的贡献全在于此。李嘉图的第一本小册子《论谷物低价对资本利润的影响》正是由于当时已成名的经济学家麦克库洛赫在《爱丁堡评论》上著文赞扬，这本书才得以畅销的。因为该书抽象、深奥，连李嘉图也认为在英国能读懂的人不会超过25个。

② ［美］亨利·威廉·斯皮格尔：《经济思想的成长》，晏智杰等译，中国社科出版社1999年版，第269页。

③ ［美］丹尼尔·R.福斯菲尔德：《经济学家的时代》，杨培雷等译，上海财经大学出版社2003年版，第65页。

④ 同上书，第267—269页。

值论之父"以及"所有经济学家中唯一懂得剩余价值的人"[①]，"迫使科学抛弃原来的陈规旧套，要科学讲清楚，它所阐明和提出的其余范畴——生产关系和交换关系——同这基础、同这个出发点适合或矛盾到何等程度；……李嘉图在科学上的巨大历史意义也就在这里"。[②] 在 19 世纪早期，可能除了李嘉图的密友马尔萨斯和赛米尔·贝利（1791—1870 年）等外，没有经济学家对李嘉图的以劳动价值论为基点的思想提出异议。1820 年以后，对李嘉图评价的分歧越来越突出了。如何评价李嘉图，笔者认为，无论是西方经济史家还是马克思及其追随者，对《政治经济学及赋税原理》的褒扬，皆有过誉之嫌。除了对经济学方法论的抽象化（用经济理论模型）以及对国际贸易理论的比较成本学说的基本贡献以外，该书未曾比斯密提出更多的东西。甚至可以说，正是由于该书的出现，使古诺等人的边际效用价值论[③]失去了应有的光辉，也使边沁的功利主义难以宏扬，延迟了经济思想流变的步伐。对于引起 19 世纪 70 年代边际革命的新一代理论家而言，穆勒关于旧的价值理论的完备性的观点似乎是异乎寻常的错误选择。从这一意义可以说，李嘉图之后的古典政治经济学原理没有了多大的意义，像斯图亚特、穆勒等也只是做些修修补补的工作。这种修补不但未能将李嘉图体系的裂缝抹平，反而越抹越大。

贝特兰·罗素对穆勒的生不逢时及其"泥水匠"的学术地位不无遗憾地表示，"从他的出生日来看是不够幸运的，其前辈是一个领域里的先锋，而其后继者是另一个领域的先锋"（斯皮格尔，1971），这充分说明古典经济学已到了引退的阶段。

---

① 《马克思恩格斯全集》第 46 卷（上），人民出版社 1979 年版，第 289 页；第 26 卷Ⅱ，第 112 页。

② 同上。

③ 李嘉图体系存在着两个矛盾，即劳动价值论与劳动和资本获取等量利润的矛盾。

　　大卫·李嘉图（1772—1823 年）出身于犹太家庭，与其他经济学家不同的是，他是一位能在学术和财富上同时双丰收的人。在实践上，他同配第、坎蒂隆颇为相似，也是一位善于利用社会财富转移机会的知识分子。从 1798 年掘到第一桶金（800 英镑）至 1814 年成为英国金融界的首富（160 万英镑），仅用了 16 年。从 1799 年他偶然阅读《国富论》到写出《政治经济学及赋税原理》（1817 年）是 18 年。这种巧合可谓前无古人，后无来者，充分反映出李嘉图对当时的经济特征的实际了解和理论的彻悟。

　　李嘉图的经济学天分是难以否认的，他没有受过一位伟大的经济学家所应受的正规教育，在这一点上与配第相似。有学者甚至认为，李嘉图的成功似乎在挑战经济学教育的必要性。也许，从另一种意义上可以说，在比较特殊的环境下，非经典的教育缺失，对于一个天才的头脑有着更大的思维空间，使之能另辟蹊径。但是，如果没有他的引路人、密友詹姆斯·穆勒（James Mill，1773—1838 年，约翰·斯图亚特·穆勒之父）对他的启示、鼓励和帮助，可能也就没有今天人们知道的李嘉图。

（一）关于谷物法的争论：资本积累与劳动价值论

　　如果说在斯密风华正茂的时代的社会转型期，经济学家以反对重商主义为己任，如何增加供给是增加社会财富的关键所在，生产就是重中之重，那么在李嘉图的黄金季节，社会已进入资本主义的初期，分配问题和扩大国际市场已逐渐上升为能否促进经济增长、在英国工业化进程中实现社会和谐的核心问题。如何在价值问题上体现时代的特征，把价值问题和分配问题联系起来，对于具体解决英国在工业化初期面临的矛盾，就显得十分重要而紧迫。是一元的劳动价值论，还是混合的三元价值论，已不仅仅具有学术的意义，而且是认识现实矛盾的理论基础。李嘉图对此作出了自己的努力。这种贡献是从三个方面开始的：其一是"谷物法"的制定争论；其二是关于货币问题的分歧；其三是对国际贸易理论的新发展。

也许有读者会问，李嘉图作为一流的经济学家，"谷物法"与他的自由主义的经济理论有什么内在联系呢？事实上，英国"谷物法"正是内含了二者之间的联系。正是这个代表着土地所有者（贵族）和工商业资产阶级的利益分歧的问题在本质上严重影响着英国经济的发展。

李嘉图以其敏感的视角，最先注意到了资本积累在经济扩张中的重要意义。他强调所有的经济政策都是为了增进资本积累。能够形成和改进资本积累的唯一途径就是争取利润最大化，进而，能带来利润最大化的因素取决于经济自由和充分竞争以及相应的分配方式。"谷物法"正是在这个意义上进入了李嘉图的视野。李嘉图通过谷物法的争论，提出了劳动价值论、分配论和比较优势理论。①

1815 年，英法战争（对拿破仑战争）结束。战争期间，食品价格飞涨，农业资产阶级暴富。战后，农产品成本依旧但价格下跌。相形之下，国外的农产品更便宜，竞争优势明显，为了防止国内农产品价格下跌，最好的选择是提高进口农产品的关税，将国外农产品挡在国门之外。这自然符合农业资产阶级和土地贵族的利益，同时也加强了本国农业的地位。这是代表土地贵族利益的国会议员欲通过"谷物法"的原因，这实际上是在新的历史条件下的重农主义政策和重商主义政策的混合物。李嘉图从坚持斯密自由主义市场经济原则的立场出发，写出了《论谷物低

---

① 李嘉图的《政治经济学及赋税原理》是在詹姆斯·穆勒的鼓励、指导下将小册子《论低价谷物对资本利润的影响》扩充、加工而成的。

价对于资本利润的影响》，认为小麦价格的提高只能有助于土地的经营扩展到非盈利的土地利用上，地租会相应提高，从而国民收入的相当部分将流入土地贵族手中，增加他们的奢侈性消费，减少工业化的生产性投资，也使工业中的资本储蓄削减。同时，食品价格也会因小麦高价而上升，进而导致工人的生活费用（后来的恩格尔系数）高企，引发工人对高工资的要求。高工资又造成英国工业品的高成本，使其竞争力降低，出品量减少，利润下降，投资下降，形成恶性循环，从而减缓资本积累和经济发展，不利于英国开拓世界市场。随着时间的推移，将改变整个国民生产的性质，延缓工业化的进程。李嘉图对"谷物法"的本质分析，在理论上展示了"谷物法"的不合理性和非现实性，在客观上支持了致力于加速工业化的工商业资产阶级。李嘉图反对"谷物法"，并不像国内诸多教科书所说的那样，认为地主阶级是社会的赘疣。他只是反对土地贵族利用"谷物法"获取超额利润以自肥，阻碍英国的工商业资本的积累而已。[①] 从李嘉图对"谷物法"本质的分析反映出，他主张达到利润最大化的自由竞争的经济政策，反对政府对经济生活的干预，这种干预无论出于何种良好的愿望，但结果只会降低经济活动的水平。

（二）金本位制的前奏

为了保持国内物价的稳定和货币的稳定，他提出了以后变为金本位货币制度的可以自由兑换的有法定额度的黄金准备[②]的银

---

① 据考据派史学的代表，《现代英国经济史》的作者 J. 克拉潘介绍，1875 年主张贸易保护的和 1815 年反对谷物法主张自由贸易的是同一集团（制造业集团）。可见，李嘉图和马尔萨斯都不是某个阶级的代言人。

② 黄金的支付是 1797 年暂时中止的，从那以后的 25 年中，英国采用的是一种不可兑换的纸币本位，通货膨胀不可避免。

行券制度，敦促立法机构，通过以此为指导思想的金融法案。这就是 1844 年英国议会通过的"皮尔银行法案"。该法案把银行券从以汇票流通为基础的信用货币变为代表银行库存黄金的存单，对于防止信用膨胀，保证金融稳定，起到了安全阀的作用。虽然在 1848 年、1857 年、1866 年连续 3 次发生了银根畸紧的情况而不得不暂时中止皮尔法案，但对当时的经济发展而言，正面的作用还是多一些，而对于以后金本位的形成，则居功甚伟。

　　从信用货币完全代替黄金的角度出发，李嘉图提出了货币的数量说，[①] "在其他条件不变的情况下，货币量与其价值成反比，与物价上涨成正比"。这一观点与李嘉图假定在一国之内商品的流通量和价值是已知数，则一国所能运用的货币量必然取决于其价值的观点是相悖的。而后者是李嘉图劳动价值学说在货币问题上的应用。至于劳动价值学说，李嘉图虽一度强调劳动价值论，但是他并没有否定资本与土地的价值。对于价值的源泉，他经历了从否认效用价值和供求（稀缺性）价值到劳动价值论的转变，"自然要素和机器所作的工作无需报酬，使用它们无需支付任何代价"。[②] 但是他在对物化劳动进行解释时又和以上观点相矛盾：直接投在商品上的劳动，而且还有投在协助这种劳动的器具、工具和工场建筑上的劳动[③]。后世的激进经济学家们总是强调李嘉图的劳动价值论倾向，但仔细考察，无论在资本变化下的条件决定，还是关于等量资本要求等量利润（平均利润率）、地租学说、工资学说、利润学说等诸方面，李嘉图都是一个多元价值论并存者，只是在不同方面，他强调的重点有所不同。之所以出现

---

① 休谟是 18 世纪货币数量论的最重要的代表人物。
② 李嘉图：《政治经济学及赋税原理》，商务印书馆 1972 年版，第 244 页。
③ 同上书，第 17 页。

这种情况，在于任何一个尊重现实的客观的经济学家，都不会否认劳动、资本、土地共同创造财富这一事实。李嘉图在当时的历史背景下，只是站在如何有利于经济发展的立场上，客观反映价值实现的要素而已，所以他在理论形成中的一系列悖论只是客观矛盾的反映，他也离不开价值形成的客观事实。

（三）为国际贸易理论奠基：从绝对优势到比较优势

在国际经济学的国际贸易领域，李嘉图把斯密的绝对优势观发展为比较优势理论，是对国际贸易理论的一大贡献。有趣的是，在这一领域他完全抛弃了有所偏爱的劳动价值论，即认为国际贸易并不遵循等价交换原则，决定价值的完全是供求价值论。在这里，李嘉图已不自觉地进入了现代经济学的范畴。

五　古典经济学挽歌的演唱者约翰·穆勒

约翰·穆勒（John Stuart Mill，1806—1873 年）是一个天才。芝加哥大学斯蒂格勒教授印了一份经济学家的挂历。在穆勒的那一页上，引用了 3 岁的穆勒写给当时著名学者边沁的一个便条："边沁先生：您借给我的《罗马帝国史》的第一册，我已经读完了，觉得很有趣，现托人交还给您。希望您将第二册借给我，我会很细心阅读的。"试想当同龄儿童在玩耍时，穆勒已对历史学家吉本的名著产生兴趣，这样的孩子，除了用天才形容外，还有什么词可以更准确

图 6—9　穆勒

形象地表达？

（一）青出于蓝而胜于蓝

穆勒不但天资聪明，而且有一个也堪称为天才的父亲，这就是詹姆斯·穆勒，一位有影响的历史学家和逻辑学家，也是《爱丁堡评论报》的主编和《商业保护论》的作者。此人最大的特点是善于发现有潜质的天才，李嘉图就是他先发现的。李嘉图当年之所以能写出《论低价谷物对资本利润的影响》的小册子，是与老穆勒的指点、鼓励分不开的；而敦促李嘉图把小册子变成大部头的名著《政治经济学及赋税原理》的，也正是詹姆斯·穆勒。老穆勒对天才的小穆勒自然不会放过，他实施的是特殊的"童教"法：3 岁读希腊文及几本希腊名著，8 岁开始读拉丁文，博览各种名著且涉猎数学、物理、化学、生物等方面的著作，与此同时还要让儿子帮他编写《印度史》。13 岁时小穆勒又学习政治经济学，父子每天在散步之际，由父亲讲解，儿子回来后加以整理后让老父过目，直到首肯为止。这就是《政治经济学要义》一书[1]出台背后的故事。父亲还让小穆勒同他以交流的方式，读斯密和李嘉图等人的著作。穆勒不但受到高水平的"童教"，而且还得天独厚地可以同父亲的朋友，当时的一流经济学家李嘉图和声名显赫的哲学家边沁交谈和交流，这使孩提时代的小穆勒获益匪浅，可谓如虎添翼，为其多才多艺打下了良好的基础。

（二）红粉知己佑天才

世上的事，有其利必有其弊，"鱼和熊掌不可得兼"。小穆勒的早熟和早教自然少了童年的乐趣，心理成长与知识增加严重

---

[1] 詹姆斯·穆勒：《政治经济学要义》。

失衡，成年后出现了心理疾病，20 岁时为精神忧郁症所困扰。如果此病不治愈，穆勒可就真毁了。帮助他摆脱精神危机的是他的红粉知己哈迪。

哈迪是那种美丽而机智、文采风骚皆属一流的女人，两人鸿雁传书，散步谈心，不但使穆勒很快走出了忧郁的阴影，而且对学术思想方面大有帮助，穆勒认为"不论我们以何种形式接受的或是创造的结论，都应该深深感谢她，因为我从她那里学会一种聪明的怀疑态度"。

"要分清是谁的创见，是谁执笔这类问题，已经毫无意义。"可以说，没有老穆勒，就不会有神童穆勒；同样的道理，如果没有哈迪，就不会有古典经济学的集大成者约翰·穆勒。可谓红粉知己佑天才。

（三）夕阳无限好，只是近黄昏

约翰·穆勒在学术上总的来说既是古典经济学挽歌演唱者，也是一个经济思想的过渡人物。之所以如此，是由于三个因素使然：第一，穆勒所处的时代仍然是斯密的时代，加上李嘉图和萨依的影响，穆勒尽管天赋很高，也不可能摆脱时代及环境的局限。第二，穆勒与边沁交往甚多，边沁的功利主义哲学对他的思想影响甚大，所以在方法论和经济学的哲学基础方面有浓厚的功利主义痕迹。第三，穆勒年轻时博览群书，敏感的触角使他对诸多学科有所感悟，反而让他难以一以贯之地从事纯经济学研究。

上述三点原因造成穆勒在完善古典经济学体系时还不断地在古典和新古典之间提出一些过渡的思想，甚至有些还颇有创见。遗憾的是，他未能把这些创见像写《政治经济学原理》（1848年）那样狠下工夫，以专著的形式加以研究和表现。他没有取得关键性进步，以至于给世人造成了蜻蜓点水或面面俱到、泛而不精的感觉。时代不同了，百科全书式的多面手的时代已经过去，即便是天才，也不可能在诸多领域皆有建树，这也许是穆勒的失误之处。

穆勒在经济学上的贡献，集中于以下几个方面：

1. 对于政治经济学的定义和对经济学方法论的认识。

穆勒首次对经济的研究方法进行检验，力图把社会科学、行为科学和伦理学（包括经济学）的研究方法同自然科学相比较，认为二者是不同的。除自然科学以外的其他科学是难以开始受控实验的。不可能设置一个因素不同而其余各方面皆相同的两种经济状况，以研究该因素所产生的整体影响。因此，经济学的（内在联系）知识不能凭经验得到，只有靠内省来获得。这种内省就是遵循人们的行为总是力图获得最大限度的幸福，而这种努力会受制于客观自然条件。只有设定各种假设，才能有助于推断假设的结果，如同几何学的假设以证明有关原理一样。这就是经济学的性质及方法特点。实际上，斯密和李嘉图在经济分析中，已经引进了各种假设，穆勒只是将这一特点加以理论升华而已。

2. 《政治经济学原理》对未来经济增长的分析。

穆勒试图把斯密和马尔萨斯结合起来，找出第三条途径。如前所述，斯密从正面论述了随着自由贸易、技术进步、劳动分工和资本投资的扩大，社会财富会逐渐增加。而马尔萨斯与之相反，认为人们受制于资源的有限压力，经常增长将会受到约束。穆勒认为这两种力量都存在，同时起作用。而这种同时起作用，就预示着经济增长是充满变数的，人们不可能准确预测经济发展的长期趋势或结果，其结果仍然由各种变数的相互协调来决定。由此可见，穆勒不是一个人为的决定论者，而是自然决定论者。为此，对未来的经济发展他只提出了几种可能性和假设：

（1）类马尔萨斯的悲观观点：人口增长大于资本和技术提

高产出的速度，资本的利润与工人工资成反方向运动。

（2）类斯密的乐观看法：资本积聚超过人口增长速度，实际工资增加。

（3）类李嘉图的观点：资本供给与人口呈同比率增长，技术水平不变；由于劳动力供需平衡，实际工资不变；因生产技术不变，为满足人口增长的需求，土地的开垦由肥沃到贫瘠出现产出级差，食品成本提高，地租上涨，利润相应下降。

（4）技术进步的速度超过了资本和人口增长速度。粮食生产率提高，工资和地租降低，利润提高，经济趋于繁荣。

在上述四种假设中，穆勒认为第三种是最具现实性的。同时，他甚至认为经济停滞也有好处，可以防止恶性竞争。出乎穆勒的预测，实际上，全球不同的国家分别包括在这四种假设之中。

3. 对古典经济学的国际贸易理论的重大改进。

从绝对优势到相对优势理论，国际贸易理论有了新的发展，但美中不足的是，国际贸易的收益是如何在国家之间分配的这一问题并未解决。穆勒在此问题上发展了托伦斯所称的互惠需求理论，他不用数学工具而表达了以后近百年才能用数学符号进行数学推理的同一思想。互惠需求及提供曲线的分析工具后来由马歇尔发展出来，并由埃奇沃思以盒形图加以精练。马歇尔在盛赞穆勒的天才时指出，这些不过是穆勒观点的几何处理，这些曲线早由穆勒定好了调子。穆勒在《论政治经济学的某些未能解决的问题》（1829—1830 年）的研究中指出，国际贸易收益的主要部分将流向具有需求较低，但需求弹性（elasticity of demand）较高的国家。因为需求的弹性高低决定了消费者对价格变化的敏感性：弹性高者因价格变化而出现需求量的相应变化；而弹性低者对价格变化不敏感，需求也不会随之变化。在这里，穆勒赋予了古典国际贸易理论的核心思想以最持久的形式，这一思想后来被俄林发展为要素禀赋理论。遗憾的是，穆勒没有完成这一思想革命。在古典经济学中，供给和需求仅表现为市场提供的商品数量和消费者购买的商品数量。穆勒则认为商品价格上涨会引发厂商增加生产，反之则消费者会增加购买量，商品价格与生产量成正向运动，而与消费量呈反向运动。

4. 首次提出机会成本的概念。

人类的任何选择都是以失去其他选择为代价的，这包括财务成本或非财务成本。

5. 对固定工资基金说（Wage fund doctrine）的驳斥，认为工人的工资不是资本的一种形式，不是厂商在生产之前的资本支付的。工资基金随厂商意愿而变化。在工资基金的问题上，企业家和工人可以谈判解决。

6. 拓展了自由放任思想的范围，使之从物质领域进入到社会和精神领域（个人发展、妇女解放等）。

六　学者师范　高风亮节

学高为师，身正为范。一般而言，二者是不可分割的，这一点在古典经济学家身上得到了充分的体现。古典经济学家不但学问精深，人格高尚，而且各有千秋。例如，亚当·斯密之所以少遇挫折，顺风顺水，是因其不仅学问精深，而且为人谦和，人格高尚。这表现在两个方面：

斯密每逢周末必邀好友晚餐，有许多人是由于批评斯密结为诤友的。如詹姆士·安德森是因为写过一本小册子批评斯密的一些理论，由此与之建立了深厚友谊。斯密与杰米里·边沁从未谋面，但当边沁批评斯密规定最高利率的观点时，后者接受了这一批评并改变了自己的观点。斯密同埃德孟·伯克和亚当·弗格森两位学者既有共同的探讨，也有争论。苏格兰诗人威廉·朱利叶斯·米克尔一度非难斯密，但斯密在东印度公司的问题上仍然接受了米克尔的观点。可谓朋友情浓，宽以待人，且闻过则喜，"一个好汉三个帮"，焉有不顺之理。

斯密在其理论中对于抗拒"非自然立法"的走私活动是颂扬有加的，是"义勇之举"。但当上海关总监后，斯密的主要职责是落实"进口法例"及缉私，这与《国富论》的思想背道而驰。但是，斯密知道理论和现实是有距离的，既然接受任命，自应尽职尽责。斯密没有因工作性质与自己主张的理论大相径庭而逆向操作，而是从职守的角度反躬自省。他细读海关条文，惊觉自己曾购买从非法途径偷运进口的衣物，立即付之一炬，还写信给英国海关总监，希望他也能采取相同行动，以身作则。对于自己的有关司法、财政、军备方面的手稿，唯恐其流传而造成人们对他主体思想的误会而引起混乱，焚之而后安，他对自己的学术成果达到了苛刻的程度。

在评价萨依时，人们往往忘却了萨依为宣传和光大斯密思想所做的牺牲。1789年，法国资产阶级革命爆发后，萨依是革命的拥护者，但雅各宾派上台后，其恐怖的极端政策与萨依信奉的自由信念格格不入，他弃政治而从学术，担任了《哲学、艺术和政治旬刊》的主编，这是一份在法国资产阶级革命时期颇有影响的杂志。拿破仑在执政期间读到该刊上萨依发表的经济论文，极为赏识，委任他到财政委员会负责（相当于今天的财政部长）。拿破仑对萨依的态度是矛盾的，他既欣赏萨依的才干，又对萨依的自由主义不感兴趣，而萨依也不愿放弃他对拿破仑保护关税政策的持续批判。1803年，萨依的《政治经济学概论》出版前，拿破仑要求他修改涉及关税政策的某些章节，萨依拒绝了。在《概论》

出版时，萨依被免去政府要职，其著作被禁止重印。萨依宁愿丢掉高官，也不愿意背弃信仰和真理，颇有"不为五斗米折腰"的精神。萨依对斯密的尊敬与对拿破仑的蔑视形成了鲜明对照，充分体现了他追求真理的独立人格，正是这种良心和不屈，支持着萨依把斯密的自由主义经济学进行到底。

马尔萨斯和李嘉图的关系也是引人注目的话题。在经济学说史教科书中，马尔萨斯被看成是地主阶级利益的辩护士，而李嘉图被定义为新兴资产阶级张目的知识分子代表。其实，这是风马牛不相及的。从财产角度看，马尔萨斯虽出身名门，却从来没有富裕过，更没有土地，只是一位清贫的学者。相反，李嘉图却是一个大地主，有数千英亩的土地，而且有 160 万英镑的巨额资产。如果以财产定二人的阶级成分，会使戴着以阶级斗争的有色眼镜看问题的人十分尴尬。把马尔萨斯和李嘉图的关系用阶级利益的代表来说明是不明智的。

马尔萨斯和李嘉图的对立既不是阶级矛盾，也非个人恩怨，而是理论上的学术分歧。马尔萨斯进入经济学领域比李嘉图早得多，他是剑桥大学的高才生，又是职业学者。1798 年，马尔萨斯发表《人口论》而誉满英伦时，李嘉图还是一个经济学理论的门外汉。李嘉图上完高中就辍学了，当了证券经纪人。只是 1799 年当他妻子生病，在某温泉疗养院住院时，他在流动图书车上偶然看到《国富论》才涉足经济学的。在当时的李嘉图眼里，马尔萨斯是仅次于斯密的思想家，"它所阐述的理论是那么清楚，那么使人满意，因而引起了我的兴趣，这是仅次于亚当·斯密的名著"。那时的李嘉图对于马尔萨斯只有仰视的份，没有想过可以和马尔萨斯平等交流甚至激烈争论。马尔萨斯注意李嘉图是在《人口论》发表 12 年后，即 1810 年和 1811 年，李嘉图分别发表了《黄金的高价是银行纸币贬值的验证》和《答博赞克特先生对金价委员会报告的实际观感》两篇论文以后。考虑到自己的地位对李嘉图的影响和压力，为避免同这位新秀发生不必要的分歧，马尔萨斯主动结识了李嘉图，这显示了他的学者气度和对年轻新秀的尊重。虽然二者皆是斯密的"粉丝"，但观点却不相同[①]。在价值理论、谷物贸易、经济危机等理论方面，他们的观点尖锐对立，争论在所难免，一直持续到李嘉图逝世。如1815年，马尔萨斯从国家安全和减少因迅速进口谷物导致的土地所有者破产，农工失业造成社会矛盾激化的考虑出发，发表了《地租的性质与发展及其支配原则的研究》，反对废除谷物法和降低谷物限价，主张农业保护政策。而李嘉图从有利于资本积累的角度，以经济自由主义的思想发表了《论谷物低价对资本利润的影响》，驳斥马尔萨斯的观点。从根本上看二者的目标是一致的，都是为了促进英国社会的稳定和增加社会的财富，只不过表现形式不同。1820年马尔萨斯出版了《政治经济学原理》，李嘉图以多篇幅（220页）指出了马尔萨斯的论证失误，后者亦加以反驳，认为此类瑕疵也不是自己的专利，李嘉图的著作中也比比皆是。李嘉图的《政治经济学及赋税原理》与《绝对价值和相对价值》都是在与马尔萨斯的争论和商榷中写成的，两人在学术上的争论从来没有停止过。李嘉图说过，马尔萨斯的《人口论》曾使他受益匪浅；马尔萨斯也说过"我们共同探讨感兴趣的问题，只为真理，别无它念"。与之同时代的作家玛丽亚·艾奇沃思在日记中记述道，"他们（马尔萨斯和李嘉图）一道寻求真理，当他们发现时，即欢呼若狂而无暇顾及是谁先发现

---

　　① 有学者将马尔萨斯和李嘉图的学术之争的原因归于二者世界观的不同，实际上是一种误解。二者世界观是相同的，但在具体问题上因看问题的角度不同，所谓"横看成岭侧成峰"，就会有不同的结论。实际上，学术上的许多分歧的性质大都如此。

的"。两人既是论敌，更是挚友。马尔萨斯是一个清贫的学者，一生缺钱，在同李嘉图交往后经济状况没有多大起色，为此，李嘉图通过其证券经营帮马尔萨斯买了一些债券，以图赚上一笔，缓解马尔萨斯捉襟见肘的收入。尽管这一小笔公债因马尔萨斯小赚即安的想法和对价格波动缺乏心理承受能力过早出手只获点微利，但李嘉图的良苦用心是无法否认的。为了帮助马尔萨斯，李嘉图在临终前还留赠了一笔生活费用给马尔萨斯，足见二者感情之深。李嘉图对这种论敌和挚友的关系极为怀念，在他去世前给马尔萨斯的诀别信中说："现在，亲爱的马尔萨斯，我就要去了。像其他争辩者一样，在许多辩论后，我们的观点依旧。然而这些辩论丝毫也没有影响到我们的友谊，即使你同意我的观点，我也不会比现在更爱你。"在李嘉图逝世后，马尔萨斯深情回忆道：除了自己的家属外，我从来没有这样爱过任何人。

古典经济学家之所以能做到既是论敌又是挚友，是因为他们都基于对科学和真理的共同信仰，从而超越了狭隘的个人感情；对学术的执著，使之能在长期而激烈的争论中保持纯洁而真诚的友谊。学高为师，身正为范，对比中国一度盛行的对思想分歧采取上纲上线、扣帽子的做法，以及原为朋友的诸多名人因观点分歧而反目成仇之事，应该感到羞愧和汗颜。古人早就提出了"和而不同"的辩证法观点，遗憾的是天天喊着辩证法的人们却认为不同而和是不讲原则，是修正主义，结果往往把学术问题政治化，政治问题绝对化，最后都变成了"针尖上能站几个天使"的形而上学。

小　结

以斯密为代表的古典经济学开创了西方经济思想的第一个流

派。从此，经济思想的流变始终遵循斯密的以价值为中心来进行，无论是批评古典学派还是赞成古典学派的思想，莫不如此。尤其是在《国富论》中提出的"斯密命题"（分工与市场相互促进），后续的经济学派别的研究重点直接或间接都与之有关。在斯密的发展价值观影响下，西方社会逐渐确立了一种个人至上，物质增长的外向型发展思路。该思路强调个人物质欲望的合理性、个人欲望的合理性和个人欲望与社会整体进步、发达的一致性。市场自动调节的"看不见的手"是使个人利益和社会整体繁荣趋于一致的最好协调方式。直至今天，这一思想仍主导着西方社会主流的发展价值观。这一思想对于今天正处在转轨中的国家而言，其指导意义更是深远，不论西方主流经济学今后如何对待这一思想，对于中国而言，靠近亚当·斯密，制约垄断利益集团，形成一个公正、充分竞争的市场经济环境，也许是促进中国社会发展的最佳选择。

第七章

橘枳之辩

——历史主义经济学对古典经济学的挑战

一 历史主义经济学的演变

在诸多的西方经济史教材中，说到历史经济学，似乎只有德国有此学派，其实这是一种误解。历史经济学有两三个变种，即培根主义、黑格尔主义和孔德主义。三者既有一致性，又有区别。

（一）历史和制度因素——培根主义的历史主义经济学

在英国，培根主义的代表是年轻学者威尔士人理查德·琼斯（1790—1855 年）、威廉·休厄尔（1794—1866 年），[①] 他们推进了培根的归纳法，并将之运用到经济学的分析之中。在 1831 年的《关于财富分配和税收源泉》的论文和 1869 年出版的《文存》中，琼斯抨击李嘉图，认为李嘉图所做的抽象只包含与现实世界不同的假设、真理，一个似乎可以解释实际上包括一切的价值体系。琼斯想通过包容过去与现在经验的认知方法——历史

_____

① 休厄尔继承了马尔萨斯在哈利伯雷大学的政治经济学教授职位。

主义的方法代替李嘉图的抽象过程。琼斯在思想中已经构建了一种"国民政治经济学",力图寻找经济变化和社会政治因素之间的联系。这种经济学既有对国民经济学的结构和变化的考察,也涉及财产关系、劳动组织及社会政治制度的改变给这种结构的演变造成的影响。所有这些问题在后来的马克思的思想中都是非常重要的,马克思对琼斯的思想给予了某种程度的关注和评价,对于这一时期的经济学家,马克思很少如此。也可以说,马克思的历史唯物主义在方法论上受到了琼斯的影响。但是琼斯和穆勒生于同一时代是琼斯的不幸,因为后者的思想更适合于那个时代。穆勒虽然是古典经济学的挽歌演唱者,但是他公开承认历史和制度因素是经济理论的限制条件。这一观点暗示了西方经济思想的两个非主流派的存在价值。他提醒人们在经济理论得出政策结论时,切勿忽视经济以外的东西,这甚至给了历史主义经济学家一个假象,似乎他们代表着历史的潮流,他们的新思想要引领新的时代了。

(二)追求历史的多样性——孔德主义的历史主义经济学

孔德主义的历史主义经济学的代表是都柏林经济学家约翰·K. 英格拉姆(1823—1907 年),他受教育于三一学院,历史的多样性是其思想的一个焦点。1878 年英国科学进步学会在都柏林开会时,他作为经济学和统计学小组的代表发表了题为《政治经济学的现状及前景》的演说,他对古典经济学提出了四点责难:

1. 它将社会的经济现象同思想、道德和政治方面分割开来;
2. 它发展了"邪恶地抽象"的概念;
3. 它无限夸大了演绎的功能;
4. 它提出的结论是绝对的。

在 1888 年英格拉姆出版《经济学史》时，其历史主义倾向的思想已经明确起来。他认为，对经济学的研究应该系统地与对社会生活的其他方面的研究相结合，要抑制过度抽象的倾向，演绎法应改变为归纳法，经济规律及在其基础上建立的实际规定要防止以过于绝对的方式来表达。

英格拉姆的朋友克利夫·莱丝利（1826—1882 年）在麦恩的建议下转向历史经济学，在 1861 年发表的《货币之爱》和 1878 年发表的《论政治经济学的哲学方法》中，也提供了历史主义经济学的构想。特别需要指出的是他认为生产的动机是消费者的需要，消费决定生产，并对杰文斯提出的消费理论持有保留的肯定态度。他认为如果没有对历史和整个社会结构所渗透的法律的研究，就没有即将来临的这种理论。他是后来制度主义批判的先驱者（斯皮格尔，1971 年）。

沃尔特·白哲特是名著《伦巴第街》[①] 的作者，创刊于 1843 年著名金融周刊《经济学家》的编辑，他对经济学的贡献体现在《经济研究》（1880 年）和《经济学家》之中。对于古典经济学，他是一个二元论者：一方面，他向往的作为确定规则与标准的方法倾向于李嘉图而非穆勒；另一方面，他是一位有心理学倾向的相对主义者，一个研究原始经济制度的学者和一位对人类本性的敏锐的观察者。对于古典经济学尤其李嘉图方法[②] 和

---

① 伦巴第街是英国伦敦金融街，与纽约的华尔街相同。《伦巴第街》要人们注意中央银行的功能问题，国际金本位并不自动起作用，而是需要通过中央银行以适宜的贴现政策加以管理。

② 欧洲大陆人常会抱怨："你们英国的商人既强大又富足，你们当然希望比我们的商品卖得更便宜，我们既脆弱又贫穷，你们发明了这种政治经济学来使自己致富毁掉我们，我们希望你们不要这样做。"

英国的经济政策的不受欢迎①以及国外像野草般生长的保护主义信条，他有着浓厚的兴趣。

在《伦巴第街》中，白哲特提出了两个重要的观点，即中央银行理论（在内部和外部漏出时不同的处理措施）和经济金融周期理论。在经济周期理论中，他提出伦巴第街的兴衰与某个产业之兴衰的类蝴蝶效应，这对后来的福利经济学创始人，剑桥经济学家 A. C. 庇古的《产业波动》（1927 年）理论有影响。剑桥的经济学家 R. F. 卡恩于 1931 年用数学方程式成功地表达了这种效应的规律，并被凯恩斯采纳而光大。

除此之外，主持牛津的德拉蒙教授职位的索罗尔德·罗杰斯（1823—1890 年）支持有数学倾向的历史主义经济学。其代表作是《英格兰农业和价格史》（8 卷本，1866—1902 年），在价格和工资的历史研究中颇有建树。阿诺德·汤因比②（1852—1883 年）则支持有人道主义特征的历史主义经济学，对古典学派未能揭露的工业文明的黎明前的黑暗阶段有着本能的关注。对于市场失灵（"看不见的手"可以被扼杀，这是乔安·罗宾逊后来发展的观点）有着天才的预见，他认为自由会破坏垄断，同样也会产生垄断；竞争既会在对等的对手之间产生，也会在不对等的对手之间进行，二者的意义是不一样的。而这些都是斯密和古典学派所忽略的。

（三）存在就是合理的——黑格尔主义的历史主义经济学

1770 年，英国产业革命完成，1830 年，法国完成了工业革

---

① 欧洲大陆人认为："一切政府都喜欢干预——这提高其地位并使之抑制人类的邪恶。"

② 他与其侄子同名，后者是 20 世纪著名的历史学家。

命，而德国在农业和工业的革命中，已明显落后于英法两国，沦为当时的发展中国家。1860 年，农业中取消农民对地主的人身依附关系的"赎买"过程才基本完成。用李斯特的话说，德国正处在"经济发展阶段"[①] 的第四个阶段，即农工业阶段。而英国已处于第五阶段的终期，也就是农工商业阶段，法国也处于农工商业阶段的初期。且不论这种划分的科学性如何，德国在国际交往和贸易中处于不利的地位已成事实。正是在这种背景下，德国的经济学家在方法论上提出了历史主义的研究方法以对抗李嘉图所展示的抽象研究方法；强调各民族国家的经济发展各自的特点，否认有普遍规律的存在；力图用国民经济学取代政治经济学。在经济政策上对内提倡自由主义，对外力主保护主义；强调民族利益和作为民族精神的德意志国家干涉经济生活的必要性。至于美国，1850 年左右，资本主义生产关系才开始建立，1895年，美国的资本主义已经赶上欧洲，因而在美国就没有形成古典经济学的历史阶段。由于留学生来源及留学国方向的原因，美国的经济学从一开始就是德国历史主义的变种，逐渐演变为制度主义经济学，强调制度研究。在美国的制度主义经济学中，展现出发展中的资本主义国家的特点，其代表人物是凯里（主张社会和谐论和保护关税论）、凡勃伦等。历史主义经济学仅是德国历史主义的许多表现中的一种。它既反对孕育了亚当·斯密著作的世俗化自然法传统，也敌视边沁的功利主义。因此，要了解历史主义经济学就不可避免地要对历史主义有所涉猎，德国历史主义在乔治·威廉海姆、弗里德里希·黑格尔（1770—1831 年）那里达到了顶点。历史主义经济学的德国变种可称为黑格尔派。黑

---

　　① 李斯特的"经济发展阶段论"认为，"从经济方面来看，国家都必须经过原始未开化、畜牧、农业、农工业、农工商业五个时期"。

格尔认为历史研究是研究关于社会科学的正确方法，社会科学体现了历史发展的根本倾向。然而他并不到此为止，其道德实证主义的哲学指出：凡是现存的都是合理的，而凡是合理的都必然会成为现存的。基于这一理念，黑格尔把自由与正义内化于强权的国家之中，"普鲁士的绝对君主专制就是正义的具体化，自由是有意识地对国家权威的认可，进而，国家的法律就是自由"。黑格尔的哲学不但消除了德国启蒙运动的影响，坚持观察历史演变的无终止的唯一性，而且把边沁的功利主义挡在国门之外。① 黑格尔的著作本身就是将语言用于社会控制的早期例证，尤其是他认为自由是对国家权威认可的观点，预示了强调社会控制和公共政策的社会思想与政治计划的发展。② 黑格尔主义反映了19世纪德国的思想倾向，不仅影响到历史主义经济学家，也影响到了马克思。黑格尔主义已内化为德国的民族精神，其影响是巨大和深远的。

黑格尔主义的历史经济学是历史学派的先驱，其代表人物是亚当·缪勒（Adam Heinrich Muller，1779—1829年）和弗里德里希·李斯特，前者是一个不可或缺的人物，虽然人们常常忽略他。与李斯特不同的是，缪勒受类似于西斯蒙第思想的埃德蒙·伯克（1729—1797年）的浪漫主义思想的影响，他的文化根基的德意志因素与之结合形成了一种德意志国家主义的反对资本主义自由竞争的思想（倒退到中世纪的浪漫主义），他支持梅特涅的神圣同盟的复辟政策，甚至为了防止古典经济学的传播而极力阻止柏林大学（1809年成立）对亚当·斯密的追随者的任命，

① 黑格尔在学术界的主导地位和德国大学的国家机构性质，导致边沁在德国的一些追随者丧失教职，故而使边沁主义丧失了传播平台。

② ［美］亨利·威廉·斯皮格尔：《经济思想的成长》，晏智杰等译，中国社会科学出版社1999年版，第358页。

这实在有点失身份。

对于自由资本主义而言，缪勒可谓早期批评家，但是这种批评却是历史的后进者对历史的先进者的批评。他从德意志专制统治的立场出发，认为资本主义是对专制国家存在的威胁（这一观点的真正意义直到 20 世纪末期才被人们所认识），原因在于自由企业和竞争会打破静态（僵化）的平衡和产生无秩序，破坏传统的人际联系，自由贸易是对自给自足的独立国家的理想的蔑视与否定。

二 "内圆外方"经济思想的倡导者
李斯特的民族主义经济学

国际级的经济学大师李斯特（Friedrich List，1789—1846年），是一位悲剧式的爱国主义经济学家。他热爱祖国，但祖国的执政者并不爱他，对他进行迫害，终至他精神分裂而亡。李斯特未受过正规教育，自学成才，在图宾根大学深造，1817 年，被聘为该大学财政学教授，1840 年获耶拿大学荣誉博士学位。从配第、李嘉图和李斯特对经济学的贡献看，要发展经济学，似乎正规经济学教育反而有阻碍。

李斯特的而立之年，德国资产阶级处于内外夹击的困境。邦与邦之间关卡林立①，国内统一市场难以形成，自由

图 7—1　李斯特

① 当时英国已成功进行了产业革命，法国也步其后尘，走上了资本主义道路，然而德国依然是农业国，工业受制于行会，发展极为缓慢，内部关税之多有一个例子可佐证：一位商人当时从巴塞尔到科隆之间交税 31 次，平均 6 英里交税一次。

图7—2　《政治经济学的自然体系》

贸易不能进行。政府不收关税，却面临在与提倡国际自由贸易的英国工业化的竞争中处于劣势的问题。只有采取"内圆外方"贸易自由主义与关税保护主义相统一的政策，才能有利于国家的发展。这就给经济理论造成了困难，如果不加区别地引进古典经济学理论（李斯特和缪勒都认为古典经济学属于当时先进国家英国的"世界主义"经济学），提倡国际自由贸易，那么德国幼稚产业就得不到有效保护，对国内市场造成强大冲击，这显然是不行的。但是英国正是靠古典经济学理论指导而富裕强大的这一事实，在世界上很有影响且有很强的说服力。如何抵御古典经济学的理论台风，为自己的国家在理论上提供一个"内圆外方"的避风港，是摆在德国经济学家面前的迫在眉睫的理论难题。李斯特的《政治经济学的国民体系》（1841年）一书便应运而生。

在该书中，他从民族经济的发展条件提出了生产力理论、关税保护必要代价论以及经济发展阶段论（三者之间有着内在的联系）来对抗古典经济学倡导的统一世界市场论和自由贸易理论，以保护德国弱小的经济。

（一）内涵丰富的生产力理论

李斯特在西方经济思想史上是首次对生产力进行系统研究的经济学家。他力图以此观点来抑制古典的价值理论，认为后者只注重财富和交换价值，忽略了生产力，而财富只是生产力的结果，生产力较之财富重要得多。李斯特对劳动价值论并不认可，一国之民众克勤克俭，仍陷于贫困境地，如何解释？劳动本身无法说明一国强盛与衰落的问题，能真正说明国家强盛与否的是生产力概念，它构成了国民经济学的核心。

李斯特的生产力概念内涵丰富，实际上是一个社会整体竞争力的概念，宗教、社会习俗、法律、经济、政府结构、教育、科技、民族精神等都包括其中。"一个国家之发展程度，并非如萨依所言而决定于其储蓄的财富（交换价值）之多少，而是取决于其生产力之发展程度。"[①] 在这里李斯特虽然将几乎所有的社会内容都纳入了生产力范畴，过于泛泛而失之偏颇，但他对生产力概念的作用理解却并不错误。尤其是下述观点，新颖而中肯。

（二）科学技术是最重要的生产力

他认为英国的力量及其生产力的增长，并非完全归功于限制进口、航海条例及商业条例，而是主要依赖于科学技术领域的胜利。对于科技的进步对报酬的影响，他持乐观态度（针对报酬递减规律）。可以说，李斯特是首次用生产力和科技进步分析英国何以强大的经济学家。

（三）精神资本（教育）是生产力的主要内容

李斯特从其生产力内在的规定性出发，提出了精神资本的重要概念。他认为，把一国之生产力仅局限于物质资本的说法太狭隘了，"各国现在的状况是其先世的一切发现、发明、改良和努

---

① ［德］李斯特：《政治经济学的国民体系》，陈万煦译，商务印书馆 1981 年版，第 124 页。

力积累的结果，这些就是现代人类的精神资本"①。教育是使一国之精神资本延续的主要手段，是培养生产力的途径。"一国之大部分消耗，应用于后代的教育，即国家未来之生产力的促进和培养。"②

　　在西方经济思想史上，把精神资本提到前所未有的高度，除了古希腊的柏拉图就只有李斯特。马克思把意识形态提到众所周知的重要地位，形成了诸多民族的"意识形态"情节，不知是否与此有关。

（四）分工与协作：生产力实现方式

　　李斯特认为，生产力的构成要素是不可分割的。他认为斯密仅强调分工而忽略了协作。分工协作既适用于企业，也可以用来分析区域或国际生产力的协调问题。这可以看做是国际分工和区域合作的理论先导。

（五）国家干预理论与贸易保护

　　对于古典经济理论所提倡的经济自由主义观点，李斯特并不完全认同。许多教科书在分析李斯特的国家干涉主义观点时，似乎倾向于李斯特完全反对经济自由主义，这实际上是缺乏历史观点的。英国并非天生强国，在强国历史上，先后有葡萄牙、西班牙、尼德兰、荷兰各领风骚，李斯特通过对英国由弱变强成为世界头号经济强国的历史分析，认为英国的成功并非经济自由主义使然，而是国家成功干预的结果。他对于刚脱身于封建庄园和小

---

　　① ［德］李斯特：《政治经济学的国民体系》，陈万煦译，商务印书馆1981年版，第124页。
　　② 同上书，第128页。

农经济的德国资本主义私人经济有切身体会，认为它有自身难以
克服的弊端：私人经济追求眼前利益，和国家的长远利益会时有
矛盾，任其发展，会使国家生产力受损害，不利于提高国家福利
与实力；对私人经济而言，其发展离不开国家的保护与扶持，私
人经济必须通过国家的组织才能形成生产力，并在很大程度上取
决于国家的社会与政治环境。李斯特力主将国家干预放在本国经
济实力迅速发展和向工业强国转变的关键时期，争取缩短其转变
过程。"国家在经济上越发展，立法和行政干预就越不可少。"①
必须注意的是，李斯特的国家干预思想是有所限制的，他反对全
面干预和全程干预。对于后者，前面已有所述；对于前者，他认
为管制只限于部分领域，全面干预是不明智的。与李斯特相比，
传统的计划经济的理论家们难以望其项背。凯恩斯主义的中心思
想也可能从李斯特的主义中得益甚多。从本质上看，李斯特的
"外方内圆"的经济学与斯密的思想是一脉相承的，所谓橘生淮
南则为橘，橘生淮北则为枳，其味不同，水土异也。

　　李斯特的贸易理论隶属其国家干涉理论。他对英法等国的贸
易特点进行研究后提出了自由贸易政策发展的三阶段论：第一阶
段，落后国与先进国进行自由贸易，以农产品交换工业品为主，
在观念上摆脱文化落后和提高生产力。第二阶段，实行贸易保
护，促进落后国家的制造业、海运和商业的发展。第三阶段，当
本国的经济在结构上与先进国家有较小的差距时，再逐步实行自
由贸易政策。对于经济发展初期的贸易保护政策的代价，李斯特
是了解的，但是他认为为了长远的生产力的增长，这种代价是必
要的。同时李斯特明确承认英国自由主义的政治制度与英国类型

---

　　① ［德］李斯特:《政治经济学的国民体系》，陈万煦译，商务印书馆 1981 年
版，第 150—151 页。

的经济增长之间有着密切的联系。由上面的分析可以看出，李斯特并非是一味地反对经济自由主义和自由贸易理论，而是认为应该根据国家的具体发展情况，有针对性、分阶段性地实行贸易保护政策或自由贸易政策。世界贸易发展的历史、工业化国家以及后发展国家的经历都证明了李斯特的三阶段贸易政策的正确性。由于历史主义的原因，人们往往严重低估了李斯特。笔者是李斯特的"粉丝"，认为李斯特是经济思想家中最有可能升值的"潜力股"，是发展中国家的经济理论代言人。

对于李斯特，笔者认为对其评价最恰当的当属朱绍文教授的《经典经济学与现代经济学》，对此，樊纲先生有一段中肯的评述：

朱先生一生极为推崇德国经济学家李斯特，其重要原因之一就是因为他不是简单地照搬和学习当时先进的国家——英国的经济学理论与经济政策，而是从当时德国作为一个较为落后的"发展中国家"的特殊情况出发，"建立了从本国立场出发的'国民经济学'，特别强调本国创造财富的生产力……的重要性"。李斯特为德国的现代化进程、为德国追赶上英国等发达国家做出了重要的贡献。他的著作成为影响当时属于发展中国家的美国和日本走向现代化的重要著作。朱先生所推崇的这种经济学研究的"本国立场"，对于我们所有的研究人员来说都有着非常重要的意义。

首先，所谓"本国立场"，不是要另起炉灶，置人类几百年以来已经发展起来的知识和科学体系于不顾，井底之蛙，搞什么"中国经济学"，而是要充分利用现代经济学，充分利用哪怕是昨天别人已经发展起来的知识与成果。只不过，作为致力于中国经济发展和现代化的中国经济学者，必须针对中国的特殊问题、特殊发展阶段，由此出发，来提出问题和解决问题，才能真正使经济科学为我所用，而不是人云亦云，跟着"别人的问题"走，不能对本国的发展起促进作用，相反却可能起负面的作用。西方国家经济学家当前所研究的问题和提出的政策，多数都是针对他们作为先进国家当前所面临的一些前沿课题，而我们作为各方面都还很落后的发展中国家（同时还是"转型经济"），则有我们的特殊问题，如果不认真地分析这种差别，就可能提出错误的政策主张。比如当前非常热门的"新经济"、"旧经济"问题。"新经济"的概念，本来是根据某些发达国家的新经济现象提出的，与我们的现状相差甚远。即使是用"新经济"、"旧经济"的概念特指一些新兴部门和传统产业，也会有很大的差别。对于发达国家来说是"旧经济"的一些部门，对我们来说还是刚刚开始发展的新兴产业，如汽车、住房、家电等等；而对一些发达国家来说日益丧失国际竞争力的一些夕阳产业，对我们来说则可能正是当前有国际竞争力的产业，如劳动密集型产业。西方国家的经济学家和企业家到中国来大谈特谈"新经济"，是因为那正是他们的"兴奋点"，他们正在为其在全球"开拓新疆场"。而如果我们盲目地跟着起哄，也要把中国的经济结构现在就提升到发达国家那样的水平，忘记了现在我们"能卖得出去"的东西主要是什么，能"赚钱"的东西主要是什么，也就是竞争力所在是什么，忘记了我们还有九亿农民等着就业，等着进城，我们的经济就一定会在国际竞争中被挤垮，自己内部的矛盾也会激化。不能现实主义地冷静客观地分析本国的现实情况，在此基础上制定科学的发展战略，是发展中国家经常会犯的一个毛病，而这正是缺乏"本国立场"的一个表现。

其次，一个经济学家从"本国立场"出发，不仅能为本国的经济发展做出贡献，也恰恰因此能为经济理论的发展做出自己独到的贡献。比如，如果中国经济学家能为至今人均 GDP 只有 800 美元（世界最高的瑞士是近 4 万美元）、处处落后（资本、技术、人才、管理、体制等等）的中国经济持续增长，最终实现现代化，追赶上发达国家提出切实可行的政策方案，他们也就能对经济学，特别是发展经济学（即关于落后国家是如何发展的）做出重要贡献。经济学的一般性原理都是在各种特殊问题的分析中逐步形成的。研究落后国家如何发展这个特殊问题，怎样能为经济学的一般理论增加新的内容，这也是李斯特为什么不仅是一位伟大的德国经济学家，也是一位在整个经济学说史上占有重要地位的国际级经济学家的原因。[①]

（六）经济发展"五时期"论

李斯特指出：一个国家之经济发展程度同该国的经济实力和文明程度成正比。这是衡量一国经济发展时期的指导思想。以此为据，他把人类文明史划分为五个发展时期：原始未开化时期，畜牧时期，农耕时期，农工业时期和农工商业时期。五个时期依次递进，而制造业是由农耕时期向更高阶段过渡的关键因素。在国家资本积累形成的过程中，工业是最根本的力量，农业只有在工业占主导地位以后，才可能反哺促进农业资本的形成。李斯特的上述思想是相当深刻的，它揭示了农业和工业发展的相互关系及其在国家资本形成中的重要作用。许多发展中国家的经济发展为之做了佐证。

---

① 在 20 世纪 60—70 年代，德国、日本和亚洲四小龙走的都是"三阶段论"的道路，而且取得了工业化的成功。作为后进的追赶型国家的发展理论，李斯特"五时期论"仍有现实意义。

三 罗雪尔、希尔德布兰德与尼克斯的高见

在阐明以李斯特为先驱的德国旧历史主义经济学的方法时，很多学者都强调其以归纳、实证法否定抽象法，似乎这是旧历史主义经济学所固有的。这实际上也是一种误解。从李斯特的有关理论来看，他强调的是归纳和实证，但不是绝对地反对抽象。至于旧历史主义经济学的代表人物威廉·罗雪尔（Wilhelm Roscher，1817—1894 年）、布伦诺·希尔德布兰德（Bruno Hildebrand，1812—1878 年）和卡尔·尼克斯（Karl Nix，1828—1898 年），虽然也提出了要寻找经济规律的目标，甚至还提出了历史周期特征的观点，但是，他们没有超出李斯特，无论是方法论还是经济论方面。罗雪尔甚至一度对约翰·穆勒的理论有保留性地欣赏。

尼克斯在发展历史主义经济学的方法与理论上亦无建树。但是，在理解通向社会主义的道路，以及古典经济学与社会主义关系时，尼克斯表现出惊人的悟性：古典经济学完全不足以克服社会主义兴起的潮流[①]。因为二者的偏见是共同的：功利主义和劳动价值论。古典经济学不但无助于消除社会主义，而且有助于它的兴起；经济力量的集中与古典经济学不限制竞争的工业封建主义会使工人受到训练，并且只能加速通向社会主义的进程（斯皮格尔，1991 年）。

在经济研究的方法的探索中，历史主义经济学力图从经验中总结出经济规律的努力基本上没有取得成功，但在持有历史主义

---

　　① 那时德国的社会主义知识是法国的舶来品而非马克思的观点，因为马克思 1848 年出版《共产党宣言》时才 30 岁，只是一家不出名期刊的编辑而已。在德国流行的是洛伦茨·冯·斯坦恩的《今日法国的社会主义和共产主义》（1842 年），连出三版，德国民众熟悉法国社会主义思想。

经济学观点的其他领域中，他们还是有所收获，这就是施穆勒看不起的来自洛桑的小人物帕累托和统计学家恩格尔。他们把探索历史变化的规律的任务留给了马克思，因为二者具有某些共同的思想内容，而马克思也受到了历史主义的影响。在说到马克思主义的来源时，旧历史主义的影响是不可忽略的。阿道夫·瓦格纳提出的"国家社会主义"也是历史主义的一个异化果实。

四　天下没有免费的午餐:被帕累托调侃的名人施穆勒

图 7—3　施穆勒

旧历史主义的经济观点随后被发展到一个绝对的阶段，它排斥任何与之不同的方法论观点，既包括古典主义，也包括新古典主义（19 世纪 80 年代，新历史主义与奥地利学派的门格尔关于方法论之争），其中最有代表性的是曾任柏林大学校长（1897 年）和经济学教授的古斯塔夫·冯·施穆勒（Gustav Von Schmoller，1838—1917 年）。在施穆勒的笔下，经济学开始与经济史等同起来。在实践中，由于没有产生确定的真理，德国经济学家面对俾斯麦的保护主义政策和一战后巨大的通货膨胀潮流束手无策。其中最有趣反映施穆勒观点的故事是他与帕累托[①]的对话：在伯

　　[①]　维尔弗雷德·帕累托主要是作为数理经济学之父而闻名于世，尤其是"帕累托最优"法则，使其享誉经济学界。但是在伯尔尼开会时，帕累托还没有出名，而当时施穆勒已是经济学权威。帕累托除了使经济学更加数学化以外，还对经济学做出了三大贡献：帕累托收入法则；使经济学家们从重视基数效用转向序数效用；创立了检验产出是否得到提高的方法。

尔尼的一次统计学会议上，施穆勒听到帕累托言及"经济学的自然规律"时，插话说："先生，并不存在任何经济学的自然规律。"帕累托于是问施穆勒是否很熟悉伯尔尼，施穆勒点了点头，帕累托又问："你是否知道有哪一家餐馆可以吃饭不付钱？"施穆勒不明白帕累托用意，他以可怜这个小人物的口吻说："没有，当然没有，不过有便宜的。"帕累托说："哈，你在此就有了经济学的自然规律了。"施穆勒自己没有意识到，他说的正是"天下没有免费的午餐"的经济学规律。他被帕累托给调侃了。

五　非历史主义经济学发现的经验规律:恩格尔系数

当经济理论在历史学派领域沉寂之时，其他领域倒是没闲着，统计学家恩格尔根据统计资料，提出了一个经济规律，这就是恩格尔系数，表明不同收入水平的消费者支出构成的变化，这是经济学中不多的经验规律之一。遗憾的是，这一规律却不是历史学派发现的。

六　青山遮不住,毕竟东流去:历史主义的边缘化

19 世纪 80 年代，在德、奥经济学派之间发生了一次著名的"方法论之争"。

1883 年，维也纳大学教授卡尔·门格尔出版《社会科学特别是政治学方法论研究》一书，维护理论在社会科学中的重要意义。施穆勒在其《年鉴》（后称《施穆勒年鉴》）上发表评论抨击门格尔的观点。次年，门格尔以给友人 16 封信的形式，出版了著名的小册子《德国历史学派的错误》加以反驳，从而引发了德、奥经济学派之间的大论战。论战之初是属于学术的方法

论之争，双方争论的重点是经济学的核心应该是分析的经济理论，还是统计的或历史的研究方向，纯属于学术分歧；到后来，便演变成为派别赌输赢的闹剧，学术争论的意义也就荡然无存了。

如果能公正地对待这一争论的话，那么我们看到双方是有共同点的，即二者都希望经济法则具备如同自然科学那样的精确性；不同的是施穆勒要求理论不但是精确的，而且应当是全面的、真实的，即真实性是科学性的必要条件。对于门格尔从真实中离析出偶然因素，专注研究根本因素，从而可以在一个较小且纯粹的范围内反映某一类经济现象的普遍特征的方法，施穆勒并不认同，他认为这种孤立的方法会引起资料和数据的减少，进而导致理论要素的失败。

哈耶克认为，门格尔以一种丰富而清晰的语言，提供了对效用、价值和价格理论之间关系的说明。这预示了边际效用学派在经济思想的方法论的革命，历史学派当时认识不到这一点，仍沿着罗雪尔等人的老路，力图另辟蹊径。但历史学派将历史的经验性研究与纯理论的研究混为一谈，从而阻碍了经济学的发展，也使自己陷入了窘境。19 世纪 80 年代的大论战以后，德国历史学派的经济思想逐渐被边缘化了，甚至一度淡出了历史舞台，主流经济学从而进入了一个新的阶段——新古典经济学时期，可谓"青山遮不住，毕竟东流去"。

小　结

如何评价历史学派在经济思想史上的地位，也是见仁见智的，根据有的学者的分析，经济学史倾向于低估历史学派（主要是施穆勒）的作用。真正从历史发展来认识，历史学派的主体思想和相应观点有以下几方面是值得重视的。

第一，另辟蹊径的选择，立足经济思想的相对性，使人们对真理的追求方式有了新的认识。从经济思想的流变来看，质疑当时的经典经济思想，以求对经济理论有新的发展是应有之义，这对于僵化地抱住古典教条不放的传统来说是革命性的，尽管未能成功。约翰·凯恩斯在1890年曾指出，经济理论应当有实际应用的限制条件，仅就人们所关心的具体的经济学说的范围里，近些年的经济学家几乎普遍承认这种相对性、这被看作历史学派的明显的也是当然的胜利。在历史学派的挑战下，门格尔也承认对方立场对其思想的启发意义，主流经济学意识到了经济理论的应用有其限制条件，并改善了自己的分析工具，使之趋于更加科学。著名经济人类学家波·拉尼曾提出"嵌入性"概念，指出"人类经济嵌入并纠缠于经济与非经济的制度之中"。遵循这一逻辑，历史主义卷土重来只是变换方式而已。

第二，历史学派对社会公正的强调，从经济理论的适用性方面提出了一个应该注意的问题，自由和平等是人类社会始终要面临的难题，财富的增长并不必然带来社会成员福利的增长，生产和分配是经济生活相辅相成的两个方面，经济理论要把分配作为自己的重点。对此施穆勒表示了高度的关注，尤其对于以自由竞争为由，作为整体的社会不肯减轻下层民众的负担，贫富差别有在平等的外表下掩盖着越来越大的鸿沟的倾向。施穆勒曾警告说，在西方历史上，古希腊和古罗马文明皆是毁于社会分化的。它预示着，如果一个经济理论不能在生产和分配之间取得协调的话，无论其多么"科学"，都是不完整的。

第三，施穆勒提出的只有正确的抽象才是重要的观点对于日益陷入假定和数学化怪圈的经济思想的发展倾向来说不啻为一服清醒剂。张五常讲了一个自己用经验做论文得出正确的结论后为了发表又不得不采用数学化形式的故事。[①]

但我自己到今天还不明白，不用数的理论解释推得层次分明，为什么还要用数再证呢？

当年写《佃农理论》，所有结论皆由普通常识与简单原理推出来。老师要求我用数学再证，于是参考数书，依照自己想好了的理论砌成方程式。半点新意也没有增加，但老师高兴。后来在芝大遇到基尔·庄逊，谈起他比我早好些年发表的佃农理论，用数推出来的结论是错了的。他告诉我，方程式得到当时的天下高人协助，他自己觉得结论与事实有出入，有问题，但方程式推来推去也得不到自己心安理得的结果。协助庄逊搞方程式的君子我认识，确是数学经济的天下第一把手。事实上，该高人与庄逊合璧，推出与正确答案有关的重点，只有一个佃农分成率，其所带来的租金收入与固定租约的租金收入相同。用数推得出这重点，天才无疑问，但庄逊认为这相同过于巧合，实际上不会那么巧，于是接受佃农分成无效率之说。我自己不用数学推理，倒转过来：在竞争下，佃农的分成要给地主带来最高的租金收入，只有一个分成率可以，而这分成租金会与固定租约的最高租金相同。庄逊其实是得到了正确的答案，但受到方程式的误导，放弃了。我不用数的倒转过来的想法，纯是经济推理，所以知道庄逊放弃了的二租巧合相同，绝非巧合，而是在竞争下非相同不可。

有时某些论点，用数解释较为容易，较为清楚明确，但我自己还是喜欢先不用数，把结论推了出来再考虑用哪种形式表达。当年写《蜜蜂的神话》，其中有一个新观点，前人没有说过的。

---

① 《经济学消息报》2006 年 10 月 27 日第 8 版。

那是如果一个生产程序无可避免地有两种产品，其中一种是负值与财富极大化是没有冲突的。当时我可以纯用文字解释，但认为用几何曲线解释较为清晰易懂，于是用上了。科斯当时是学报编辑，大赞该文，但认为用上几何分析是美中污点。

在西方经济思想家中，不用抽象，而用纯经验把有关社会制度优劣的道理讲得清楚的，当哈耶克莫属。他在 20 世纪 20—30 年代国家干涉主义和计划经济风光无限的时候，用浅显的经济观点论证了后者可风光一时，但不会长久更不会永久。事实证明了他不采取抽象的形式，却达到了善于在抽象方法上大做文章的经济学家们难以达到的高度。正如张五常教授所指出的，不用数的理论解释得层次分明，为什么还要用数再证呢？这正是笔者把哈耶克作为最后一位世界级大师的原因之一。

第四，历史主义经济学促进了经济学及其边缘学科的发展。历史主义经济学提供了对已有的经济理论的批判，使其受惠良多，免于绝对化与狭隘。正如有学者所指出的，虽然经济学至今已在另一个方向上走了很远，但是，最起码，德国历史学派的成就在一定程度上帮助了经济学成为今天的样子，而且他们提出的问题依然有意义。新古典经济理论的集大成者，剑桥学派的经济学家马歇尔对历史学派的评价是：他们追寻，解释经济习俗与制度的工作应当得到更高的评价，它们是我们时代的伟大成就，真正增加了世界的财富，拓宽了我们的思想，增加了我们对自身的知识，并帮助我们了解最中心的方面，即世界的神圣统治。

对于经济学的纯演绎与数学化方法的局限性的批评，不仅来自历史学派，而且也来自数理经济学之父帕累托，这是颇耐人寻味的。当帕累托名满天下时，他开始不满于数学形式化和抽象的经济学理论，而是指出有关经济增长和经济整体运动的要害问题只能置身于历史和社会政治环境中去认识，纯数学化的抽象方式过于狭隘，不能为揭示经济的实际运行方式提供充分的理解。于是，他试图将政治和社会变量与其对经济体系的分析结合起来，使经济学在更加数学化、科学化的同时和历史化与社会化方面结合起来。他的这一开创性努力之所以出现，历史学派的影响是难以否定的，可以说是他对历史学派的思想深思熟虑的结果。

历史学派自身的命运虽然发生了戏剧性的逆转，但是，他们的经验影响了经济学中制度研究的路径的发展。从今天的角度来看，历史学派面临的主要问题是两组矛盾，即外来的形式理论与本土经验的矛盾，以及学术研究的价值立场与介入社会问题和社会政策的现实关怀间的矛盾。方法论之争的核心是在第一组矛盾的解决方式上。施穆勒和德国历史学派经济学家基于其本土意识与现实关怀，强调在充分了解经验现实的前提下，才可以建构真正完全而妥当的理论。尽管这种理论建构的方向在方法论之争后失去了影响，但其主张依然有意义。也正是基于这一点，有学者提出了所谓理论建构的后发优势，其实质是在肯定理论前提的条件之下，立足于本国制度创新的时代经验，化解存在于形式理论与经验现实之间的张力，重申理论创建的基本路径，即以理论为起点，通过对经验现实的潜心研究，发现对理论具有挑战性的事实，进而建立创新性的理论。在中国这样一个经济与社会发展起步较晚、文化的历史积淀又十分厚重的国家，处于社会转型、制度变迁的历史时期，如何将源自西方的社会科学理论与本国现实相结合，如何在把握经验现象的基础之上推动理论的发展，以理论应用来推动理论创新，将是社会研究和理论建设必须面对的问题，这就是我们研究历史主义经济学的现实意义所在。

第 八 章

小荷才露尖尖角
——社会主义对古典经济学的冲击

一 泛社会主义的时代：历史与背景

在传统的经济史教科书中，似乎社会主义就只有空想社会主义和科学社会主义这种前后相继的一个品种，实际上，自发产生的社会主义思想是形形色色的。亚当·斯密确定了以私人企业为基础的自由放任经济的理论框架以后，中产阶级的经济要求逐渐得到了重视和满足，整个社会的物质财富巫术般地涌现和增长。但是在财富增长的同时，相对贫困也水涨船高，工人阶级队伍（西斯蒙第语）随工业革命的胜利而更加庞大，但是，他们并没有受到应有的重视，没有政治地位，没有话语权，没有分享物质财富的主动权。在工业革命进行的初始阶段，工作环境恶劣，工作时间长，女工和童工被广泛雇佣，工人们在贫困线挣扎，甚至没有基本的生活保障。中产阶级在向封建独裁统治体制宣战时提出的自由、平等，财产不可侵犯和反抗压迫的权利都得到了实现。毫无疑问，工业革命的受益者是中产阶级。面对财富与贫困一起增长，工人阶级陷入了困惑和愤怒，他们对中产阶级的目标与口号的真实性产生了怀疑，而诸多知识分子出于社会的良心也对这一残酷的现实产生了强烈的不满，社会主义思潮就是在这种历史阶段和社会背景下形成的。

不能说哪一个人建立了社会主义思想，几乎有多少社会主义者就有多少社会主义的变种。但作为一种思潮，形形色色的社会主义有共同之处，那就是对社会秩序的深刻不满，在这种秩序中的竞争似乎与贫困、不平等和没有安全感有着天然的联系。可以说，早期的社会主义者基本上是现存秩序的批评者和社会改良主义者，还有一些人描绘了通向社会主义的道路。在客观上，他们都针对古典经济学家提出建立新秩序的思想，提出了对新秩序的批评。

需要指出的是，1775年到1825年的近半个世纪中，工业革命的确带来了财富与不平等。但如果按一般进程分析，产生社会主义思潮不至于如此急迫和集中。问题在于拿破仑战争结束以后，物质的需求（军火）、工人的失业、商品的低价与积压同饥饿的40年相伴，工人生活更加困苦，这使原本恶劣的社会环境如火上浇油，战后的经济衰退导致了比过去更加严重的贫困。本杰明·迪斯艾里的作品反映的正是饥饿的40年中底层民众生活的困苦。拿破仑战争的结束给社会主义思潮创造了客观条件，是我们在分析这一时期的历史时应特别注意的。

社会主义思想的源泉同社会主义思想本身一样是多种多样的，归纳起来大致有以下几种源头：

1. 启蒙运动（对社会进步的乐观和可完善性的信仰）：孔多塞、葛德文、欧文。

2. 法国大革命时期的行动主义（1830—1840年，法国成为社会主义中心）：如1848年的"劳动权利"口号。巴贝夫、博纳罗蒂、布朗基、勃朗、布鲁东、巴枯宁。

3. 边沁的幸福原理与公共政策目标：圣西门·傅立叶运用

公平、博爱等一般概念，从伦理上引申出理想制度。

4. 德国哲学的历史主义倾向：拉萨尔·洛贝尔图斯。

5. 人道的自然法思想。

6. 宗教（基督教的爱的思想）：拉米涅。

7. 李嘉图的劳动价值论：李嘉图社会主义者查尔斯·霍尔、汤普森、霍吉斯、金·格雷、布雷。

从上面这些源头可以看出，尽管社会主义一般宣称其为世界性的，但民族特点还是显著的：英国的社会主义倾向于自由主义和进化；法国的社会主义醉心于暴力的密谋；德国的社会主义有强烈的国家色彩，希望通过立法引进社会主义措施。

英国的社会主义最具有典型意义，它有三个变种：葛德文派，欧文是其杰出的代表；李嘉图派①，他们从古典的劳动价值论中得到启发；基督教派，其追随者如拉米涅受到宗教冲动刺激。之所以出现上述情况，原因在于德、法两国的政治秩序的性质不同。如果说英国的政治性质是资产阶级背景的，那么，法、德两国尤其是德国的政治性质是封建性的。恩格斯说，整个19世纪的欧洲"政治秩序仍然是封建主义的"。② 熊彼特说，19世纪在许多欧洲的国家贵族仍然"作为统治阶级行使职能"，"直到自由资本主义末期贵族才不再当家作主"。③ 政治性质的差异导致了社会主义思想的激烈程度的差异。

---

① 李嘉图对欧文作为企业家采取的改革措施表示敬佩，但对欧文的社会主义观点表示怀疑，"在一个他设计的社会主义里，如果是对社会的关心而非对私人利益的关心，刺激了人们的努力，靠同样的人数就能让过去繁荣，生产出更多的东西吗？许多世代的经验，岂不是同他所想的相反吗？"见《李嘉图著作和通信集》第8卷，人民出版社1975年版，第44页。

② 《秦晖文选》（问题与主义），长春出版社1999年版，第205页。

③ 同上。

二　理想主义的改革家、社会主义的实践者欧文

　　传统的西方经济学说史将欧文列入空想社会主义者三巨头之列，这种认识是肤浅和错误的，而正是将欧文列入空想社会主义的祖师，人们忽略了欧文思想及其实践的真正意义与巨大借鉴作用，才造成了 20 世纪代价巨大的社会主义革命运动与建设运动。

图8—1　欧文

　　罗伯特·欧文（Robert Owen，1771—1858 年）是早期带有人文主义和理想主义色彩的社会主义者代表，他在 1816 年出版的《社会新观点》（*The View of Society*）中阐明了自己的观点。在此必须强调的是，欧文的《社会新观点》作为社会主义运动的标志性著作，并不是一种善良的伦理性纯思辨的产物，而是基于他自己 10 年的打工生涯和 16 年工厂管理经验的实践的结果。从资本主义原始积累中期必须要付出代价的角度看，欧文的确具有很强的理想主义色彩，但这与纯理想思辨的空想社会主义是有着本质的区别的，而且在所有的社会主义者中，欧文是最具有实践色彩的。

　　欧文出身贫寒，是威尔士的一个偏僻乡村——新镇的一个小商人的儿子，只接受过粗略的启蒙教育，具有简单的读写能力和一点基本的算术知识，他的知识全是靠自学取得的。10 岁时他离开威尔士去伦敦投靠哥哥，当学徒谋生，从此在各种不同类型的纺织厂打工，其中不乏在"让雇佣工人从头天早上 8 点干到第 2 天凌晨 2 点"的小作坊里挣扎。在他想当老板的创业努力失

败后，做了一家大型纺织厂的总经理，这时他才 19 岁。26 岁时，他伙同几个富有的合伙人从其岳父那里花了 6 万英镑购买了位于苏格兰新拉纳克纺织厂的控股权。1800 年他成了这家工厂的主人。

（一）零和博弈还是双赢博弈——欧文的新拉纳克实验

欧文的世界观是对于社会进步的乐观主义和可以完善的信仰。他不否认资本主义的历史进步性的一面，但是现实中存在的邪恶的另一面是必须而且应该可以改进的。他认为人是环境的产物，而教育是克服邪恶最好的方式和途径。为此他首先把环境的改造和普及教育作为社会改革的切入点，成了世界工业发展史上第一个力图减少社会阵痛的"吃螃蟹"的人。

欧文接管新拉纳克时，该镇有 1500 户居民加上外地流浪于此的 500 名乞儿，生活环境恶劣，垃圾遍地，工人家庭是一家一间没有盥洗设施的狭室，酒鬼和窃贼到处可见，工作条件糟糕，工作时间长达 13 个小时，工资微薄，卫生保健等福利设施是一无所有。欧文从改善居住条件入手，每间住房加盖一层，每个家庭都有了两居室；修建街道，定期清理垃圾，并设立工人委员会改善室内的卫生。然后他买下了城镇中所有的私人店铺，大批购进食物、燃料等生活必需品，并以低廉价格（不取利润）向工人提供。这大大提高了工人的生活质量，据当时估计大约提高了25％。欧文还设立社会基金，所有工人都将工资的 1/6 贡献给基金，由基金向新拉纳克的全体居民免费提供医疗救助。他建立储蓄银行，储蓄者可以用银行贷款修建更好的房子。

欧文坚决反对雇佣童工，他接管新拉纳克伊始，第一件事就是禁止招收乞儿和 10 岁以下的儿童做工（当时 6—7 岁的孩子在英国工厂里全日制劳动是很普遍的现象）。建造公园和广场为孩子们提供游乐场所。与此同时，他规定1—10岁的儿童免费接受义务教育，这即使在今天仍有许多国家难以达到。可见当时欧文的举动是何等的惊世骇俗，震撼人心。在18世纪初期的英国，受教育是上层社会的专利，社会普遍认为工人阶级的孩子没有接受教育的必要。即使少数呼吁工人子弟也有受教育权利的改革者，也仅将教育范围局限于识字，读得懂《圣经》，会简单计算。欧文却将人的全面发展作为教育的目标，希望儿童会学习、思考、唱歌、跳舞，明白世界是如何运转的（普雷斯曼），这甚至超过了贵族子弟的培养目标。

欧文用提高工人生活质量，减少劳动时间，关心工人子女的方式达到了既人道又盈利的目标。在1819年，他的资本回报率达到了12.5%，高于社会平均利润率。他的这种人道主义的管理措施一开始受到了合伙人的质疑，但事实却让合伙人大受教育，他的一系列措施是他那个时代闻所未闻的，其结果既感动了普通民众，也让上流社会钦佩不已，他成了模范企业家的代表和慈善事业的化身，一时声名鹊起，享誉大西洋两岸。

欧文从自己的工厂实验证明可以做到工厂主和工人双赢的博弈，验证了人道主义的资本主义的可行性。"一花独放不是春"，他并不满足，想将此推而广之，让更多的企业主都走新拉纳克的道路，形成英国人道的资本主义。"万紫千红春满园"，这才是欧文所希望的。

1815年，欧文开始报告英国工厂中工人们悲惨的工作和生活状况，并提出了今天人们称之为绿色产品标准的评价工厂制度，应将其对员工的品质和健康的影响同工人创造的财富作为同等因素看待。他还敦促立法当局制定法律以禁止雇佣童工，给予儿童以义务教育。正是因为欧文的努力和影响，1819年英国出台了世界上第一部"工厂法"，对部分工厂雇佣童工做了一定程度的约束。它虽然距欧文的要求甚远，但由此诞生了保护弱势群体的第一条法律，它是人道主义的资本主义或称欧文式社会主义对放任自流的经济体制的一个胜利。

1815 年，正是拿破仑战争结束以后，社会需求锐减，农田供过于求，产品堆积，军队裁员，农场和工厂工人下岗失业，机械化水平使资本有机构成提高，减少对劳动力的需求，从而形成了有效需求不足—产量萎缩—失业率上升—经济恶化的畸形怪圈。据统计，1815—1855 年，农民收入减少 50%，有近一半人沦为乞丐。在这一背景下，欧文从人道主义和资本主义制度的稳定性出发，于 1821 年提出了《对拉纳克郡的报告》，即新拉纳克模式，力图影响政府的工厂法案，即限制劳动时间和规定童工的最低年龄限制。

但在一个社会转型的金钱至上的年代，多数人既无欧文的伦理境界，也无欧文的管理能力，俗话说，环境比人强，当执政者和中上层社会未能普遍认识到可以做到资本与劳动双赢的可能性时，欧文的美好愿望也只能作为理想而存在了。这似乎是欧文的悲哀之处，但也恰恰是欧文的伟大人格和远见卓识的证明。

欧文在英国屡屡遭受挫折，使他萌生了在当时社会主义者向往的社会主义实验天堂的美国实施他"新拉纳克模式"的念头。1824 年，他破釜沉舟变卖了所有家产，携带资金远涉重洋到美国印第安纳的新哈莫尼。按他所设想的原则，用 20 万英镑买了 3 万英亩土地，建立了一个新和谐村式的合作社（联合公社，土地共有）。1825 年 10 月，欧文在美国发表演讲，向世人展示他理想的制度："我来到这个国家是为了建设一个崭新的社会，把愚昧而自私的社会制度改变为一种开明的社会制度，这一种制度将逐渐把一切利益结合起来并消除引起个人之间一切纷争的原因，我已经买下了这片产业，并且亲自到这里实行这种办法。"

建社初始引来了求实的美国人一片赞扬，连当时著名的科学家如美国费城科学院院长威廉·麦克留尔、经济学家和博物学家约西亚·华伦等人也纷纷前来，热情参与公社的建设，一时好评如潮。但由于缺乏对比和竞争，生产效率低下，人性的弱点再次暴露出来，合作社中的人们不能自给自足，逃避劳动，良好的生活环境造就了许多懒汉，人们之间不能善意相处，欧文可以说是血本无归，承受了巨大的经济损失。与此同时，欧文还想将消费者合作社扩展到美国和建立生产者联合体（工人控股的工厂），但是这些计划都如同肥皂泡一样破灭了。

（二）对欧文的再评价——不识庐山真面目，只缘身在此山中

史蒂文·普雷斯曼评价说：欧文没有发现过任何经济关系、理念、分析方法或其他令他千古垂名的技巧。他最大的贡献是他的政治思想，在这一方面他无愧于先驱者的称号。所有当代的劳动法律——如限制雇佣童工、确定最低工资限额、改善工作环境——的建立，欧文功不可没。也正是欧文提出了根除贫困在于教育，而且人力资本（human capital）的观点也可以回溯到欧文那里。他最突出的贡献还在于他的理想主义思想。他既看到了资本主义制度所创造的巨大财富，也发现了它导致的可怕问题，同时提供了实行明智的政策从而妥善解决这些问题的可能性[①]。笔者认为，这一评价虽然不乏中肯，但是并没有包括其意义的全部，欧文的社会主义的真正意义在于他的实验结果，它告诉人们一个浅显而深刻的道理：人类社会的演进是有阶段性的，是一个自然的历史过程，它并不因为某个天才的远见而改变，也不会因某股政

---

① ［美］史蒂文·普雷斯曼：《思想者的足迹》，陈海燕、李倩、陈亮译，江苏人民出版社 2001 年版，第 72 页。

治力量利用历史机遇而实施某种人为的实验而改变；社会的改造要立足于人性弱点的基础上，而不是完全寄希望于人性善良的幻想上。欧文的社会主义实验之所以失败，并不在于他处在一个个人主义的时代，更不在于如传统教科书所说的处在资本主义的包围中。而是因为时代还没有发展到对他的"新拉纳克模式"有强烈需求的阶段，他的消费者合作社与生产者联合体的设想更是遥不可及。当我们回顾这段历史就会发现，历史正在缓慢而自然地沿着欧文的设想演进着，欧文如地下有知，他应该对此感到慰藉。而当我们回顾苏联、东欧和亚洲的社会主义历程，再同欧文的社会主义实验相对比，真是五味杂陈，"不识庐山真面目，只缘身在此山中"。

三 马克思主义经济思想形成的历程回顾

（一）坎坷的生存之道

卡尔·马克思（Karl Marx，1818—1883 年）出生于美丽的莱茵河畔特利尔的一个犹太中产阶级家庭。父亲是政府的一个基层法官，从他家有一个威斯特华伦男爵的邻居来看，起码家道是殷实的。这就使少年时的马克思有了受良好教育的条件。在特利尔读完高中后，他考入波恩大学攻读法律，这是其父的期望，以便于马克思毕业后可以继承自己的衣钵，在政府里谋个差事。但马克思不久对此兴趣淡然，开始厌倦枯燥的法律条文。他内心向往的是在名牌大学谋个职位，最好当一名教授。与之对应，他对哲学的兴趣日浓，便说服父亲转学到柏林大学学习哲学和宗教，那里是德国的哲学圣地——黑格尔哲学中心。但青年马克思的命运多舛，阴差阳错的是，他的博士论文《德谟克利特的自然哲学与伊壁鸠鲁的自然哲学之差异》

（1841年），是一篇无神论性质的论文，按德国政府的规定，无神论者是不能在德国的高等学府里任教师之职的（看来德国政府也是很重视高等学府里的意识形态的传播问题的，怕把莘莘学子教成反对宗教者）。这一下，23岁的马克思想当大学教授的愿望成了泡影。从青年马克思的志愿来看，他当时并非一个愤世嫉俗者，顶多是对政府的官僚主义的繁文缛节不感兴趣而已。马克思失去了理想的从教之路，只好转而求其谋生之道，到一家左翼自由主义报纸《莱茵报》做一名编辑。遗憾的是，很快马克思连这一碗饭也混不下去了，不到一年，报纸就被普鲁士主管意识形态的机构封杀。看来在德国是没有前途了，他只好转道法国巴黎，这是1842年的事。这时的巴黎，已经成了欧洲社会主义者集聚的中心，在这种氛围的感染下，他对德国政府的不满与社会主义的观点结合在一起，观点日趋激进。尤其是那个后来被他写专著加以批判的当时的社会主义领袖皮埃尔·约瑟夫·蒲鲁东（Piere Joseph Proudhou，1809—1865年），对他产生了极大影响。蒲鲁东在其代表作《什么是财产》（*What's Property*，1840年）中提出了一个颇为激进的观点：资产阶级的财产就是盗窃，是从工人手里盗窃来的，生产资料私有制为资产阶级带来的财富都应归还给工人。这种观念成为19世纪社会主义的信条和马克思资本主义观的思想基础。尽管以后蒲鲁东从这一极端的立场上后退了，他认为并不是一切所有权都是盗窃，只有"不劳而获"的某些财产所有者的地租和利息收入才是盗窃①。马克思却坚持这一观点，并力图证

---

① 蒲鲁东在后来的著作中主张私有制，但赞成对它的分散，认为财产私有权的自由作用是对政府权力的平衡（补偿）。他主张劳动价值论和全部价值的货币化与固定价格。这是马克思写《哲学的贫困》批判他的原因。

明这种盗窃是如何进行的。但在他写出《雇佣劳动与资本》（1847 年）以前，他的观点仅仅是伦理性的。

他在巴黎仍写批判普鲁士的文章，引起了普鲁士当局给法国政府施加压力，法国也不欢迎他，法国政府很快将马克思逐出法国。他只好逃到英国这个当时自由资本主义氛围最浓的国度，虽然没有受到礼遇，但也再无被驱逐之虑，终于有了安身之地。从此，他在大英博物馆的图书馆里从事反对这个制度的研究达 33 年之久，终于写出对世界发生重大影响的《资本论》。

（二）终身"缺钱"的经济思想家

作为举世公认的伟大思想家，马克思并非人们想象中的是一位乐于"苦其心志"、"空乏其身"者。在马克思的青年时代，他过着一种资产阶级的奢侈生活，且不知如何同钱打交道，属于典型的"啃老族"。在 1836 年，一名柏林市议员的年收入为 800 塔勒（当时的德国货币），18 岁的大学生马克思一年就花费 700 塔勒，而他的同学的花费只有他的 1/4，足见其大学生活的奢华。这些费用全由马克思的双亲资助。这种生活习惯的后果，导致马克思结婚后在日常生活中长期"缺钱"的困境。同恩格斯合作以后，虽有恩格斯的无私赞助，且继承了多笔遗产，但仍然是入不敷出、捉襟见肘。

1843 年，25 岁的马克思同威斯特华伦·燕妮结婚。除了短暂的蜜月生活的幸福外，马克思一直处在事业与家庭负担的矛盾之中：从 1844 年长女小燕妮出生到 1857 年的 13 年之中，马克思夫人一连生下 6 个子女。因贫困交加，其中 2 个孩子都只活一岁多就夭折了。而 1857 年的孩子生下时就是死婴。这些反映出马克思家庭营养条件的恶化程度。多子女的家庭，雇不起保姆，当父母的极其辛苦，马克思不得不经常熬夜为报刊写稿。有时，由于马克思连衣服都送进了当铺，他根本无法离家出门。恩格斯为了帮助马克思摆脱困境，每年付给马克思 7000 马克的固定年金，可这并未改变什么。因为马克思夫妇年轻时都是能花钱的主。当马克思拿到他的大笔遗产时，马上搬进了一座豪华的住宅，并耗资 500 英镑装修一番。1 年之后，他又不得不重新搬回抵押房里。他甚至对密友恩格斯隐瞒了他所继承遗产的真实数目，他写信给恩格斯说："我一分一分地记了账，因为我自己都奇怪这钱是怎么消逝的……""跟我的经济实力相比，我住得太贵了。"他还承认"今年我们生活比往年好……"据马克思的传记作者维尔纳·布鲁门布尔格称，马克思和他妻子的生活观和生活水平完全是资产阶级式的。"不仅仅是珍妮·马克思要维持'假象'，在来客和所有陌生人面前，马克思都喜欢唤起这种印象，好像他生活在舒适的资产阶级的生活环境里。"①

有趣的是，为无产阶级经济理论而奋力写作的马克思对金钱的渴望超过了任何别的东西，他曾经对恩格斯写道："要是我会做点什么生意就好了！""忠诚的朋友，一切理论都是灰色的，只有经商是绿色的。可惜的是这一点我认识得太晚了。"与此相对应，1850 年冬，恩格斯为了在经济上援助马克思，放下研究，回到曼切斯特，做了 20 年他极不愿意做的"该死的生意"。马克思后悔未经商的同时也对婚姻（多子女）颇为后悔，1851 年 2 月 3 日，马克思在写给恩格斯的信中幽了自己一默，以自我嘲弄的口气说道："土壤肥力和人的生殖能力成反比，这不免使像我这样多子女的父亲非常狼狈。尤其是，我的婚姻比我的工作更多产。"②

---

① 朱刘华："名人很穷"，《成功》2007 年第 12 期。
② 这些词语来自于马尔萨斯的《人口论》，可见，马克思读过《人口论》，否则，谈何对《人口论》的批判。从某种意义上说，马克思是从内心认同《人口论》的。

　　1858 年，正当盛年的马克思再也幽默不起来了，2 月 22 日他在给恩格斯的信中写下如下词句："我是在过着所能想象到的最不幸的生活。对于有志于社会事业的人来说，最愚蠢的事一般莫过于结婚，从而使自己受家庭和个人生活琐事的支配。"8 年后，他写信致未婚女婿拉法格还坚定地表示："要是我重新开始生命的历程……我不再结婚了。"由此可见，"马尔萨斯陷阱"以另一种方式让马克思备受折磨。

（三）恩格斯先于马克思创立了社会主义经济思想的初步框架

　　对于是马克思还是恩格斯创立了社会主义政治经济学的初步框架，学术界倾向于前者。但笔者认为，这是不符合历史的逻辑

图 8—2　德国柏林的马克思—恩格斯广场

和理论的传承顺序的，就成名而言，恩格斯在当时已是小有名气的经济学家。1840 年底恩格斯退役后奉父命去英国曼彻斯特其父亲为大股东的纺织厂当办事员，其间了解到（饥饿的 40年）工人阶级的悲惨生活，对他触动很大。同时，他阅读了古典经济学的各种著作，对之进行了研究，1843 年，他在《德法年鉴》发表了《政治经济学批判大纲》和《英国状况》。恩格斯从理论和经验上对英国资本主义制度的内在矛盾进行了验证性分析，认为私有制度和自由竞争的市场制度是造成工人生活困苦的根本原因，其不可克服的矛盾只有通过社会主义革命才能解决，革命的主角和动力自然非工人阶级莫属。[①] 古典经济学被恩格斯称为"私经济学"和"一门完整的发财致富的科学"。[②] 从这里可以看出，恩格斯当时对于社会主义基本思想已经有了基本的把握，对于古典经济学也有较为中肯的评价。在《政治经济学批判大纲》中已经形成了社会主义经济学的初步框架。可以说，社会主义经济思想起源于恩格斯，马克思的《资本论》只是对它的深化和系统化。事实上，以古典经济学为源头的西方资产阶级主流经济学和除社会主义经济学之外的非主流经济学，基本上是以研究生产力为主的。而社会主义经济学的特殊之处在于注重生产关系。如果说西方经济学主流派之间的传承与否定的分歧是以方法论为中心的，那么社会主义经济学与资本主义经济学则是方向之争了。马克思到伦敦后阅读并做大量笔记的就有恩格斯的上述著作。可见，当恩格斯已是著名经济学家时，马克思还没有从激进的哲学观中清醒过来，更不用说有什么经济学的宏伟构想了。但从恩格斯同马克

---

① 《马克思恩格斯全集》第 1 卷，人民出版社 1972 年版，第 628 页。
② 同上书，第 596 页。

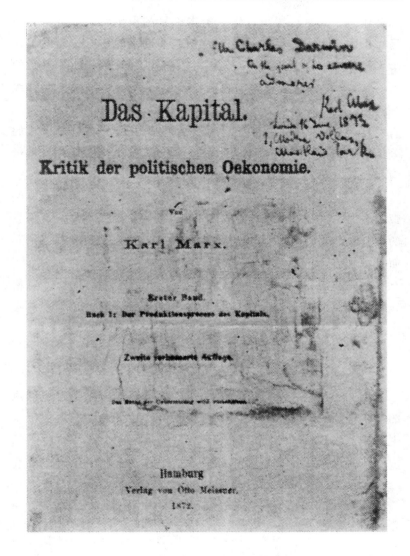

图8—3　马克思赠给达尔文《资本论》的真迹照片（照片右上角为马克思手迹）（周邦立先生提供）

思合作起，马克思提出写作《资本论》的设想后，恩格斯就为马克思的《资本论》写作主动承担起了助手的角色，无论是在学术还是在后勤支援上。他是一个豁达、谦逊、助人为乐的人。[①] 如果没有恩格斯的自我牺牲，也许就没有作为工人阶级"圣经"的《资本论》。恩格斯在《大纲》中的思想对马克思启发良多，这一点，马克思也给予高度评价，称之为"天才的著作"。马克思与恩格斯的关系，与老穆勒和李嘉图的关系极为相似，其结果也如此。[②]

尤其是恩格斯在编辑出版《资本论》第 3 卷过程中，连编带写，重点在于写作第 1 篇第 1 章、第 4 章、第 5 篇，第 3 卷的内部结构层次也出自恩格斯的手笔。可以说，不仅在结构，而且在内容上都发展及补充了马克思主义的政治经济学，为了有利于马克思主义的学习和传播，恩格斯可谓呕心沥血。恩格斯对社会主义经济思想的早期引领式的总结和概括是不容忽视的。

（四）马克思恩格斯的思想（经济）转变过程

正如在评述社会主义思潮时，笔者曾经指出作为思想形成的社会性质不同，其理论的激烈程度也迥然不同。在自由资本主义相对发达的英国，就较难产生过于极端的思想，不论是乐观派还是悲观派皆如此。在英国易于形成社会民主主义或社会

---

① 1890 年 11 月 28 日是恩格斯 70 岁生日，来自世界各地的党组织和朋友纷纷表示要为他祝寿，但他婉言谢绝了这份盛情，他认为所有的荣誉都应归功于马克思，自己承受不起太多的赞誉。后来在倍倍尔等人的一再要求下，恩格斯勉为其难地同意在家中搞一个私人宴会。

② 当李嘉图刚涉足经济学时，老穆勒已是成名的历史与逻辑学家，是老穆勒帮助督促李嘉图写出了《政治经济学及赋税原理》，随后二者关系出现置换，老穆勒成了李嘉图思想的传播与捍卫者。

改良主义。但在德国、法国和俄国，由于封建主义氛围极为厚重，加之国家主义的集权特色，产生的对立思想必然具有极端的逆反性质。马克思正是在德国的背景下形成了他的思想。而这种形成也经历了几个阶段，在社会生活的洗礼中都有各自的特征。

马克思、恩格斯思想从伦理主义到唯物主义，从社会民主主义到激进共产主义的两个转变，从其著作年表中有比较充分的反映。（表 8—1）

表 8—1　　　　马克思恩格斯的思想转变及对社会主义
政治经济学贡献一览（年）表

时间	著作名称	主 要 思 想	对社会主义经济思想发展的意义
1843 年	《政治经济学批判大纲》（恩格斯）	古典经济学是一门完整的资产阶级发财致富的科学。把私有制看成是永恒的。社会经济现象是私有制统治的必然结果，资本主义的矛盾必将引发社会主义革命，无产阶级是革命的动力。	创立了社会主义经济学的初步框架，开创了马克思主义政治经济学发展的先河，大大启示和促进了马克思《资本论》思想的形成。
1843 年	《英国状况》（恩格斯）	批判了马尔萨斯人口论，认为人口过剩与财富地产过剩相联系，科学发展速度与人口增长速度一样呈几何级数增加，与前人留下的知识成正比。	

续表

时间	著作名称	主 要 思 想	对社会主义经济思想发展的意义
1844 年	《犹太人问题》《黑格尔法哲学批判导言》（马克思）	1. 只有消灭私有制方能达到"人类解放"，提出了社会主义革命的任务问题，从哲学上概述了社会主义。 2. 从哲学上论述无产阶级的阶级斗争，无产阶级是社会主义革命的主力，论述理论与实践的关系，提出著名的"批判的武器，不能代替武器的批判，物质的力量只有用物质的力量去摧毁，但理论一旦掌握群众，也会变成物质力量"的论断。	完成了从唯心主义向唯物主义，从社会民主主义到共产主义的转变。对社会主义政治经济学有了粗略认识。
1845 年 1 月	《巴黎笔记》（7册，马克思）	为《1844 年经济学哲学手稿》做了准备。 涉猎英国古典政治经济学、德国的唯物主义、法国的空想社会主义，摘录恩格斯《政治经济学批判大纲》（1844 年 1 月发表于《德法年鉴》），其中《1844 年经济学哲学手稿》首次试图以唯物主义和共产主义立场对资本主义制度及古典经济学进行批判，对自己的哲学、经济学和共产主义思想进行初步综述。对工资利润、地租、资本与劳动关系进行了全面分析。提出异化概念。	
1844—1845 年 2 月	《神圣家族》（马克思恩格斯合著）	从哲学上论证革命唯物主义原理，批判鲍威尔青年黑格尔派唯心主义，提出人民群众创造历史的历史唯物主义原理，无产阶级要消灭自身，成为资本主义掘墓人。	在此著作之前，马克思否定劳动价值论，肯定供求价值论；在此著作发表之后，接近于肯定劳动价值论，在马克思主义的三个组成部分的发展史上皆有重要意义。

续表

时间	著作名称	主　要　思　想	对社会主义经济思想发展的意义
1845 年 3 月	《英国工人阶级状况》（恩格斯）	1842 年 11 月—1844 年 8 月在英国曼彻斯特于其父的纺织厂当职员时的考察结果，以大量材料进一步巩固和发展唯物主义原则，从经济学方面论证无产阶级的历史使命，未来属于工人阶级。提出了无产阶级贫困化问题，经济周期问题及其与过剩人口的关系。	为马克思主义政治经济学建立了粗略框架。
1845—1846 年	《德意志意识形态》（马克思）	回击对于《神圣家族》的攻击，批判费尔巴哈、鲍威尔、施蒂纳的哲学观点和"真正的社会主义"，第一次系统阐述了历史唯物主义的基本原理，生产力的发展决定社会状况，生产力从分工发展的不同阶段决定所有制的不同形式，提出生产力与生产关系的对立统一关系，生产关系又影响生产力的发展并对之有制约或推动作用。（1932 年在苏联第一次原文发表）	是唯物史观形成的标志性著作，阐述了以生产力与生产关系的矛盾为核心的唯物史观基本原理。评论了功利主义和新兴的政治经济学的关系，为政治经济学的基本框架形成提供哲学方法论的武器。
1847 年	《哲学的贫困》（马克思）	针对蒲鲁东主义（1846 年底蒲鲁东出版了《贫困的哲学》，即《经济矛盾体系》）认为私有制及其交换（资本主义市场经济）的原则在本质上是正义的、永恒的，其缺陷可以用改良主义方法予以克服，以达到社会的普遍平等与幸福，马克思在此文中提出社会主义政治经济学对象、方法、范畴，肯定劳动价值论，提出劳动力是特殊商品，剩余价值由剥削劳动而得（与古典经济学不同的剩余价值论）和资本主义生产之阶段的原理。但尚未区分劳动与劳动力。	深化了恩格斯的社会主义政治经济学思想，为社会主义政治经济学奠定了决定性的基础。

续表

时间	著作名称	主 要 思 想	对社会主义经济思想发展的意义
1847 年	《雇佣劳动与资本》（马克思）	区分了劳动与劳动力，价值由劳动决定，资本的实质是剥削雇佣劳动，资本积累与无产阶级贫困化的积累是一致的，形成资本积累→资本有机构成提高（新机器）→分工→工人数量增加→竞争激烈→相对工资下降→贫困→资本积累⋯⋯的恶性循环。首次从正面系统阐述自己的经济学理论，是《哲学的贫困》思想的进一步发展。	与《政治经济学批判大纲》、《哲学的贫困》一起形成了马克思主义政治经济学的基本框架。
1848 年	《共产党宣言》（马克思恩格斯合著）	提出了"两个必然"，强调资本主义的丧钟已经敲响。 生产力迅速发展与生产关系发生尖锐矛盾（肯定资本主义生产关系曾对解放生产力产生过巨大作用，但现在成了桎梏），以前用以推翻封建制度的武器现在成了毁灭自身的武器；矛盾的根源也是经济危机的根源；危机必然导致资本主义崩溃；资本的唯一目的是榨取利润；无产阶级由"自在"的阶级变为"自为"的阶级的过程，是无产阶级革命——无产阶级专政；夺取政权后的任务是尽可能增加生产力的总量，即发展生产力。指出超过资本主义生产力是社会主义发展的关键因素。	1. 首次对社会主义进行了界定，即"⋯⋯在那里，每个人的自由发展是一切人的自由发展的条件"。从而深刻地表明了社会主义的本质特征，将其与一切旧社会区别开来。 2. 进一步论证资本主义产生、发展和消亡的规律，是工人阶级革命的旗帜，开辟了世界无产阶级革命的新纪元。
1857—1863 年	为写《资本论》做准备的三个手稿（马克思）	形成社会主义政治经济学较成熟的框架结构。	形成社会主义政治经济学基本成熟的体系。

续表

时间	著作名称	主　要　思　想	对社会主义经济思想发展的意义
1857—1858年	1857—1858年经济学手稿（第一手稿）	1. 政治经济学的对象是生产关系而非分配。 2. 生产是决定性的，生产发展的历史阶段性。 3. 研究方法是抽象到具体的逻辑方法，与历史发展过程的一致性。 4.（1）价值理论的基本要点，并在此基础上提出了剩余价值论的一些基本原理：劳动与商品的二重性，简单商品生产的基本矛盾，价值形式，货币起源、本质与职能。（2）资本生产过程与流通过程以及剩余价值转化为利润、利息等。首次对劳动与劳动力做了区分，绝对与相对剩余价值，平均利润率形成。（3）考察资本主义以前所有制形式发展的历史，对未来共产主义社会中的劳动、人的全面发展、时间节约与技术应用做论述（草稿需要概括性抽象）。完善劳动价值论和剩余价值论。	形成社会主义政治经济学基本成熟的体系。
1859年	《政治经济学批判大纲》第一分册出版	全面阐述自己的劳动价值论。商品二重性的对立统一关系→劳动二重性→价值的形式（货币的起源与本质），但还未完成对价值和交换价值加以区分以及价值向生产价格转化。	在序言中提出了"两个决不会"论断，强调资本主义在其还能容纳生产力发展的时候是不会灭亡的，指出了生产力判断对于认识资本主义发展阶段的重要性。对"两个必然"加以谨慎地限制。

续表

时间	著作名称	主 要 思 想	对社会主义经济思想发展的意义
1861—1863 年	《经济学手稿》（第二手稿）	1861—1863 年经济学手稿有一些新的观点：（1）劳动力商品学说；（2）进一步阐明剩余价值理论，在相对剩余价值中考察了分工协作与机器大生产的各个阶段，强调科学技术在社会发展中的重大作用，机器的使用加深了劳资矛盾；（3）区分生产劳动和非生产劳动；（4）论述资本原始积累理论；（5）吸收魁奈《经济表》，批判"斯密教条"，首次系统阐述社会再生产理论和经济危机理论；（6）提出平均利润和生产价格理论，绝对地租论，商业资本与货币资本及其增殖条件；（7）广义剩余价值论（理论史）。值得注意的是，该手稿除了理论部分以外，对剩余价值理论的历史考察占有重要的篇幅，其原因在于古典经济学在剩余价值问题上概念含糊，把简单商品生产同市场经济的商品混同，劳动与劳动力混同，剩余价值同利润混为一谈。这就使得对剩余价值论的历史批判成为重要的任务，从而使之成了《资本论》第 4 卷的《剩余价值理论》。	
1863—1865 年	《经济学手稿》（第三手稿）	1865 年底完成《资本论》三大卷的全部手稿，共三册，第一册《资本的生产过程》（共 6 章，《资本论》第一卷），第二册《资本的流通过程》（《资本论》第二卷），第三册《总过程的各种形式》（《资本论》第三卷）加上《剩余价值理论》（《资本论》第四卷）。马克思从 1843 年开始研究政治经济学，1867 年 9 月《资本论》第一卷正式出版。它反映出为无产阶级利益的社会主义政治经济学体系已经形成。恩格斯形象地把《资本论》称为"工人阶级的圣经"。	

续表

时间	著作名称	主　要　思　想	对社会主义经济思想发展的意义
1872	在国际工人协会海牙大会上的讲话（马克思）	可以设想，在人民代议机关把一切权力集中在自己手中时，只要取得多数人民的支持就能按照宪法随意办事的国家里，旧社会可能和平步入新社会，比如在法国和美国那样的共和国，在英国那样的君主国……	指出国情的不同，社会主义实现的方式的差异。指出了非式装取得政权的可能性。
1875 年 4—5 月	《哥达纲领批判》（马克思恩格斯合著）	广义政治经济学的经典文献，也是科学共产主义的纲领性文献。在普法战争结束（德国胜利）和巴黎公社失败（1871年秋天）后，以李卜克内西为首的爱森拉赫派（社会民主工党）和以拉萨尔为首的拉萨尔派联合成立"全德工人联合会"（德国社会民主党的前身）拟定了"新大纲"。提出了政治民主扩展是国家的帮助而非自助的前提条件。他相信马尔萨斯的人口论，提出"工资铁律"①，主张用改良主义措施（建立生产合作社以经营大规模企业，达到工资构成对工人真正的报酬水平），提高工人生活质量。马克思反对这种改良，提出了共产主义两阶段的特征②和"各尽所能，按需分配"的原则。	阐述了共产主义两阶段的特征，提出了两阶段社会财富分配的指导原则。对共产主义社会的基本经济特征及其辩证发展关系，进行了高度概括。对新的社会的政治经济特征进行了首次论述。是社会主义建设理论的里程碑。

---

① 如果此阶级不得不依靠工资作为唯一的报酬，工资就必然会以必要的生活费为中心而波动，在工资低于必要的生活费致使生育率下降以后，工资暂时上升到生活资料之上；而一旦工资的上升导致生育率上升并使劳动力供给增加，工资就会再次降低。

② 共产主义第一阶段刚脱胎于资本主义，有旧社会的痕迹，政治上实行无产阶级专政，经济上实行生产资料公有制和按劳分配。第二阶段社会财富充分涌现，社会可以在自己的旗帜上写上：各尽所能，按需分配。

续表

时间	著作名称	主 要 思 想	对社会主义经济思想发展的意义
1876 年 5 月—1878 年 8 月	《反杜林论》（恩格斯）	杜林①于 1875 年提出自己的社会主义理论，以改良主义代替无产阶级革命与无产阶级专政；抹杀无产阶级与资产阶级的阶级对立；淡化马克思的剩余价值学说。并以此为"绝对真理"而自诩。恩格斯以论战的形式，在批判杜林的思想时把马克思主义的三个组成部分做了全面、系统、扼要的阐述。 　　1. 政治经济学，从最广义的意义上说，是研究人类社会分配物质生活资料的生产和交换规律的科学。 　　2. 政治经济学本质上是一门历史的科学。 　　3. 资本主义的矛盾表现为： 　　（1）无产阶级与资产阶级的阶级对立（阶级关系）。 　　（2）个别企业的有组织性和整个社会生产的无政府状态之间的矛盾。这两个矛盾发展的结果，必然陷入周期性的经济危机。生产过剩，表明经济冲突达到了顶点，生产资料公有制是历史的必然。 　　4. 共产主义的基本特征：（1）没有商品生产和交换，也没有价值和货币关系。（2）计划经济。（3）没有城乡对立。（4）消灭阶级差别。（5）没有社会分工。（6）国家自行消亡。	继《资本论》之后，更加集中分析资本主义的基本矛盾。《资本论》中对资本主义经济制度的分析虽然是建立在基本矛盾分析之上，但对基本矛盾本身并未进行概括性集中分析；恩格斯在《反杜林论》中明确地将生产的社会性同生产资料私人占有之间的矛盾定义为资本主义的基本矛盾。集中阐明了资本主义发生、发展和必然灭亡的历史趋势。
1884 年 10 月	《家庭私有制和国家的起源》（恩格斯）	通过对人类早期社会历史发展一般规律进行研究（三大分工），分析了原始社会的瓦解以及阶级社会形成的过程，揭示了国家的起源和本质，论证了国家随共产主义的最后胜利而消亡的历史必然性。弥补了马克思主义前期著作对人类早期社会经济史研究的空白，丰富了马克思主义的历史唯物主义和政治经济学。	论证了物质财富的生产方式是随生产力的发展而变化的，说明生产资料所有制是社会生产关系的基础。

---

　　①　欧根·杜林（1833—1921）曾任柏林大学讲师，是德国小有名气的哲学家和经济学家，从 1875 年开始，写了一些著作展示他的"社会主义论"。

续表

时间	著作名称	主 要 思 想	对社会主义经济思想发展的意义
1840—1890年	编辑《资本论》第三卷时做新的增补	1. 对垄断组织的分析：即使形成资本主义的垄断组织（包括国际卡特尔），也不可能对生产做有计划调节，社会主义公有制才能做到计划化。 2. 交易所在资本主义经济中越来越处于重要地位，金融资本对国民经济的重要地位加强。 3. 资本输出采取股份形式，是垄断资本主义的重要形式。 4. 殖民地是交易所的附属品，是垄断组织输出资本、掠夺原料和推销商品的场所。 5. 食利者阶层随资本积累增加，资本主义的腐朽性、寄生性增加。	对资本主义发展新阶段的特点进行了概括。

注：《资本论》第二卷于 1885 年，即马克思逝世两年后出版，由恩格斯编辑完成，第三卷于 1894 年由卡尔·考茨基编辑完成。

（五）对马克思主义政治经济学体系的评价

在马克思于 1883 年去世以后，有人提出了一个有趣的问题，如果普鲁士政府不剥夺马克思在政府任职或在大学当教授的权利，那么今天的世界会是一个怎样不同的世界？令人遗憾的是，历史是不能假设的，但是历史可以以实践来证伪或从对立面的竞争对历史进程的影响所具有的意义来判断一个思想体系的价值。笔者正是基于上述原则对社会主义政治经济学进行评价，虽会被世人讥为不知天高地厚，但小人物的评价，也可能会淳朴真实，更接近历史的本来面目。

从马克思著作年表所展现出来的马克思与恩格斯的变化来看，有如下轨迹和特点。

马克思的生活轨迹也是其思想转变的（领域）轨迹，先是经受了德国的哲学教育和德国的社会性质体验，后到法国接受社会主义思想的洗礼，最后到英国体会自由资本主义和研究古典经济学。

从 1844 年开始，马克思的思想转变的重点在哲学方面，从黑格尔式的唯心论转向费尔巴哈式的唯物论，对政治经济学有所了解，但还缺乏基本的认识（在这一点上恩格斯比他先进），一直到 1845 年写作《神圣家族》之前，还否定劳动价值论，即使在发表《神圣家族》之初，马克思也只是接近于承认劳动价值论，证明在这一阶段马克思在经济学上还没有达到古典经济学的水平。在他认为古典经济学到了斯密和李嘉图为止再没有前进一步的论断时，才对劳动价值论有了基本认识，他感到这是他的经济学理论选择的一个重要突破口，这已经是他于 1847 年写了《哲学的贫困》以后的事情。在该文中，他提出了剩余价值和劳动力商品的特殊性问题。但是对于劳动与劳动力的区别的忽视仍然制约着他的经济思想。

1847 年，他写作《雇佣劳动与资本》，解除了劳动与劳动力区别的烦恼，从而把劳动、资本的实质、资本积累的本质、无产阶级贫困化等一揽子问题解决了。斯皮格尔认为，从逻辑上和编年史上来说，马克思的历史哲学和历史思想是在他的经济学思想之上的。也就是说，在 1847 年以前，马克思的革命的历史哲学和历史观都是没有经济思想的支持的，仅是一种偏激的认识而已。

从对古典经济学和创立新的政治经济学理论的敏感度来看，以恩格斯的天才敏感完全有能力建立以恩格斯名字命名的社会主义政治经济学，这种天才在他编辑《资本论》一、二、三卷和在 1883 年以后所写的 10 篇序言中再次表现出来，但他似乎不擅长也不喜欢建立庞大的体系性质的东西。当马克思提出建立一个逻辑严密体系庞大的经济学思想的构想后，他及时地提出一些天才的思想火花以促进马克思的思考。《神圣家族》是马克思和恩格斯合著的第一部著作，在此书中，马克思之所以接近于肯定劳动价值论与恩格斯的影响和见解是分不开的。而《政治经济学批判大纲》初步为马克思主义政治经济学建立了粗略框架，证明恩格斯对于社会主义政治经济学的理解是马克思此时难及的。但随着马克思把构建这样严密的经济体系看做自己生命的重要部分以后，马克思的耐力优势开始发挥出来，从 1857 年开始写《资本论》的第一部手稿到 1865 年底完成第三手稿[①]的 8 年之中，他孜孜以求，废寝忘食地写作，把自己推到了坟墓的边缘。这种对学术和思想的执著是学者都应该学习的。

通过著作年表人们可能发现，与马克思独著的著作相比，大凡马克思和恩格斯合著的著作都明显具有纲领性和高度概括的特点，这是恩格斯特有的风格，尤其是在 1876 年的《反杜林论》中，对资本主义基本矛盾的分析，更是把这种风格发挥到极致。恩格斯对政治生活和理论的敏感性在编辑《资本论》第三卷时所做的增补中再次显现，那就是对资本主义垄断性的分析。他是经济学家中最早对垄断加以注意的人。

马克思、恩格斯的经济学著作试图理解资本主义经济的运行方式，以及资本主义属于人类经济的历史发展中的哪一个阶段。他们认为资本主义只不过是所有经济形式必经的历史进程中的一个阶段。他们认为人类经济活动始于狩猎与采集的原始社会，接着人类开始定居下来，形成了农业社会，随后很快又演变成封建经济。在封建制度下，地主为农民提供保护，而农民将部分农产

---

①　从欧文时代的广泛雇佣童工到马克思完成资本论的第三手稿时，英国工厂中的劳动强度一直是相当大的。1863 年《一个人活活累死》报道了安沃克利的女工连续工作 26 个小时后因病死亡，伦敦的所有报纸都报道了这一骇人的事实。对此，无论是人道主义者、社会民主主义者和社会主义者都感到愤慨和予以谴责。

品上缴给地主。接着，封建主义又因商人的崛起而依次进化到资本主义，这些商人经营小规模的制造业，并将产品销往国内外市场。

　　正如经济发展的每一段时期都是真实的一样，马克思、恩格斯意识到资本主义同样也兼具积极与消极的两面性。积极的一面是它能够通过利用较为先进的技术与机器提高人们的平均生活水平，并能将工人吸引到城镇中来，离开"乡村生活的愚昧"。

　　然而在他们看来，资本主义消极的特征凌驾于它积极的一面之上，而且马克思将这些问题视为资本主义制度的本质，认为试图缓解资本主义消极影响的改革措施也无法真正解决这些根深蒂固的问题，或将资本主义从最终覆亡的命运中拯救出来。事实上，马克思与恩格斯在《共产党宣言》（*The Communist Manifesto*）中倡议大量施行改良措施，例如建立免费公共图书馆、实施义务教育、废除童工、实行累进所得税制、取消一切继承权、由政府控制交通运输网络、建立中央银行等。但是马克思并不认可其终极意义，认为这些只是权宜之计，不过使资本主义社会中的生活熬得过去罢了；这并不会使资本主义的运行方式发生根本变化或避免自我毁灭。无论施行什么政策，资本主义都必将在自身所引发的诸多问题集聚到某一点时灭亡。马克思、恩格斯的绝大多数经济学著作都试图证实和阐述这些问题。"两个必然"是其核心思想。

　　马克思认为，资本主义最重要的特征就是对工人个体的剥削（exploitation）。为了理解"剥削"这个概念，有必要先理解马克思对于商品价值的分析。马克思继承了李嘉图的思想，采纳了"劳动价值论"（labor theory of value）。该理论认为任何商品的价值都取决于生产该商品所耗费的劳动量。这里的劳动可以是体现当期劳动耗费的直接劳动，也可以是制造产品生产设备所投入的劳动量的间接劳动。

接着马克思将商品价值划分为三类——固定资本、可变资本与剩余价值（surplus value）。固定资本指的是商品生产过程中所消耗的机器、厂房和设备，这个概念类似于所有会计专业学生都熟悉的折旧的概念。可变资本指的是当期工资，或工人们因辅助生产而获得的报酬。马克思将剩余价值定义为商品价值超过工资与折旧成本的那部分价值。这与大家更熟悉的利润的概念相接近。马克思为研究剩余价值开辟了另一种类似的视角。他认为资本主义的本质是占有货币（M），资本家用货币购买生产资料（劳动力与机器），接着销售商品以换取更多的货币（M'）。因此剩余价值也可以定义为 M' 与 M 之间的差额。马克思认为资本家榨取剩余价值就构成了剥削。

由于工人不占有资本，无法通过其他的途径谋生，不得不出卖劳动与工作成果，于是剥削就成为可能。工人通过日常的劳动创造了剩余价值，他们生产商品，制造能在将来产出更多商品的机器。然而工人并未获得劳动的全部价值。他们所创造的部分价值被雇佣他们的资本家以剩余价值的形式掠夺走。在每个工作日的开始阶段，工人生产出足够的商品以使这些商品的销售能够补偿他们的工资以及机器所损耗的价值。而在余下的时间里，他们的劳动只是让雇主的腰包鼓起来。

马克思注意到资本家有三种可供支配的手段来增加剩余价值，从而加剧对工人的剥削。首先，他们可以延长劳动时间，这样每天就可以创造更多的剩余价值。其次，他们可以加大劳动强度，这样工人在给定时间内就能生产出更多的商品。加大劳动强度的一个办法是提高生产线的速度，另一个则是强化对工人的监督与控制，这样工人就不敢再偷懒。

在上述两种情况下，工人的日产量增加；在可变资本与固定资本不变的条件下，增加的产量将转化为更多的剩余价值。最后，资本家还可以通过减少工人的工资来增加剩余价值。这种方式的明显做法是降低现有工人的工资水平，或者雇佣妇女和童工替代男性工人，工资也给得更少。在20世纪末，将工厂转移到欠发达国家（那里的劳动力成本大大低于发达国家）也是降低工资水平的另一种方式。这三种策略都收到了同样的效果——降低工资，增加剥削或剩余价值。

马克思确实意识到下列因素限制了对工人的剥削——工人在生理上每天只能忍受一定量的工作时间，科技水平与生理极限也制约了资本家可能加速生产线的程度，家庭必须得到足够的补偿以购买必需品，满足未来生存与工作的需要。然而竞争迫使厂商最大限度地剥削工人。在竞争的环境中，并不是每一个厂商都能够盈利和生存下来。不能与众多竞争对手并驾齐驱的厂商将不可避免地被市场所淘汰。因此厂商之间的竞争驱使每一个厂商都更大限度地剥削工人，以便降低成本、增加利润和维持市场地位。只有那些尽可能在最大程度上剥削工人的厂商才能生存，其他厂商将因生产成本过高而消亡。竞争性的资本主义就是这样把工人拴在糊口的边缘，从而最大限度地剥削他们。

根据马克思主义的观点，资本主义的第二个严重问题是它造就了异化了的工人。异化表现在四个方面。首先，工人在资本主义制度下由于自身的生产方式而产生异化。马克思认为人类天生具备创造力并渴望主宰和塑造环境。即便是提倡分工的亚当·斯密也认为分工使人变得单调、愚蠢。劳动分工并未促进工人的灵巧与技能，相反它使生产过程变得简单而枯燥。工作变得令人厌倦，除了能提供收入来源以外别无意义。这破坏了工人所蕴藏的创造性、激情、审美和智力上的潜力。于是，工作不再是人类生活固有的一部分，劳动异化的一面导致了那句耳熟能详的谚语的诞生："当工作结束的时候，美好的生活才开始。"

资本主义制度存在异化的第二个原因是工人对自己生产的商品失去了控制。马克思认为，个体工匠能够以自己的创作为荣，而生产线上的工人却寻觅不到这种感觉。这些工人不是最终产品的生产者，他们无法为自己在生产最终产品的过程中所付出的一部分劳动而感到自豪。资本主义制度残酷的本质造就了低廉、粗劣的商品，资本家总是追求以尽可能低的成本生产商品。企业的生存再一次面临威胁。削减成本的一个方法就是走捷径。于是质量就遭到破坏，工人生产出一堆廉价的垃圾，根本无法从制作中感到骄傲。随着对生产方式失去控制，工人与自己生产的商品发生了异化现象。

资本主义存在异化的第三个原因是工人创造的剩余价值却中饱了雇主的私囊。工人终日艰辛劳作，可是这些努力仅仅提高了资本家的绝对生活水平，却并未改善投入全部精力的工人的绝对生活水平。工人始终且仅仅获得基本生活工资。这就意味着工人因努力工作而致使生活水准相对恶化。工人的生活水平仍停滞在聊以糊口的最低限度，而资本家却变得越来越富裕。马克思相信资本主义的这个特征源自资本家对生产资料的垄断。工人不得不为了果腹和存活于世而打工挣钱。相反，资本家占有足够的财富，以至于他们无需工作或从事生产活动就能过上富庶的生活。相对于资本家来说，工人处于极其不利的境况中，被迫接受基本的生活工资。

最后，马克思认为，工人的劳动力成为资本家雇主的附属品，这样工人与自身产生异化。失去了个体的自由和自尊，就业对于工人来说已变成了被奴役的一种形式。

异化与对工人的剥削将不可避免地导致占有生产资料的资本家与工人之间的阶级斗争（class struggle）。马克思认为，当工人遭受的压迫太重时，阶级斗争将摧毁资本主义制度；而资本家之间的竞争将继续加剧和形成这种压迫。

马克思总是将他对阶级斗争的分析置于特定的历史背景之下，反复论述资本主义崛起于曾经占统治地位的农业和封建社会，资本主义打破了封建主义的束缚，因而如果资本主义被另一种社会经济制度——社会主义所替代也不必大惊小怪。在社会主义社会中，工人拥有生产资料，并自主决定工作条件、产品质量、价格、工资等等。此外，最终推动资本主义自我毁灭的力量也是资本主义制度本身不可或缺的一部分。

首先，资本主义意味着攫取财富并运用财富去创造更多的财富。资本家需要大笔财富，因为它能带来权力与声望。每个资本家总是承受着来自其他资本家的压力，任何人停滞不前都将被竞争对手迅速淘汰出商业圈。失去了权力与声望，资本家只得降格以工人的身份去求职（也就是说，被剥削和异化）。

其次，资本主义的特征还表现为追求垄断与经济集中的永恒的动力。垄断者能够赚取巨额利润；与之相反，厂商所处的竞争环境总会使利润趋于分散。因此所有的厂商均渴望日益强大，并成为垄断者。在竞争的过程中，弱小者被压垮，或被强大的厂商所吞并。此外，厂商为保持市场竞争能力必须不断提高工人的生产率，但是科技进步需要日益增多的资本投入。因此规模越来越大的厂商必须能应付不断上涨的对资本的需求。垄断的趋势意味着小厂商将因大厂商的压力而破产，小本生意人和妇女很快将沦为大型垄断公司的打工者，于是会有越来越多的人憎恨垄断。

导致资本主义灭亡的最后一股力量即利润率下降的趋势。资本主义无外乎千方百计地积聚越来越多的财富，要想成为竞争中的赢家，必须购置和使用越来越多的高效机器，因此生产过程开始依赖相对较多的资本和相对较少的劳动力。利润率等于利润总

额除以用于商品生产的原始投资额。在马克思的术语中，利润率
等于剩余价值与固定资本和可变资本的比率。既然剩余价值源于
对工人的剥削，那么使用更多的机器和更少的工人只会减少剩余
价值和利润率。

以机器取代劳动力的趋势还加剧了失业现象。失业者汇成的
"产业后备军"致使工资下跌，从而抵消了利润率下降的趋势。
但高失业率与低工资会造成更加严重的社会动荡。这将比其他任
何因素都更容易导致资本主义走向灭亡。

马克思认为，资本主义制度存在的上述诸多压力，只有当资
本主义最终覆灭时才会停止发生。马克思写道：贫困、压迫、奴
役、退化与剥削的总量在增长；但是工人阶级的反抗也随之风起
云涌。工人阶级的人数在不断增加，资本主义生产过程的自身机
制使得工人阶级形成训练有素的、联合起来的和有组织的群
体……生产方式的集中化、劳动的社会化达到了同它们的资本主
义束缚不相容的地步。这种束缚将被炸得粉碎。资本主义私有制
的丧钟敲响了；剥削者被剥夺了。

马克思对资本主义之后的经济生活或经济领域没有多加论
述。他明白将来占有企业和工厂用于商品和服务生产的是工人而
不是资本家，这是对社会主义经济制度的传统定义。还有一点很
清楚，马克思预言在社会主义制度下的收入分配要比资本主义现
存的制度更加公平。但是除此之外，马克思的著作中不再有其他
内容。马克思对未来甚至还未形成清晰的预想，就不断鼓舞 19
世纪的工人阶级组织起来反抗资本主义的压迫。①

现在，我们可以把马克思主义经济学中资本主义发展的机制

---

① 　[美] 史蒂文·普雷斯曼：《思想者的足迹》，陈海燕、李倩、陈亮译，江苏
人民出版社 2001 年版，第 100—107 页。

加以归纳，如图8—4所示："对劳动力剥削是资本主义企业资本积累的源泉，资本主义企业通过用资本替代劳动力来增加剩余价值。工人失业、生产过剩和购买力不足导致了商业周期，随着资本主义经济的发展，这种情况变得越来越严重。资本积累、资本对劳动力的替代和利润率下降等资本主义长期发展趋势，加之日益恶化的经济危机，必然导致：（1）财富越来越集中到资产阶级手中；（2）日益贫困的工人阶级慢慢觉醒，意识到他们阶级利益和他们在资本主义制度下受剥削的地位。"①

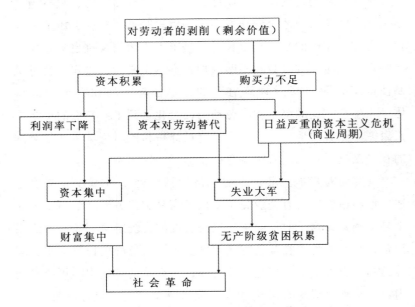

图8—4　马克思的资本主义发展理论图示

---

① ［美］丹尼尔·福斯菲尔德：《现代经济思想的渊源与演进》，杨培雷等译，上海财经大学出版社2003年版，第101页。

　　传统的社会主义经济学理论是反对对马克思的经济思想进行证实或证伪的。既然实践是检验真理的唯一标准，那么任何命题都是可以通过实践（历史）来证实或证伪的。时间是证伪的最好要素，马克思经济思想也不例外。如果马克思主义经不起历史的证伪，那么，它就不属于真理之列了。

　　对经济学理论的检验包括两个方面：其一是它反映的事实是否同那个时代的现实生活相符合；其二是它所形成的逻辑推理结论是否与历史发展的长期进程相一致。倘若只符合前者而不符合后者，那就说明了经济学理论有接近真理的一面（阶段性或局部性）；如果两个方面都符合，那就证明了真理性。

　　一部资本的形成史，就是一部血泪史，在资本原始积累的初期，其抢劫、剥夺、压榨的残酷性自不必说。就是工业革命中期，资本主要依靠劳动增殖的方式也未发生重大变化。这从欧文接管新拉纳克工厂时的情况可以充分地反映出，工人工作长达13个小时，而且广泛雇佣童工（7—10岁的童工和女工占有相当的比例）。欧文发表《新社会观点》是在1816年，到1863年马克思写作《资本论》第三手稿时期已有半个多世纪，工人阶级的劳动时间仍然没有明显减少。1863年英国有一家报刊以《一个人活活累死》为题，报道了安沃克利的一名女工连续工作26小时后因病死亡这一骇人的事实，引发社会轩然大波，即是明证。事实也的确证明了资本的积累、财富的积累同工人阶级贫困的积累是密切相连的，马克思解释了他所处时代工业经济的普遍特征，这是任何人也难以否认的。① 但是，历史的发展并没有

----

　　① 即便进入了21世纪，在最发达的美国，这种情况仍然存在。据美国统计资料，25年前1%的最富者占有GDP的8%，现在达到20%。虽然美国经济一直良好，但绝大多数家庭的实际收入处在1999年以下，这种分配状况激起民众极大不满。国内财富两极分化过多，造成了2006年美国中期选举，民主党大翻盘。

沿马克思经济思想所分析的逻辑进行下去，他最先希望发生无产阶级革命的法国，随着巴黎公社的失败，社会主义运动进入低潮。后来他一度寄希望于德国，但是，德国也没有发生社会主义革命。至于英国，他从自身的感觉中对自己的理论在经济自由度较大的国家是否适用已有疑惑。1872 年马克思在荷兰的一个公共集会发表演说时说：我们知道必须考虑不同国家的制度、风俗和习惯，我们不能否认有英国和美国这样的国家，如果我对你们的安排理解得比较好，我可能甚至要加上荷兰，在这些地方工人可能通过和平手段达到其目标。但并非所有的国家都是这种情况。① 斯皮格尔写道："马克思本人已经感觉到他那种革命性的社会主义可能不适合英国和美国，可能还有其他地方。"

从以上这一段马克思的演讲中，我们可以看到，马克思已经承认他的无产阶级革命的理论的适用范围是有客观条件限制的，革命发生与必要与否要随一国的具体条件而定，并非放之四海而皆准的普遍真理。本来马克思满怀信心地认为在先工业化的资本主义国家应该最先出现工人阶级革命推翻资产阶级政权，从而建立无产阶级执政的社会主义，但事实是没有一个先进入工业化的资本主义国家沿着他的理论的逻辑推理去发展。他所祭出的共产主义幽灵随着他的脚步的西移而向东去了。

马克思的理论未能首先在发达国家变为现实的原因在于他对工人阶级生存状况的极度焦虑而急于改变现状的伦理观念使他对革命有一种只争朝夕的偏好，从而在方法论上影响了他对资本主义发展阶段的判断。就发展阶段而言，1859 年马克思在《政治经济学批判大纲》序言中曾经讲过：无论哪一个社会形态，在

---

① ［美］亨利·威廉·斯皮格尔：《经济思想的成长》，晏智杰等译，中国社会科学出版社 1999 年版，第 413 页。

它们所能容纳的全部生产力充分发挥出来之前，是决不会灭亡的。"① 马克思也同时讲过："新的更高的生产关系，在它存在的物质条件在旧社会的胎胞里成熟以前，是绝对不会出现的。"② 马克思真正涉足研究和批判古典经济学是在 1844 年，如果从 1760 年英国工业革命开始到 1844 年成为"世界工厂"是 84 年，从法国开始工业革命的 1830 年到 1844 年仅为 14 年，美国在 1850 年才开始建立资本主义生产关系，德国在 1860 年才刚刚建立资本主义生产关系。也就是说，当他开始研究资本主义生产关系时真正可以称得上范本的只有一个——英国，形象地说他所预言的要崩溃的资本主义才是一个刚刚出生不久的婴儿或正在成长期的儿童。有生必有死，这是大自然的规律，从这一规律来认识人类社会，同样适用。从这一意义上，资本主义既然代封建制度而诞生，其消亡也自有必然性，任何一种社会制度都不是永恒的。但在一个新的社会制度刚诞生并正处在上升期时要用逻辑证明其很快就会灭亡，并且以鼓动革命来加速其灭亡是否同马克思自己关于生产力和生产关系的论断相违背？有学者写道③：

　　先说马克思时代。这就要从马克思、恩格斯等对西方资本主义的看法和估计说起。《资本论》无疑是马克思超越前人的卓越贡献。马克思对于资本主义本质的分析至今没有人能超过。所以《资本论》一书在今日全世界仍享有很高的声誉。但是，有人若认为一部《资本论》已把资本主义的全过程都看透了，这就是极大的误解，而这也可以说是教条主义的根源之一。其实，马克思、

---

① 《马克思恩格斯选集》第 2 卷，人民出版社 1972 年版，第 82—83 页。
② 同上。
③ 吴江：《社会主义的前途与马克思主义的命运》，中国社会科学出版社 2001 年版，第 241—242 页。

恩格斯（还有其他信奉马克思学说的人和不信奉马克思学说的其他社会主义者）对欧洲19世纪中叶的资本主义的认识就有偏差（按今天的眼光，马克思的观察是以西欧为中心），一般都把危机估计过高了。《共产党宣言》和《资本论》都可以证明，那时马克思等认为资本主义（指西欧几个主要资本主义国家）的统治即将结束，资本主义已经响起了丧钟，资产阶级和无产阶级的决战即将来临，他们对于社会主义革命寄予过高的不切实际的期望。其实，那时资本主义刚处于其发展的初期阶段，资本主义剥削还带有某些原始性质。虽然资本主义的生产力发展迅速，超过以往任何社会，但是其实际水平仍很低。最近读到日本不破哲三（日本共产党领导人之一）写的《科学社会主义研究》一书，其中提供了一个资料，是在马克思活动的19世纪中叶，当时主要资本主义国家英、法、德、美四国的生铁年产量合起来不过824万吨（1866年）。这个材料确否待查。但它至少向我们说明，就当时的社会生产力水平而言，向社会主义过渡的条件还远未具备。马克思的看法是，根据资本主义的某些特点，如生产不断变革，社会关系不停地动荡，资本主义剥削异常残酷，阶级斗争空前激烈，尤其是周期性的危机一次接着一次等，这一切极易使人感到资本主义制度仿佛已经走到了尽头。尤其是1848年的法国革命和1871年的巴黎公社，助长了革命者的盲目乐观情绪。只是到了1873年的世界经济危机发生，马克思的头脑才开始冷静下来，那时马克思刚写完《资本论》第2卷并准备出版。危机一发生，他立即意识到世界资本主义正在展现它的新面貌，新的情况正在发生。马克思特别注意到，资本主义每度过一次危机，其劳动生产率不仅没有降低反而提高了，这就动摇了马克思原来认为危机将产生革命的看法。为此，马克思认为资本主义必须重新认识，因此毅然决定停止《资本论》第2卷的出版。

　　料史事至难，不能无失。马克思、恩格斯也一样。直到十多年后马克思逝世，在这段时间内马克思并未重提出版《资本论》第 2 卷，这十多年马克思除了观察资本主义的变化以外，就是埋头研究他的世界史和人类学史，他又钻入历史领域。《资本论》第 2、3 卷是马克思逝世后由恩格斯、考茨基根据马克思遗留草稿整理出版的。所以严格地说，马克思本人只能对《资本论》第 1 卷（1867 年出版）负责。

　　19 世纪八九十年代，直至 20 世纪初期，世界资本主义又经历了一个平稳发展时期。到了 90 年代（1895 年），那时马克思已经不在了，恩格斯对于他们的急于事功的缺点坦率地作出了自我批评。恩格斯说："历史表明我们也曾经错了，我们当时所持的观点只是一个幻想；"并分析说："历史清楚地表明，当时欧洲大陆经济发展的状况还远没有成熟到可以铲除资本主义生产方式的程度。"资本主义经济"还具有很大的扩展能力"，① 而"工人阶级自身还没有成熟到足以实现社会主义改造并进行政治统治的程度"。

　　对于资本主义的生产力，马克思曾是大加赞赏的，这也是他唯一赞赏资本主义的地方。对于一个正处在成长期的儿童，因他得一场重感冒（饥饿的 40 年）就判定他得了癌症活不长了，这是否恰当？

　　1870 年以后，在欧洲的历史舞台上出现了许多重要的变化。工人阶级逐渐获得体现政治民主的选举权，国家社会福利政策使工业社会最恶劣的一面得到抑制。工会力量的增长和代表劳动者利益的政党出现，增强了劳动者的话语权及应有的地位，向北美、南美和澳大利亚的移民"安全通道"使不满意的欧洲人可

　　① 《马克思恩格斯全集》第 34 卷，人民出版社 1972 年版，第 345 页。

以在更加自由的社会里开始自己的新生活，并使之获得充分的经济机会。来自内外的原因而带来的经济增长，使欧洲有时间去进行体制改革以缓解工业化带来的社会压力。历史发展证明，从人均100—3000美元的工业化时期是社会财富分配两极分化最大的时期，马克思写作的时期正是英国处在300美元以下的时期。

在方法论上，在提出"两个绝不会"之前，马克思似乎是用静止的眼光去看资本主义制度，将之视为缺乏自我调节的一种刚性制度，显然低估了资本主义制度的弹性以及它为了挽救自身而变革的能力。似乎他还低估了资产阶级政权的民主性质的重要作用——在一定程度上能够超越资本与劳工的冲突，实施一些政策以缓和资本主义市场经济最残酷的一面对工人造成的压力和伤害。马克思对资本主义制度自我修复的弹性缺乏必要的认识，陷入了急于求成的窘境。

在资本主义阶级构成的关系转换上，他没有注意到资本主义经济的自由放任本质会给社会带来的阶级结构的稳定性变化。经济思想史上有著名学者提出过，自由市场的经济制度是对封建专制制度的威胁，这是很有见地的。马克思似乎以对待封建制度的阶级稳定结构的态度来看待资本主义阶级结构，其实二者既有相同的一面也有不相同的另一面。就封建制度而言，农民对地主的阶级斗争只能造成改朝换代，形成一种恶性循环，因为农民阶级不是新的生产力的代表。这种社会没有稳定性的结构，所以政权更迭如走马灯一般。只有到了商业资产阶级出现以后，才打破这种恶性循环，因为资产阶级是社会新的生产力的代表。资本主义社会诞生之时，同封建社会一样是三角形的社会结构，但不同之处在于封建社会的结构是不变的，内部没有互相（上下）流动的机制，要打破稳定只有下层推翻上层，然后又形成一个三角形的社会结构，如此循环不已。资本主义初期的三角形结构，内部是可以自由流动的，随着生产力的发展不断变化，作为三角形底的工人阶级中逐渐出现中产成员，上升为中产阶级，社会顶端的阶层也有向下移动的成员，数量在逐渐减少，随时间推移，中产阶级越来越多，三角形的社会结构随之变化，逐渐呈橄榄形，中间大，两头小，呈现出超稳定状态。资本主义从诞生到现在，虽然经济危机不断，但由于其社会结构的自我调整和修复能力较强，总是能有惊无险，化险为夷，而且危机的间隔期越来越长，频度也越来越小，这与中产阶级的出现是分不开的。中产阶级是一个社会的稳定器这个道理，古希腊的亚里士多德和前古典经济学中都有人曾指出过。

在劳动价值论上，马克思把工人劳动创造价值视为不变的。

在生产力的主要构成和社会价值构成上，马克思限于当时的条件（在马克思之前，斯密和李嘉图都有类似局限），把工人的劳动视为价值的唯一来源，这在资本主义初级阶段是很正常的，因为重商主义后的资本原始积累主要靠工人阶级的体力劳动来创造。故古典经济学家几乎皆为劳动价值论者。但随着工业革命的完成，科学技术的加速发展，教育、科学技术、组织管理人员在生产力中占有越来越重要的地位，他们才是新生的生产力的代表，劳动价值论中的价值创造已经主要不是工人所创造的剩余价值，而是中产阶级的劳动创造的，劳动的性质已由纯体力劳动转到脑力劳动上来，转到知识的生产与使用上面来了，科学与技术创新，组织、结构的创新成了价值的基本来源（熊彼特）。知本的价值已经开始超出资本的价值，甚至有学者提出了知本主义概念，且不论其科学性如何，但这种趋势确已显现。

自从工业革命以后两个世纪以来，世界生产力的构成在国家间已形成较大差距，其分布已经不是平面的，而是立体的了，如一山有四季一样，如今资本主义的形态从半封建半资本主义到成熟的资本主义都有。最低级的资本主义还保留着欧洲的工业革命初期的特征，政府和资本家以加大劳动强度、延长工作时间、减少工人工资以榨取剩余价值（更有甚者，不发或骗取工人工资已经属于前资本主义了），这在转型国家和发展中国家比比皆是，眼前展现了一幅活生生的马克思所谴责的图景。当然这是否是任何国家的工业化所必须经过的阶段或所必须付出的代价要另当别论，但能否以一种比较人道的方式完成这一过程，则显示出一国政府的优劣，这是另外需要阐述的。写到这里，笔者认为，欧美的资产阶级和工人阶级都要感谢马克思，是他在社会矛盾刚刚激化时对执政的阶级发出了警告和批判，使他们及时对两个阶级的博弈作了非零和的安排，避免了两败俱伤的悲剧发生，这才有了今天发达的、较人性化的资本主义，这是资产阶级应该感谢的理由；对于工人阶级而言，是马克思将工业化初期工人阶级的悲惨命运以理论方式公之于世，并且为工人阶级的权利实现提出了最激烈的解决办法，使之对资产阶级造成了巨大威胁，从而使资产阶级不断采取妥协措施，促进了工人阶级地位的提高与生活工作环境的改善，这是工人阶级应该怀念他的原因。

发达资本主义的许多变化和进步，尤其是平衡机制上的各种弊病的被抑制，在相当程度上正是依靠了社会主义因素的推动，是其吸收了社会主义思想和价值观的结果。对于这一点连前教皇也不否认，约翰·保罗二世曾指出："当今资本主义与利奥十三世时代的资本主义有了很大的区别，它改变了。而这在许多方面是靠了社会主义的影响。"①

马克思和恩格斯的观念令世人深思，任何一个社会都不能剥夺一个群体享受社会利益的权利，否则，这个社会就不能存在下

---

① 《教皇约翰·保罗二世说：马克思有"合理的内核"》，俄罗斯《在国外》周报 1993 年第 46—47 期，转载意大利《新闻报》文章。

去。社会能否和谐发展是一个社会优劣与否的基本标准，尽管在一定的经济发展阶段存在着效率和公平二者何者优先的矛盾的选择。这也许是马克思的经济思想所要告诫我们的，这是一份珍贵的思想遗产。

按马克思主义对世界发展的意义而言，不能仅以它对历史发展的长远预测是否准确而定，只能以它对当时社会生活状态描述和分析的客观性以及它对历史发展的刺激与启示而定。从这一角度，尽管马克思的预言存在着上述缺陷，但在理解资本主义制度的驱动力以及各方参与力量所形成的紧张局势方面，无人能与马克思比肩。如果说斯密主要歌颂资本主义的自由市场经济带来的好处，侧重于社会发展的动力机制，从正面推动社会高速发展，那么马克思则看到了资本主义经济的阴暗面带来的巨大社会危险及其根源所在，从反面不断提醒这列高速行驶的列车有颠覆的可能性。马克思注重和强调的则是社会发展的平衡机制的重要性。两个人之所以被称为经济学史上的巨匠，其原因也许正在于此。

（六）马克思恩格斯观点的微妙变化之谜

同马克思一样，恩格斯在 1891 年《社会民主党纲领草案批判》和 1895 年 3 月 6 日的《〈法兰西阶级斗争〉导言》中也提到了在一些民主程度较高的资本主义社会中，有可能"和平长入社会主义"的问题，他复述马克思 1872 年在海牙的讲话：可以设想，在人民代议机关把一切权力集中在自己手里，只要取得大多数人民的支持就能按照宪法随意办事的国家里，旧社会可能和平长入新社会，比如在法国和美国那样的民主共和国，在英国那样的君主国……①尽管

---

① 转引自奚兆永："恩格斯晚年放弃暴力革命了吗?"，《红旗文稿》2007 年第 10 期。

在这一段话的前后是强调要反对将"和平长入社会主义"的内容写进德国社会民主党党纲草案，针对德国的政权性质，重述这种可能性在德国不存在，但这并不妨碍我们对马克思和恩格斯在晚年思想随客观条件的变化而变化的思考。马克思是在 1872 年在荷兰的集会上讲到可以以和平的手段实现社会主义的，距他谢世仅有 11 年时间。而恩格斯的上述观点距他游览美国（1888 年 8 月 8 日）仅 7 年，比马克思的类似讲话晚 23 年。在这一时期内，资本主义的发展使晚年的恩格斯看到了更多的东西，他也有了更全面的深刻的认识。很多文章在论及这一变化时，总是强调恩格斯是反对把"和平长入社会主义"称为一般抽象的政治要求的，以此来否认马克思和恩格斯晚年思想的微妙变化，这是不符合历史事实的。

图 8—5 马克思墓

与此相应证的是，在此之前，即 1894 年，有人请求恩格斯为发行的《新纪元》题词，来表达未来社会主义纪元的基本思想时，恩格斯从《共产党宣言》中摘出一段话："代替那存在着阶级和阶级对立的资产阶级旧社会的，将是这样一个联合体，在那里，每个人的自由发展是一切人自由发展的条件。①"恩格斯在晚年把"每个人的自由发展是一切人自由发展的条件"称为社会主义社会的基本思想和基本特征，强调这是马克思主义最基本的思想信条之一绝不是偶然的，它反映出随着资本主义社会自身的调整和变化，如何衡量社会主义以及二者之

---

① 《马克思恩格斯全集》第 39 卷，人民出版社 1975 年版，第 189 页。

间的关系，恩格斯又有了更敏锐深邃的见解，对"两个绝不会"原则有了更现实的体验。俄国革命戏剧性的收场验证了恩格斯的辩证性论断。

上述情况说明，马克思和恩格斯晚年在革命和改良主义道路的选择上，内心的变化是微妙的，囿于马克思政治经济学体系的制约，一方面为实现其理论的预测和尽快实现社会主义，他们希望以暴力革命实现无产阶级专政。但与此同时，出于对社会现实发展的具体情

图8—6　晚年恩格斯

况和减少新社会诞生的阵痛考虑，恩格斯对生产力水平与社会主义的关系问题十分关心，他晚年曾对德国社会民主党领导人说："如果事态的发展导致战争，并使我们提前执政，这将是很大的不幸。"① 19世纪八九十年代，直至20世纪初期，世界资本主义又经历了一个平稳发展时期。19世纪90年代（1895年），那时马克思已经去世了，恩格斯对于他们急于事功的缺点坦率地作出了自我批评。恩格斯说："历史表明我们也曾经错了，我们当时所持的观点只是一个幻想。"并分析说，"历史清楚地表明，当时欧洲大陆经济发展的状况还远没有成熟到可以铲除资本主义生产方式的程度"，资本主义经济"还具有很大的扩展能力"，而"工人阶级自身还没有成熟到足以实现社会主义改造并进行政治

---

① 《马克思恩格斯全集》第38卷，人民出版社1972年版，第181页。

统治的程度"。[①]

　　平心而论，无产阶级的革命导师们作为学者的客观态度更令人佩服。面对变化的世界，他们乐于承认事物发展的另一种可能性，如马克思对美国、英国和荷兰等"好"的资本主义国家的态度，恩格斯对美国资本主义的独特赞赏口吻以及恩格斯对超过生产力水平提前夺权的担忧等。在恩格斯晚年对伯恩斯坦委以遗嘱执行人的微妙做法上，已经透露出他对今后国际共产主义运动可能采取的方式上的改变趋势的估计。

四　修正主义代表人物伯恩斯坦与考茨基

　　爱德华·伯恩斯坦（Eduard Bernstein，1850—1932 年）于 1850 年出生在德国柏林的一个犹太人家庭。伯恩斯坦中学毕业后当过银行学徒和职员，1872 年加入德国社会民主党（爱森纳赫派）。他之所以走上修正主义道路，是与他的英国之行有某种内在联系的。笔者在思考这一问题时，想起了与恩格斯美国之行的经历十分相似（可能屡次被驱逐的马克思登上英国的土地后也有类似的感觉）的一件事情，那就是原为正统的马克思主义者，后为"修正主义头子"的伯恩斯坦 1888 年开始的英国经历。

　　1878 年，伯恩斯坦在俾斯麦的反社会主义立法通过之前不久，离开了德国，为德国社会主义运动工作。刚开始在瑞士，与马克思相类似，他在瑞士也待不下去，迫于普鲁士的压力，他被驱逐出瑞士，来到伦敦。从 1888 年到 1901 年在伦敦做记者和通讯员。新环境的自由和政治宽容深深地打动了他：在向一个已故的激进主义者的遗孀做出的慈善捐款中，女王列于首位；而警察

---

　　① 《马克思恩格斯全集》第 34 卷，人民出版社 1972 年版，第 345 页。

令人满意，竟允许他向来自德
国的破坏罢工者发表演说。他
逐渐结识了主要的费边主义者，
在一次对费边社的演讲中，他
试图坚持正统的马克思主义，
而费边社却使他认识到这样一
种追求徒劳无益。此后，他与
正统马克思主义的"两个必
然"的论断渐行渐远。在社会
主义的发展史上，第一个把马

图 8—7　伯恩斯坦

克思和恩格斯晚年思想变化的微妙之处加以认真研究者是伯恩斯
坦。正如前面所说的，1859 年，马克思在其《政治经济学批判
大纲》第一分册的序言中提出了"两个决不会"① 的经典型论
断；1872 年，马克思在国际工人协会海牙大会上提出了和平步
入社会主义和非武装夺取政权可能性的观点；② "工人阶级不是
实现什么理想，而只是想解放那些在旧的正在崩溃的资产阶级社
会里孕育着新社会的因素。"③ 恩格斯在他逝世前（1895 年）写
的《卡尔·马克思（1848—1850 年的法兰西阶级斗争）一书导
言》中也说过：历史证明，当时说的大陆经济发展状况还远没

---

① "无论哪一个社会形态，在其所能容纳的生产力全部发挥出来以前，是决不
会灭亡的；而新的更高的生产关系，在其存在的物质条件在旧社会的胚胎里成熟以
前，是决不会出现的。所以人类始终只提出自己能够解决的任务，因为只要仔细考
察就会发现，任务本身，只有在解决其物质条件已经存在或者至少是在形成中的时
候，才会产生。"陈鲁直：《东西方道路与世界秩序》，中国经济出版社 2007 年版，
第 73 页。

② 《马克思恩格斯全集》第 22 卷，人民出版社 1971 年版，第 273 页。

③ 吴江：《社会主义的前途与马克思主义的命运》，中国社会科学出版社 2001
年版，第 269 页。

有成熟到可以铲除资本主义生产方式的程度。他还说，过了 20
年之后，巴黎公社的失败证明工人阶级的统治还是不可能的。又
过了 29 年，他干脆主张放弃武装斗争，并告诫说，争取普选，
采取合法手段能比采取不合法手段收获得多得多的成就。原因就
在于"资本主义还具有很大的扩展能力"。① 上述这些似乎有别
于马克思著作的一贯思想的观点，引起了伯恩斯坦的注意，他意
识到马克思越是到晚年越更趋向于从变革的角度看资本主义的发
展，马克思和恩格斯在资本主义的现实变化面前，是勇于反思和
敢于面对实际的。而在恩格斯逝世以后，资本主义的变化进一步
证实，马克思主义创始人晚年观点的变化决不是空穴来风或一时
心血来潮，而是以一种革命家的高瞻远瞩的敏锐政治嗅觉感知的
结果。伯恩斯坦结合自己的实际体会，致力于马克思主义创始人
已经感知但还未来得及从理论上阐述的问题。1899 年，在马克
思逝世 15 周年之际，他出版了自己的研究成果《社会主义的前
提和社会民主党的任务》，后来以《进化的社会主义》译成英
文，即"Evolutionary Socialism"。这是他的代表作。

　　在该书中，他从实际的经验出发，结合马克思提出的"两
个决不会"的原则，对马克思和恩格斯晚年一些闪光的观点进
行了系统的论证。他不忽视这样的事实，即资本主义不是陷入垂
死的痛苦，而是表现出远比人们愿意承认的更高的调整弹性和生
存能力。为此他收集了大量证据说明劳动阶级确实分享了从经济
发展中产生的利益。

　　"伯恩斯坦的修正主义遵循两条基本的原则，那就是马克
思在《资本论》序言中强调的关于有机体发展的思想。第一，
马克思指出：'一个社会即使探索到了本身运动的自然规

---

　　①　陈鲁直：《东西方道路与世界秩序》，中国经济出版社 2007 年版，第 58 页。

律……它还是既不能跳过也不能用法令来取消自然的发展阶段。但是它能缩短和减轻分娩的痛苦。'在伯恩斯坦看来，这一原理告诉人们'工人阶级以及任何其他阶级都不能专横地按照自己的兴趣、自己的幻想或者随便拿一个现成公式来改造社会。要想使重大的社会改革成为可能，社会的全部生活条件就必须改变，必须达到一定的发展程度'。这里显然包含着对社会主义革命思想的重要限制。第二，马克思说：'现在的社会不是固定的结晶体，而是一个能够变化，并且不断在变化过程中的有机体。'伯恩斯坦认为，社会主义变革的概念在这里同样有着十分确定的界限。在他看来，任何修正主义者都承认马克思的这两条原理，但马克思主义正统学派却认为马克思根据一定的历史前提提出的原理有持久的教条的力量，而非承认它只有相对的意义。伯恩斯坦指出，这些正统派不懂得，如果实际发展同毕竟只是由理论预示的发展不相符合（这种情况是经常发生的），那么以最初的假定为根据而得出的公式也必须改变。"①

伯恩斯坦在其政治学方面成了社会民主主义的预言家，它要依靠工会和社会民主党的和平活动，从足以向他们提供丰裕的资本主义争取好处。代议制的民主国家要逐步履行社会主义的愿望。与正统的预言相反，代议制民主不会消失，而是要为未来社会提供政治框架。

归纳起来，在政治经济学方面，伯恩斯坦对马克思主义做了如下修正：

（1）社会发展是一个逐步进化的过程，少有飞跃和质变。

（2）劳动价值论与效用价值论是并行不悖的；前者是一个

---

① 徐觉哉："'创新'与'修正'"，《社会科学报》2008年2月14日。

图 8—8　考茨基

有待证明的假设，相形之下，效用价值论更符合实际。

（3）剩余价值的存在仅依赖经验事实即可获得，无须加以任何演绎证明。仅以工人不能获得劳动产品的全部价值这一事实，尚不能构成社会主义或共产主义的科学基础。

（4）资本主义的进程并没有使资本向大资本集中而使中小资本因被排挤而消亡，"股份资本民主化"使集中起来的资本广泛分散。"社会主义前途与其说依赖于财富的减少，毋宁说依赖于其增加。"

（5）信用制度、股份制、国家福利制度缓和了经济危机。资本主义还有容纳生产力增长的空间，对于经济危机具有相当适应手段，在相当长的时期内，资本主义会繁荣发展。

（6）在《空想主义和折中主义》中，他认为，资本主义内涵有产生新的经济制度的萌芽，社会主义应是内生性的，资产阶级国家的政治逐渐民主化，其性质有从专政机构变为全社会服务机构的趋势。改良运动可以促进"和平长入社会主义"的进程。

从 1898 年 10 月的斯图加特大会到 1899 年 10 月的汉诺威大会和 1901 年 9 月的卢卑克大会，伯恩斯坦的观点引起了争论和批判。十月革命后，伯恩斯坦的观点一直受到批判。苏联

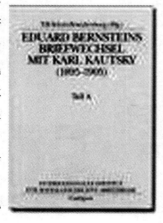

图 8—9　考茨基著作

解体后情况出现了变化，即对伯恩斯坦的理论有了进一步认识和研究。

　　除了伯恩斯坦，卡尔·考茨基（Karl Kautsky，1854—1938年）是另一个重要的修正主义者，他是德国社会民主党和第二国际的理论家，出身书香门第（丹青之家），毕业于维也纳大学哲学系，1875年开始研究社会主义思想和马克思的《资本论》，开始由一个捷克民族主义者变为正统的马克思主义者。先后为德国社会民主党的党刊《前进报》及黑希伯格主编的《社会科学和社会政策年鉴》撰稿，并与时任黑希伯格秘书的伯恩斯坦过从甚密。1881年3月去伦敦会见了马克思（当时马克思63岁，两年后马克思去世），并同恩格斯建立了友谊，成为恩格斯的私人秘书。1890年参与写作德国社会民主党党纲《爱尔福特纲领》，1899年写了《土地问题》一书，系统阐述了马克思主义关于农业资本主义发展规律（封建农业与资本主义农业的特征），1905—1910年编辑出版了《资本论》第4卷。这样一个正统的马克思主义理论权威走上"修正主义"道路，是颇耐人寻味的。

　　在国际共产主义运动史上，考茨基之所以比伯恩斯坦出名，是由于曾经是考茨基学生的列宁针对考茨基反对十月革命和第二国际批评（几乎是普遍反对列宁的）列宁是冒险主义而写的《无产阶级革命和叛徒考茨基》一书，于是考茨基成了修正主义的头子。现在看来，列宁批判考茨基在当时虽有其理由，但事实证明考茨基对十月革命前后的批评都有值得思考的一面。在十月革命前，考茨基的立论出发点是"俄国生产力还没有发展到足以实现社会主义的水平"。列宁也是同意这一点的，认为这是"一个无可争辩的论点"，但列宁认为能用与西欧国家不同的方式来创造可以实现社会主义的生产力水平及文化条件。"而在苏联社会主义初步站稳脚跟之后，1927年考茨基出版了《唯物主义历史观》一书，在引证马克思所说'新的更高的生产关系，在它存在的物质条件在旧社会胎胞里成熟以前，是决不会出现的'这话之后，接着指出：'这句话对于一个没有阶级的社会说来，是一个不言而喻的真理。在那样一个社会里，如果没有新的生产力使新的生产关系成为必要，谁也不会有兴趣用新的生产关系去代替旧的生产关系。但在一个阶级社会里情形就不同了。因为被剥削的阶级总是对现存的生产关系感到不满，力求取消这种生产关系，而且剥削阶级中间有些人有时也会这样。一个感到不满的阶级，即使在新的生产关系的存在条件还没有在旧社会胎胞里成熟以前，只要特殊的历史形势给予它进行试验的力量，它就要进行试验来创造新的、对它更有利的生产关系。'接下去考茨基又说：'这句话（按：指上引马克思的论断）并不意味着，只要完全社会主义性质的社会存在的条件还不具备，无产阶级的马克思主义者就应该放弃取得政权的机会。但是，这句话倒是表明，马克思主义不管在什么地方、什么时候取得了政权，就有责任来检验一下，新社会的存在条件究竟在旧社会的胎胞里已经孕育到了什么成熟程度，并以此为依据，为劳动阶级的利益来安排自己的实践。……如果在试验中新生产关系所赖以存在的物质条件没有被创造出来，那么，尽管颁布各种法令，尽管采取一切恐怖政策，这种创造新生产关系的尝试最终还是会归于失败。'这里，我们必须公平地说一说：即使像考茨基这样曾经被后来的马克思主义者激烈批评过的人（但骂考茨基为'叛徒'显然是过了），他的某些论断仍然值得社会主义者思考。"[①] 事实证明，考茨基对于十月革命的认识是极为深刻的。

---

① 吴江：《社会主义的前途与马克思主义的命运》，中国社会科学出版社2001年版，第170—171页。

考茨基的修正主义表现在两个方面：一是在德国社会民主党内对批判伯恩斯坦的观点持中立和袒护态度。二是参考英国作家约翰·A. 霍布斯①的《帝国主义论》的观点写出了《帝国主义》。霍布斯认为资本主义国家的殖民地政策是一种为了经济利益的帝国主义政策，这一政策既使资产阶级出现了新生的趋势，也使利益集团加重了"剥削"和"寄生"性。考茨基认为帝国主义是一种政策，属于政策范畴而非资本主义发展的一个阶段。帝国主义是金融资本偏爱的一种政策。② "资本主义还不一定因此到了穷途末路。从纯经济观点看，它能够继续发展，只要老资本主义国家日益发达的工业，还有能促成农业生产的相应扩展……"③ 这种对帝国主义性质的认识和对资本主义自我调整能力的分析在修正幅度上较之伯恩斯坦更是有过之而无不及。

怎样认识修正主义，有两种观点：一种认为它否定修改了马克思主义的基本原理；另一种认为，从某种意义上，正是他们的修正主义，在当时的条件下"丰富"和"发展"了马克思主义。其历史意义，人们完全可以通过发达国家普通民众生活条件的普遍改善、社会主义因素的日渐增多，以及各种社会矛盾的相对缓和来理解。

五　给《资本论》做补充的经济学家希法亭

希法亭（1877—1941 年），第二国际的马克思主义经济学家，

---

① 约翰·A. 霍布斯（1858—1940 年），英国作家，1902 年出版《帝国主义论》一书，首创帝国主义概念。

② 希法亭在《金融资本》（1910 年）中也用"帝国主义"这个词来表示是政策的一种特殊类型，而非一个"经济阶段"。

③ ［德］考茨基：《帝国主义》，史集译，三联书店 1964 年版，第 17—18 页。

1901 年获医学博士学位。早年加入奥地利社会民主党，曾两次出任德国财政部长（1923 年，1928 年），1924—1933 年一直担任国会议员。1927 年在法国社会民主党的基尔代表大会上提出有组织的资本主义。他是社会主义者中第一个批判边际效用的人（《庞巴维克的马克思主义批评》，1904 年），其成名作是《金融资本》（1910 年），对帝国主义经济理论做了系统的研究。考茨基曾高度评价他，认为希法亭的著作对《资本论》后两卷提供了迄今为止最好的补充，也是对它们完整的说明和出色的解说。[①] 希法亭认为资本主义已经演变为少数大的金融机构控制的垄断资本主义，这是资本主义最后的阶段，社会革命即将到来。列宁也对希法亭的《金融资本》大加赞赏，认为"对资本主义发展的最新阶段做了一个极有价值的理论分析"。那么希法亭给《资本论》提供了哪些补充，又给列宁的《帝国主义论》提供了哪些启示呢？

1. 把资本形态划分为三个阶段：

高利贷资本→银行资本→金融资本

高利贷资本→银行资本　　　　银行资本→工业资本

（1）↘　↙　　　　　（2）↘　↙

金融资本　　　　　　　金融资本

2. 竞争造成垄断，工业资本采取卡特尔和托拉斯形式，又消灭自由竞争，促进垄断。工业垄断是金融资本形成的基础。

3. 股份制的发展造成了所有权与经营权的分离，为银行资本与工业资本的结合提供了条件。银行对创业利润（股权收益）的追求，改变了银行单纯收取贷款利息的获利方式，推动了银行对工业集中与垄断的干预（创业利润是股息高于利息的差额，马克思在《资本论》第三卷中提到它并命名为虚拟资本，但未

---

① ［德］考茨基：《金融资本与危机》，《新时代》第 29 卷第 1 册，第 883 页。

视之为经济范畴）。

4. 银行资本向工业资本渗透、参股和控股工业资本，形成金融资本。这是最高和最抽象的资本形态。

5. 提出金融资本的范畴与形成机制：愈来愈多的工业资本不属于运用它的工业资本家。工业资本家只有通过银行才能支配资本，银行就是这种资本的所有者。另一方面，银行也只好把其愈来愈多的资本固定在工业资本上。因此，银行愈来愈变成工业资本家。这种变成了工业资本的银行资本称之为金融资本。它表现的是银行资本向工业资本的渗透与控制。

6. 金融资本表现出的意义：对外保护关税和奉行帝国主义政策，对内实行国家干预政策。这是对自由竞争时代自由贸易政策或自由放任政策的否定。帝国主义是一种政策，而不是资本主义发展的一个新阶段（列宁认为是资本主义的最高阶段，是灭亡的前奏）。从某种意义上说，是希法亭的《金融资本》一书直接影响了列宁对资本主义发展阶段的判断，从而改变了 20 世纪的世界政治格局。

六　现实对理想的挑战
——列宁经济思想的转变

十月革命，列宁（1870—1924 年）领导的俄共（布）夺得了政权。为了巩固无产阶级政权和尽快过渡到他所憧憬的社会主义，实现马克思的社会主义思想，俄共（布）实行了战时共产主义：全面消灭私有制，实行国有化；实行余粮收集制；取消商品货币关系，取消城乡市场贸易；由国家统一组织生产和分配，实行计划配给；建立高度集中的政治经济管理体制。列宁把马克思强调的生产力高度发展这一条排除在外，还把马克思关于社会

图 8—10　列宁

主义的其余三个基本特点——公有制、计划经济、按劳分配写进了俄共（布）的施政纲领之中。以当时的情况来看，列宁及俄共（布）的其他领导人都认为战时共产主义既能保证国内战争胜利的需要，又是实现社会主义、共产主义的捷径。

虽然列宁期望立即建立马克思设想的社会主义，但在俄国这样一个生产力落后（至 20 世纪初，工业总产值只占 GDP 的 40%，小农经济占优势，产业工人仅有 160 万人，社会经济成分复杂）的国度里，列宁的理想面临现实的尖锐挑战。首先是社会主义制度的建立构成了对国际资本主义的威胁，主要资本主义国家联合武装干涉，国内封建势力群起响应，内战外战纠缠在一起。经过三年浴血奋战击退外国武装干涉和取得国内战争胜利以后，国民经济遭到彻底破坏，原料、燃料极为短缺，大部分企业无法开工。其次，为了解决城市工人、公务员和军队的食品问题，俄共对农民采取的强制性余粮收集制，受到了农民愈来愈强烈的不满和抵制。到 1921 年春天，随着国内战争的结束，全国各地都爆发了严重的农民骚乱。最后，由于农业歉收，粮食和食品严重不足，民众生活极为困难。城市工人怠工、旷工和罢工的情况也日有所闻。1921 年 3 月初又爆发了喀琅施塔得水兵叛乱。面对这一形势，列宁不得不承认，战时共产主义具有适应战争和经济破坏的被迫性质，它不能作为新苏维埃政权的长期经济政策，继续实行这种政策无异于自杀。"在国内战争的环境里，我们不得不采用战时的方法，但是如果我们由此得出结论，认为只有采取这种政策和态度，那就大错特错了，这必将意味着苏维埃政权和无产阶级专政的垮台。"[①] 事实证明，直接过渡到纯社会主义的经济形式和纯社会主义的分配，不是苏俄力所能及的事情，在社会生产力没有高度发展的条件下，勉强追求理想社会主义是危险的。列宁认识到，建设社会主义，不能只依靠理想，必须从现实的国情和生活出发，并据此矫正不

图8—11　列宁宣布"一切权力归苏维埃"

合时宜的理论和政策。如果片面追求某些纯粹的社会主义形式而脱离国情，那恰恰反映出违背了马克思主义。从这一立场出发，1927年春天，列宁力排众议，果断地实行具有非常特别的国家资本主义性质的"新经济政策"。"新经济政策"的实质在于：第一，无产阶级国家准许小生产者有贸易自由；第二，对于大资本家的生产资料，无产阶级国家采取资本主义经济学中叫做"国家资本主义"的一系列原则[②]。"我们现在正用'新经济政策'来纠正我们的许多错误，我们正在学习在一个小农国家里

---

① 　列宁：《论新经济政策》，人民出版社2001年版，第3页。

② 　陶玉泉："社会关系整合——构建和谐社会的重大课题"，《马克思主义列宁主义研究》2006年第6期。

图8—12 《布哈林论》

进一步建设社会主义大厦而不犯这些错误。"[1] 列宁在逝世前已经认识到，社会主义必须"以庞大的资本主义所获得的一切经验为基础"。[2]

在"新经济政策"的启发下，俄共的经济理论家提出了两种重要的理论学说，力图将新经济政策的指导思想同经典社会主义理论设想结合起来，形成新的意识形态理论：一是普列奥布拉任斯基的"社会主义原始积累理论"，二是布哈林的"社会主义市场经济理论"。普列奥布拉任斯基所阐述的社会主义原始积累规律是指这样一个趋势，即一个国家越落后，它在向社会主义过渡的过程中就越多地依赖于前社会主义经济形式剩余产品的转让，而越少地依赖于社会主义经济自身的积累。社会主义原始积累规律赖以出发的逻辑和历史前提是苏联落后的社会经济条件。"从这个角度出发来看，社会主义原始积累规律是克服我们社会主义落后性的规律。[3] 强调社会发展的落后性，因而认为在向社会主义的过渡中需要一个自己特殊的史前时期，这样就把落后国家建设社会主义的历史条件提炼为一个抽象的理论范畴。"布哈林则尝试着对

① 《列宁全集》第42卷，人民出版社1958年版，第231页。

② 《列宁选集》第27卷，人民出版社1972年版，第285页。

③ ［苏］叶·阿·普列奥布拉任斯基：《新经济学》，纪涛、蔡恺民译，三联书店1984年版，第38页。

社会主义市场经济进行了理论建构。在新经济政策的实践基础上，布哈林深刻地看到"过去我们认为，我们可以一举消灭市场关系。而实际情况表明，我们恰恰要通过市场关系走向社会主义。可以说，这些市场关系将由其本身的发展而消灭"①。"通过市场关系走向社会主义"这一论点是对列宁晚年关于社会主义新思考的延伸，在更深的层次上涉及落后国家在无产阶级革命后如何向社会主义过渡的特殊性问题，已经触及 20 世纪以来东方社会发展进程中最深层的历史课题。

　　"社会主义原始积累理论"和"社会主义市场经济理论"都试图对新的理论资源进行整合，它们在以下几个方面是一致的。第一，出发点都是苏联落后的社会经济条件，因此在向社会主义过渡中需要一个马克思主义经典理论所缺失的历史阶段。第二，这两种理论关于社会主义的设想与原先理论资源中关于社会主义的设想相比并没有发生变化，不论是通过"原始积累阶段"还是"市场经济阶段"，其最终目标都是一样的，即集中的计划体制和统一的国营经济。第三，它们都试图把落后国家实现工业化的历史要求深入到经典马克思主义的社会理论之中。但无论是"社会原始积累主义理论"还是"社会主义市场经济理论"都没能够成为历史转折点上苏共的主流政治经济学而只有纯理论的象征性意义。

　　遗憾的是，由于新经济政策的创造性较之十月革命更难以让俄共的多数人理解，列宁虽然力排众议，做了大量说服解释工作才仅能勉强贯彻实行。但同时列宁也没有排除新经济政策的短期过渡性特点和退却性质，布哈林也没有意识到社会主义同市场经济相结合的长期性及其深度和广度，这就为列宁逝世后理想主义的经济思想卷土重来及其变异潜伏了可能性。

---

　　①　《布哈林文选》（上册），人民出版社 1981 年版，第 309 页。

七 斯大林模式的形成

图8—13 斯大林（1879—1953年）

列宁逝世以后，新经济政策被斯大林（1879—1953年）提前结束，苏联的经济思想又回到了理想主义轨道，实行直接向共产主义迈进的"左"的政策。1930年12月斯大林明确提出学术问题政治化。斯大林为什么是马克思主义提供了统一的教科书式的标准。1938年斯大林发表了《论辩证唯物主义和历史唯物主义》为马克思主义哲学提供了唯一的解释范式。同年出版的《联共（布）党史简明教程》成为官方学马克思主义的标准范本。把纯之又纯的公有制，高度集中的计划经济作为社会主义的唯一模式予以宣传和推行，把以剥夺农民完成资本积累的激进工业化作为唯一目标，从而出现了以下情况：第一，以落后和先进，或者说农业和工业的对立，取代了经典马克思主义中的资本和劳动、人的异化和解放之间的对立。第二，在阶级斗争理论的支持下，政治暴力在社会生活的各个领域被赋予了持久的合理性和合法性。第三，也是最重要的是，工业化成为衡量社会主义的根本标准，民主、自由、人性统统让位于工业化。直到斯大林逝世前的1952年，出版了他授意经济学者编写的《苏联社会主义经济问题》一书，其中隐约地承认苏联也有商品经济存在。

对于斯大林模式的社会主义经济思想，人们见仁见智。有学者认为该模式是当时条件下的必然选择。如今反观历史，应该认识到，苏联计划经济模式随着东欧和亚洲的社会主义国家的出现而广泛采用，造成了极为严重的社会经济后果，其理论不仅促成了苏共垮台，而且成了这些国家思想解放的重大障碍和社会变革的桎梏。

八　马克思主义的宗旨是社会和谐

马克思的学说有确定的内容和宗旨；无宗旨，不可与言学术。从宗旨的角度更能体现其真实的思想，也更便于深刻理解其内容。从上述分析可以得出以下几点认识：

1. 马克思主义宗旨本质上是社会和谐，是让大多数人有更多自由，生活质量不断提高，社会更加和谐，并非如伯特兰·罗素所言："他（马克思）的目标并不是为了让无产阶级活的更好，而是让资产阶级更加难受。"[①] 晚年马克思有修正其观点的意图，只是资本主义调整自身的能力尚未充分展现，马克思和恩格斯新的思想还未来得及正式加以表达。社会主义存在于人们的生活中，而不再是书本上。任何国家和地区，只要经济停滞，社会严重不平等和动荡，社会主义思想就必然引起共鸣而行动。

2. 与时俱进，是任何理论发展所必需的，修正是一种发展，关键是与基本理论的宗旨是否相违背，如违反其宗旨则不是修正，而是反动或曲解。第二国际的伯恩斯坦、考茨基所选择的"和平长入社会主义"的议会民主道路符合西欧先进资本主义国

---

①　［美］亨利·威廉·斯皮格尔：《经济思想的成长》，晏智杰等译，中国社会科学出版社 1999 年版，第 411 页。

家的国情，而列宁选择的"十月革命"道路亦是落后国家探索社会主义道路的可贵尝试。如同我们不能用"十月革命"的成功来否定第二国际的选择一样，今天也不能以苏共的垮台来全盘否定"十月革命"的意义，何况对社会主义道路的探索既是有仁智之争，又是必然要付出代价的。他们在社会主义经济思想史上的开创性贡献将载入史册。

3. 苏联发生"12·8"事件[1]，苏共瓦解，它反映的是列宁逝世以后苏共所走的道路，同马克思主义在宗旨和方法上并非是符合的。而布尔什维克批判的西欧（尤其是德国）社会民主党选择的改良主义道路符合马克思和恩格斯的社会主义宗旨，达到了无产阶级地位与生活改善，以及社会和谐的目的。马克思主义本质上应该是一种争取和谐社会的理论，以何种形式（革命或改良）达到社会的和谐只是方式问题。

4. "人民民主是社会主义的生命"，把人民民主提高到社会主义存亡的关键地位，中共十七大报告第六部分（发展民主政治）的第一句话以鲜明的立场肯定了人民民主与社会主义的内在联系。这是十月革命以来社会主义实践得出的极为宝贵的理论成果。

小　结

最后，笔者想引用吴江在《社会主义的前途与马克思主义的命运》中的一段，[2] 作为本章的结束语：

---

① 1991 年 12 月 8 日，苏联各加盟共和国在别洛维日签定协议，苏联解体。

② 吴江：《社会主义的前途与马克思主义的命运》，中国社会科学出版社 2001年版，第 239 页。

　　19 世纪初期，欧洲确实有过空想社会主义思潮。马克思、恩格斯批判了这种思潮而创立了科学社会主义，但是不可讳言，马克思主义思想仍然继承了某些空想成分。现在应当说，"从空想到科学"仍然是一个过程，它要由历史来完成。仅仅找到了无产阶级作为变革的力量，今天已不能看作是区别空想和科学的唯一标准。现在"科学技术革命"和"知识革命"更动摇着旧社会的根基。但是，马克思有一句话你应当记住，马克思说："工人阶级不是要实现什么理想，而只是想解放那些在旧的正在崩溃的资产阶级社会里孕育着的新社会因素。"这句话包含两个意思：社会主义并不是从人们的头脑中空想出来的，资产阶级社会是社会主义的母体。这里说的"资产阶级社会里孕育着的新社会因素"，除了政治上逐渐成熟的工人阶级和资产阶级创造的科学民主文明以外，经济上指的就是高度发达的社会生产力、社会化大生产以及社会化大生产的各种科学管理形式，这些东西不是其他社会例如封建社会所能创建的。就此而言，没有现代资本主义，也就没有现代社会主义。所以马克思所说的社会主义运动，乃是从发达的资本主义社会解放"新社会因素"的运动。

参考文献

［1］梁小民：《话经济学人》，中国社会科学出版社 2004 年版。

［2］梁小民：《我说》，社会科学文献出版社 2003 年版。

［3］晏智杰主编：《西方经济学说史教程》，北京大学出版社 2001 年版。

［4］陈孟熙主编：《经济学说史教程》，中国人民大学出版社 1992 年版。

［5］葛阳、李晓芬编：《西方经济学说史》，南京大学出版社 2003 年版。

［6］［英］巴克豪斯：《现代经济分析史》，晏智杰译，四川人民出版社 1990 年版。

［7］晏智杰主编：《西方市场经济理论史》，商务印书馆 1999 年版。

［8］晏智杰：《经济学中的边际主义》，北京大学出版社 1987 年版。

［9］［美］亨利·威廉·斯皮格尔：《经济思想的成长》，晏智杰等译，中国社会科学出版社 2000 年版。

［10］［英］罗尔：《经济思想史》，陆元诚译，商务印书馆 1981 年版。

［11］陈岱孙主编：《政治经济学史》（上、下），吉林人民出版社 1981—1983 年版。

［12］［美］史蒂文·普雷斯曼：《〈思想者的足迹〉50 位重要的经济学家》，陈海燕等译，江苏人民出版社 2001 年版。

［13］［美］丹尼尔·R. 福斯菲尔德：《经济学家的年代》，杨培雷等译，上海财经大学出版社 2003 年版。

［14］卢大振主编：《世界经济学名著导读手册》，中国城市出版社 2004 年版。

［15］［美］威廉、布雷特·罗杰·L. 兰赛姆：《经济学家的学术思想》，孙琳等译，中国人民大学出版社 2004 年版。

［16］杨小凯：《当代经济学与中国经济》，中国社会科学出版社 1997 年版。

［17］张纯文主编：《人口经济学》，北京大学出版社 1983 年版。

［18］高德文主编：《马克思主义经济思想史》，北京大学出版社 1992 年版。

［19］胡希宁主编：《当代西方经济学流派》，中共中央党校出版社 2004 年版。

［20］王东京等：《与官员谈西方经济学》，广西人民出版社 1998 年版。

［21］傅殷才：《现代西方基本经济理论》，云南人民出版社 1985 年版。

［22］傅殷才主编：《凯恩斯主义经济学》，中国经济出版社 1995 年版。

［23］［英］埃德蒙·惠特克：《经济思想流派》，徐中士译，上海人民出版社 1974 年版。

［24］［英］阿瑟·塞西尔·庇古：《福利经济学》，朱泱等

译，商务印书馆 1970 年版。

[25]［苏联］布留明：《政治经济学中的主观学派》，章良猷等译，人民出版社 1983 年版。

[26]［英］达德利·诺思：《贸易论》，吴衡康译，商务印书馆 1982 年版。

[27]［古希腊］色诺芬：《经济论：雅典的收入》，张伯健、陆大年译，商务印书馆 1961 年版。

[28] 巫宝三主编：《古代希腊、罗马经济思想资料选辑》，商务印书馆 1990 年版。

[29]［美］门罗编：《早期经济思想——亚当·斯密以前的经济文献选集》，蔡受百译，商务印书馆 1955 年版。

[30] 蒋自强、张旭昆：《三次革命和三次综合》，上海人民出版社 1996 年版。

[31] 胡寄窗：《政治经济学前史》，辽宁人民出版社 1988 年版。

[32] 胡寄窗主编：《西方经济说史》，立信会计出版社 1991 年版。

[33]［美］劳伦斯·克莱因：《凯恩斯的革命》，薛藩康译，商务印书馆 1962 年版。

[34] 王建：《当代西方经济学流派概览》，国家行政学院出版社 1998 年版。

[35] 吴忠观主编：《经济学说史》，西南财经大学出版社 2001 年版。

[36]《欧洲中世纪经济思想资料选辑》，商务印书馆 1998 年版。

[37] 汤在新主编：《近代西方经济学史》，上海人民出版社 1990 年版。

［38］谭崇台主编：《西方经济思想发展史》，武汉大学出版社 1993 年版。

［39］［英］亚当·斯密：《国民财富的性质和原因的研究》，郭大力、王亚南译，商务印书馆 1974 年版。

［40］［美］约瑟夫·熊彼特：《经济分析史》第 1 卷，朱泱等译，商务印书馆 1991 年版。

［41］晏智杰：《亚当·斯密以前的经济学》，北京大学出版社 1998 年版。

［42］《资本论》，人民出版社 1975 年版。

［43］［英］马尔萨斯：《人口论》，郭大力译，商务印书馆 1959 年版。

［44］季陶达主编：《资产阶级庸俗政治经济学选辑》，商务印书馆 1963 年版。

［45］［德］李斯特：《政治经济学的国民体系》，陈万煦译，商务印书馆 1961 年版。

［46］［英］李嘉图：《政治经济学及赋税原理》，商务印书馆 1962 年版。

［47］［法］萨依：《政治经济学概论》，陈福生等译，商务印书馆 1963 年版。

［48］鲁友章、李宗达主编：《经济学说史》，人民出版社 1979 年版。

［49］［苏联］卢森贝：《政治经济学史》，翟松年等译，三联书店 1962 年版。

［50］［美］罗伯特·拉姆：《西方人文史》，王宪生译，百花文艺出版社 2005 年版。

［51］秦晖：《问题与主义》，长春出版社 1999 年版。

［52］［美］马歇尔：《经济学原理》，朱志泰译，商务印书

馆 1983 年版。

[53] Adam Smith, The Wealth of Nations, Chicago: University
of Chicago Press, 1976.

[54] Thomas Robert Malthus, An Essay on the Principle of
Population, Oxford: Oxford University Press, 1993.

[55] Friedrich List, The National System of Political Economy,
Fairfield, NJ: Augustus M. Kelley, Pub., 1991.

后　记

　　本书的写作起因于大学的教学与讲座。西方经济思想史人物多、流派杂，加之时间所限，对于学者和教者都有难度。为了让读者有一个相对轻松的学习对象，笔者本着"亦庄亦谐和新颖"三合一的原则来写作，但能力有限，只能说尽力而为。由于出版时间的限制，在内容的结构上已来不及详细推敲，看以后是否有补充的机会。在写作中，引用了不少学者的论述，在此一并表示感谢。

　　本书第二、三章（约 2.2 万字）是中共四川省委党校邵晏生先生所写，拥有该部分的著作权，在此声明，谨致谢意！

　　感谢中国社会科学出版社冯斌先生的支持和胡兰编辑对书稿所提的修改意见与对内容的仔细校对，避免了诸多错误，对此深表谢意。感谢我的家人对写作本书的支持。

樊安群

2007 年 9 月 20 日